Jannek Ramm

Mikrotopia

Das Café Klatsch als Alltagsbeispiel sozialer Bewegungen

UNRAST

Bibliografische Information der Deutschen Bibliothek
Die Deutsche Bibliothek verzeichnet diese Publikation in der Deutschen
Nationalbibliografie; detaillierte bibliografische Daten sind im Internet über
https://www.dnb.de abrufbar.

Jannek Ramm:
Mikrotopia
Das Café Klatsch als Alltagsbeispiel sozialer Bewegungen
1. Auflage, Mai 2024
ISBN 978-3-89771-396-3

© UNRAST-Verlag, Münster 2024
www.unrast-verlag.de – kontakt@unrast-verlag.de
Mitglied in der assoziation Linker Verlage (aLiVe)

Umschlag: Unrast Verlag
Satz: Andreas Hollender, Köln
Druck Multiprint, Kostinbrod

Jannek Ramm, geboren in Schleswig-Holstein, studierte Kunstgeschichte und Medienwissenschaften in Marburg. Mittlerweile lebt er als freier Autor in Wiesbaden, ist Mitgründer des Einerseits Magazins und war rund neun Jahre lang Teil des Café-Klatsch-Kollektivs.

Jannek Ramm
Mikrotopia

Inhalt

Intro: Das alles.

September 2014. Es sind sorgfältig Pläne gezeichnet worden, am Ende steht die Bühne aber doch ganz anders – irgendwie schräg auf der Kreuzung. Halb zeigt sie die Straße hinunter, halb Richtung Eingangstür des Café Klatsch. Für einen Augenblick regt sich Unmut über diese spontane Planänderung, auch bei mir. Doch das Kopfschütteln verliert sich rasch im allgemeinen Gewusel. Zu viel ist zu tun, in zu kurzer Zeit, um jetzt in Diskussionen oder Streit zu verfallen. Aus kollektiver Überforderung kann eine Einigkeit erwachsen, die keinen Alltag kennt. 30 Jahre Café Klatsch: Selbstbestimmung. Selbstverwaltung. Selbstverständlich. Das ist die Losung und der Anlass für ein opulentes Straßenfest, auf dem, eher unseriösen Quellen zufolge, etwa 2.000 Menschen feiern werden.

Seit ziemlich genau einem Jahr arbeite ich an diesem Tag im Café Klatsch. Noch weiß ich nicht recht, was das genau heißt, aber ich taue auf. Man gibt mir Aufgaben, den Vormittag über male ich vor allem Schilder: Für das Bühnenprogramm, die Leergutstation, den Suppen- und den T-Shirt-Stand. Um 14 Uhr geht's los. Andalusische Arbeiter*innenlieder. Ich habe nicht wirklich etwas zu tun und streife eher sorglos umher, treffe hier und da auf hyperventilierende Mit-Kollektivist*innen und versuche auszuhelfen.

Am späten Nachmittag spielt die Band »Front« Wave-Punk-Hits mit Namen, wie »Prada Meinhof« oder »Onanie und Alltag«. Danach ist Pause auf der Bühne. Ich habe noch immer kaum konkrete Aufgaben zu tun und stehe am Bordstein herum. Ein halbes Bier im Kopf, ein halbes in der Hand. Alle Leute, die ich kenne, laufen gestresst irgendwo hin – und so bin ich allein, als mich ein Mann anspricht. Wir kennen uns vom Sehen, er ist Stammgast im Klatsch, wir haben allerdings nie länger miteinander gesprochen.

Er stellt sich als einer der Gründer*innen des Cafés vor, einer der *Ersten Elf*, wie man sagt. Das weiß ich zwar, nicke aber, als wäre es mir neu und als wolle ich ihn dazu ganz herzlich beglückwünschen. Für einen Augenblick stehen wir da und sagen nichts. Wir sind beide nicht gerade das, was man gesprächig nennt. »Schon verrückt«, sagt er dann und lässt den Blick über das Fest streifen. »Ja«, sage ich, nicke nochmal ganz genau so wie zuvor.

»30 Jahre. Das hättet ihr damals wahrscheinlich nicht gedacht, hm?«, mutmaße ich und lächle in nachdenkliche Augen. »Ach so«, sagt er wie aus einem Gedanken gerissen »ach, du, ne, das meine ich gar nicht unbedingt«, – und verstummt wieder. »Was meinste?«, frage ich also. »Schon eher: das alles«, sagt er und lacht.

»Als das alles losging mit dem Klatsch damals, hat kaum jemand daran geglaubt, dass wir überhaupt das Jahr 2000 noch erleben werden. Irgendeine Katastrophe, irgendein Krieg, ein Unfall, eine Umweltkatastrophe – ach, im Zweifel irgendwelche Nazis, irgendwas würde schon passieren. Also ich dachte das damals zumindest. Und das dachten, glaub' ich, viele!«

Irgendwie überrascht mich das. Die Geschichten, die ich bis dahin kannte, über die Gründungszeiten, die wilden 80er, das alles hatte immer so beseelt geklungen, von einer besseren Zukunft, einer anderen Gesellschaft und so weiter. Ich hatte deshalb angenommen, dass sich die mir durchaus bekannte Sorge um die Zukunft erst später eingeschlichen hatte. Interessant. Unser Gespräch wird jedoch jäh unterbrochen, als es auf der Bühne wieder laut wird. Dem Booking war ein geheimer Coup gelungen. Obwohl sich die Wiesbadener Ska-Band *Frau Doktor* zu diesem Zeitpunkt offiziell aufgelöst hat, spielen die zwei Nachfolgeprojekte auf der Straßenfestbühne gleich hintereinander weg. Und die Gerüchte, die sich über den Tag verbreiteten, bewahrheiten sich:

Am Ende spielen sie doch noch ein angeblich letztes Mal als *Frau Doktor* auf. Und als es am Ende der drei oder vier Songs anstelle von »Du und ich auf dem Weg in die Stadt« heißt: »Du und ich auf dem Weg ins Klatsch«, sehe ich um mich herum einige Kolleg*innen mit kleinen Tränchen in den Augen – es ist nicht zuletzt der Moment, in dem die Anspannung abfällt und in die Lust, selbst mitzufeiern und zu tanzen umschlägt.

Bis tief in die Nacht stehen Hunderte auf der Kreuzung und auf den umliegenden Straßen, feiern drinnen und draußen und selbst die älteren

Herrschaften aus der Nachbarschaft scheinen sich nicht weiter an offenkundig linksradikalen Spaßoffensiven zu stören. An der obrigkeitskritischen Grundstimmung schien sich schließlich sogar die lokale Presse angesteckt zu haben, als sie schon am folgenden Mittag zu berichten weiß: »Angenehm zurückhaltend erschien auch die Ordnungspolizei, die sich immer mal zeigte, aber von Störungen des herrlichen Spätsommernacht-Festes absah.« Na ja, gegen frühen Morgen störten sie dann doch noch ein wenig – der Artikel aber schraubt sich unbeirrt noch ein wenig weiter in die Höhe: »Ein unglaubliches Fest ist Geschichte, das Café Klatsch hat Zukunft«, heißt es am Ende furios. – Ja?

Etwa neun Jahre später schreibe ich einen Teil dieses Buches auch im Raucherraum des Café Klatsch. Gerne früh, dann ist es ruhiger. Gegen sechs, halb sieben wird es für gewöhnlich voll und stickig. Vom großen Gastraum aus ist dieser Nebenraum nicht einsehbar – wer die schwere Tür aufstößt, meist etwas umständlich, weil mit Getränk in der Hand, schaut sich zunächst um, wer so da ist, wo ein Tisch frei ist, oder ob man vielleicht jemanden kennt.

Es kommt vor, dass ich an einem Kapitel schreibe und wie in einem seltsamen Theaterstück tritt jemand ein, der*die in eben dieser Zeit im Café Klatsch gearbeitet hat oder Gast war oder sonst gerne erzählt. Meistens aber, sobald es voller wird, setzen sich Fremde dazu. Es ist nicht unüblich, dass sich im Café Klatsch Menschen gemeinsam an einen Tisch setzen, die sich nicht kennen. Ausgerechnet, als ich dieses Intro schreibe, sitzen mir zwei junge Typen gegenüber, vielleicht 19 oder 20 Jahre alt. Sie blicken sich um, scheinen zum ersten Mal hier zu sein. Eine Weile sprechen sie, sichtlich beseelt von den Stickern und Plakaten an den Wänden des Raums, darüber, was Linkssein für sie bedeutet. Es ist offenbar etwas sehr Wildes.

Irgendwann kippt das Gespräch in eine allgemeine Diagnose der Weltlage, bis einer den anderen fragt: »Was würdest du wetten, wer das Rennen macht? Klimawandel, Krieg oder Nazis?« Sein Nebenmann scheint die Optionen für einen Moment lang ernsthaft abzuwägen, lässt seine Gedanken jedoch unvermittelt fallen, schüttelt den Kopf und meint: »Junge, ich hab' noch 40 Euro für den Rest des Monats. Ich wette gar nichts.«

In drei Tagen ist Heiligabend. 2023.

Bevor es richtig losgeht, vielleicht noch zwei Anmerkungen. Die Zitate in diesem Buch sind jeweils so wiedergegeben, wie sie in den Quellen zu finden sind. Das heißt, sie enthalten nicht immer gendergerechte Sprache. Ich habe mich dennoch dazu entschieden, sie so zu belassen, auch weil dieses Buch eine kleine Geschichte der Ideen neuer sozialer Bewegungen sein möchte und die jeweilige Sprache den Zustand dieser Ideen verdeutlichen mag.

Ganz allgemein ließe sich aus dem Material, das sich in der Recherche zu diesem Buch aufgetan hat, ein weiteres Buch schreiben, ohne auch nur eine Quelle doppelt zu verwenden. Dieses Buch ist entsprechend eine subjektive Auswahl, ein möglicher Versuch, die Geschichte eines Projekts zu erzählen. Es gibt andere. Womöglich mindestens so viele andere, wie Menschen im Café Klatsch gearbeitet haben – denen dieses Buch gleichsam gewidmet ist.

TEIL 1
Das Café

Kapitel 1: Die Angst vor 1984

»Freiheit bedeutet, wenn überhaupt, das Recht,
den Menschen zu sagen, was sie nicht hören wollen.«
George Orwell

Das Café Klatsch wäre nicht denkbar, ohne etwas, das man ›Neue Soziale Bewegungen‹ nennt. Dabei gilt natürlich: Wird etwas mit dem Zusatz ›neu‹ versehen, setzt das zunächst etwas voraus, das ›alt‹ ist. Der Verleger Theo Pinkus, der nichts mit dem gleichnamigen Münsteraner Bio-Bier zu tun hat, betont in diesem Sinne die Kontinuität mit der Arbeiter*innenbewegung vor 1933. Der eigentliche Kern der neuen sozialen Bewegungen, sagt er in einem Interview 1980, sei »die alte sozialistische Formulierung vom Sprung aus dem Reich der Notwendigkeit in das Reich der Freiheit und etwas von dieser Freiheit vorwegzunehmen, ein Stück Utopie zu verwirklichen«[1].

In diesem Sinne bildet das Ende des Faschismus 1945 einen Neuanfang – denn die *alten* sozialen Bewegungen wurden in den Jahren des Nationalsozialismus verboten, zersetzt, verfolgt, vertrieben oder ermordet.

Die frühen Jahre nach dem Krieg sind, hinsichtlich dieses Neuanfangs vor allem durch Streiks, Arbeitskämpfe, gewerkschaftliche Arbeit und Sabotage-Aktionen geprägt – die Neubelebung alter Formen stößt jedoch sehr bald an Grenzen. Im Sinne der Besatzungsmächte darf Deutschland nie wieder dem rechten Totalitarismus anheimfallen. Im selben Augenblick jedoch, vor allem aus der Sicht der Westmächte, darf die junge BRD erst recht nicht vom Osten eingenommen werden – weder militärisch noch ideologisch. Vor dem Hintergrund der Teilung Europas und Deutschlands im Speziellen wird die staatliche Architektur der Bundesrepublik Deutschland ab 1949 mit einem antikommunistischen Grundmotiv versehen. Im Augenblick des militärischen Sieges über den deutschen Faschismus und der Befreiung seiner Überlebenden wird der Osten zum größten Feind – größer gar als die natürlich nach wie vor vorhandenen nationalsozialistischen Gesinnungen in Westdeutschland. Und so wird nicht immer allzu genau auf die persönlichen Karrieren jener weit überwiegend männlichen Altnazis geschaut, die bald in entscheidenden Positionen der bundesrepublikanischen Sicherheitsarchitektur sitzen. Sie kennen schließlich die linken Strukturen und verstehen sich seit vielen Jahren auf deren Überwachung und Zersetzung.

Gleichsam bedeutet Nationalsozialismus natürlich immer auch Exil, Vertreibung und so innere Teilung. Viele, die die Shoah überleben, gründen den Staat Israel als Schutzraum für jüdisches Leben. Vergleichsweise wenige kehren zurück in eine fremde deutsche Heimat. In Frankfurt etwa, und so nähern wir uns dem Ort unserer Geschichte, arbeiten zuvor Vertriebene an einem Wiederaufbau des »Instituts für Sozialforschung«. Am Vorabend des Krieges verfasst der Leiter dieses Instituts, Max Horkheimer, seinen berühmten Satz: »Wer aber vom Kapitalismus nicht reden will, sollte auch vom Faschismus schweigen«[2].

Er diagnostiziert, dass Faschismus immer eine Reaktion auf Krisen des Kapitalismus sei – das heißt: immer eine Fortführung der Ziele des Kapitalismus mit totalitären Mitteln. Die auslösenden Krisen allerdings seien bereits im Wesen des Kapitalismus angelegt.

Doch wenn Faschismus jederzeit aus dem Kapitalismus hervorgehen kann oder geradezu muss, wie glaubwürdig ist dann die Losung: *Nie wieder Krieg, nie wieder Faschismus* in dieser Bundesrepublik? Aus dem Exil zurückgekehrt und vom schuldbewussten Teil der Elite begrüßt, werden Rückkehrende wie Max Horkheimer, und freilich viele andere, zur Brücke zwischen dem Altem und dem Neuen. Doch nicht nur an den Universitäten gerät in diesem Sinne etwas in Bewegung.

Der Zugang zu Eigentum durch Arbeit oder Kapital und die damit verbundenen Möglichkeiten demokratischer Teilhabe sind außerdem strukturell unfair verteilt. Global wie innerhalb der Bundesrepublik selbst. Im Bonner Bundestag sitzen ausschließlich weiße Männer, in den alsbald vom Wirtschaftswunder ergriffenen Unternehmensführungen deutscher Betriebe ebenfalls sehr überwiegend. Frauen sind weder gleich vor dem Gesetz noch hinsichtlich ökonomischer Kategorien. Homosexuellen, nicht-binären oder Trans-Menschen wird gleichsam nach wie vor ein Recht auf selbstbestimmtes Leben abgesprochen. Auch hier setzt sich etwas in Bewegung.

Aufschwung und Wohlstand kommen indes so einhellig mit der Verheißung von Frieden daher, dass sie zu oft gegenüber der Aufarbeitung eigener Schuld bevorzugt werden. Doch diese Versprechungen werden brüchig – spätestens als die Fernseher in den Wohnzimmern der Eigenheime nicht aufhören wollen, die Kriegsverbrechen der freien Welt in Vietnam und anderswo sichtbar zu machen – und ihren Frieden und jene Freiheit so mit einem Preisschild zu versehen. Und so gerät auch hier etwas in Bewegung – in den westlichen Wohnzimmern, so wie auch in der damals sogenannten *Dritten Welt*.

Produktion, Konsum und Wachstum eines Industriekapitalismus sind dabei mehr und mehr auf Energie angewiesen. Aus der physikalischen Revolution war während des Krieges das Atomzeitalter geboren – im Westen, wie im Osten. Auch die Bundesrepublik steigt rasch in die Verheißungen der nuklearen Stromerzeugung ein – lässt Risiken verleugnen, Unfälle vertuschen und stellt im Zweifel das ökonomische Wohl ihrer Wirtschaft über die Unversehrtheit ihrer Bürger*innen. Auch gegen diese Logik gerät bald einiges in Bewegung – und über alledem schwebt außerdem die ständige reale Möglichkeit eines globalen, nuklearen Weltkriegs, der keine Nachgeborenen kennt.

Die Frage, welche ideologische Auseinandersetzung eine Aufrüstung in dieser Hinsicht rechtfertigt, setzt ebenso etwas in Bewegung wie die blanke Feststellung, dass all das Genannte nicht getrennt betrachtet werden kann. Und so geraten auch neue Formen des Zusammenlebens, des Zusammenarbeitens, des Liebens, der Erziehung, der Auseinandersetzung, des Streits und des Wiederzusammenfindens – insgesamt: neue Vorstellungen von Gesellschaft – in Bewegung. Und dies alles, wenngleich hier lediglich sehr grob skizziert, wird man bald *Neue Soziale Bewegungen* nennen.

Das *Neue* dabei meint neben der Kontinuität zum Alten natürlich auch Elemente, die sich in früheren Bewegungen nicht finden. Robert Jungk ist einer der Vielen, die zu den Pionieren dieses *Neuen* zählen. Anders als Theo Pinkus mit seiner Betonung der Kontinuität mit Altem, beschreibt Jungk das Wesen der Neuen Sozialen Bewegungen lieber als »Vorgriff auf eine Art des Lebens und Zusammenlebens, das die historischen politischen Bewegungen zwar in ihren Programmen zum Teil andeuten, aber in ihrem Alltag nicht verwirklichen«[3]. Durchaus im Sinne unseres Intros fügt Jungk jedoch nahtlos hinzu:

»Ich sehe die aktuellste, vordringlichste Rolle der ›Alternativen‹ allerdings darin eine Bewegung für das Überleben zu sein in einer Periode der Menschheitsgeschichte, die so kritisch ist wie keine frühere. Die durch fehlentwickelte und fehlgelenkte Wissenschaft und Technik geschaffenen Vernichtungsmöglichkeiten werden von der Mehrheit der heute Lebenden noch gar nicht in ihrem vollen Umfang wahrgenommen.«[4]

Für die Entstehung des Café Klatsch scheint diese Definition die griffigere zu sein. Es geht um Alltag, um Zusammenleben, um Protest gegen Umweltzerstörung, Kapitalismus, Diskriminierung, Faschismus, Patriarchat und Kriegstreiberei – aber gleichsam auch um Wege, die ihrem Wesen nach eben keine große Revolution voraussetzen, sondern im Gegenteil versuchen, ihre Anliegen im Hier und Jetzt zu erproben.

Vor diesem Hintergrund bilden die Ereignisse, die uns zum Ausgangspunkt des Café Klatsch im engeren Sinne führen, ein bemerkenswertes und in der deutschen Nachkriegsgeschichte in dieser Form seltenes Phänomen. In nur wenigen historischen Momenten greifen Motive unterschiedlichster Neuer Sozialer Bewegungen so einhellig ineinander und entfalten derart breite gesellschaftliche Bündnisse wie an der Startbahn-West in Frankfurt Anfang der 1980er-Jahre.

Bis in die Sphäre des Symbolischen hinein verdichtet sich die deutsche Nachkriegsmentalität in den Versprechungen einer neuen Massentechnologie: dem Fliegen. Der neue Wohlstand, mit all seiner Verdrängungskraft stimmt weltoffen, vernetzt und integriert. Wer etwas auf sich hält, fliegt in den Urlaub – spätestens seit dem Wirtschaftsboom der 1960er-Jahre. Ein Europa gilt es zu erschließen, eine Weltordnung zu festigen, eine Wirtschaft zu beschleunigen und im Sinne neuer Bündnisse: den Atlantik zu überbrücken. Selbst einer der zentralsten Flughäfen des westlichen Europas gerät in diesem Rausch an seine Belastungsgrenze. 1966 genehmigt der hessische Landtag also, dass die Betreibergesellschaft des Frankfurter Flughafens großflächig ausbauen darf. Eine neue Startbahn soll kommen, im Westen.

Im Norden und im Osten verlaufen schließlich die A3 und die A5. Im Süden liegt die US-amerikanische Rhein-Main Air Base. Nur im Westen ist noch nichts – wobei ›nichts‹ hier Natur meint. 130 Hektar Wald sollen schließlich für den Bau verschwinden. Ein Teil davon ist sogenannter Bannwald – der laut hessischem Forstgesetz »vor allem in den Verdichtungsräumen und waldarmen Bereichen in seiner Flächensubstanz in besonderem Maße schützenswert ist«[5]. Einen solchen für Rodungen freizugeben, lässt sich gesetzlich nur verantworten, wenn »überwiegende Gründe des Gemeinwohls«[6] dies verlangen.

Dieses Verlangen hält sich allerdings in Grenzen. Eine wachsende Zahl der rund um die geplante Startbahn lebenden Bevölkerung kann solche Gründe nicht erkennen. Weit mehr als 100 Klagen gegen das Großprojekt gehen in den folgenden zehn Jahren vor allem von lokalen Bürgerinitiativen aus. Es geht zum einen gegen den erwartbaren Fluglärm, bald aber im selben Maße gegen die geplante Zerstörung des Waldes. Immer wieder richtet sich der entstehende Protest gleichsam gegen eine mögliche Nutzung der Startbahn West durch die NATO. Es deutet sich eine Gemengelage an, in der sich Kernmotive verschiedener Neuer Sozialer Bewegungen verdichten.

Mitte der 70er zeichnet sich außerdem ein Abflachen der Wachstumseuphorie ab. Im Zuge einer Ölkrise und der darauf folgenden Rezession wird nicht nur das Fliegen deutlich teurer. Die unsichtbare Hand des Marktes zeigt sich mal wieder besonders unsichtbar – und so flachen Wachstumseuphorie und Wirtschaftswunder allmählich wieder ab. Auch die Passagierzahlen im Flugbetrieb sinken. Vor diesem Hintergrund wird das Projekt Startbahn West immer energischer infrage gestellt – zunehmend auch außerhalb der Verwaltungsgerichte und Plenarsäle. Ende der 70er kommt es, ausgehend von den lokalen Bürgerinitiativen, zu ersten sogenannten *Spaziergängen* durch die betroffenen Waldgebiete. Und diese finden regen Zulauf. An Ostern 1979 nehmen schon über 3.000 Menschen daran teil.

Längst stoßen nun auch Menschen aus der erweiterten Region dazu – unter anderem aus der nahegelegenen Landeshauptstadt Wiesbaden. Und mag der juristische Weg auch Teilerfolge erzielen, den politischen Willen des hessischen Landtags vermag er nicht zu brechen. Nach fast

14 Jahren Auf und Ab wird für den Herbst 1980 schließlich eine finale gerichtliche Entscheidung zum Flughafenausbau erwartet. Um diese vielleicht letzte Chance mit einer Offensive zu begleiten, dringen im Frühling 1980 wieder Menschen in den betroffenen Bannwald ein. Als Informationsstelle und Dreh- und Angelpunkt der immer zahlreicher werdenden Bürgerinitiativen bauen sie eine Hütte. Obwohl man wohl zeitweise eine Baugenehmigung erwogen hat, wird sie schlussendlich illegal errichtet. Es ist der Beginn einer Besetzung. Schnell werden es über 60 Hütten sein, die meisten dauerhaft bewohnt, aber auch eine als solche offiziell geweihte Kirche. Die bald getroffene politische Entscheidung, dass die Startbahn im *Sofortvollzug* errichtet werden wird, kann man dadurch aber nicht verhindern.

Dennoch kommen Anfang November 1980 wieder rund 15.000 Menschen in den Wald und auch das Hüttendorf entwickelt sich als Mikrokosmos gesellschaftlicher Alternativen. Derweil machen hier an der Startbahn nicht nur staatliche Behörden eine bemerkenswerte Beobachtung: Ein neuer Demonstrationstyp wird diagnostiziert. Häufig wird von einem »Aufstand der Langhaarigen und der Grauhaarigen« die Rede sein – wobei das vielleicht sogar noch etwas eng gefasst ist.

Es kommen Rentner*innen, Schüler*innen, Kirchengemeinden und Gewerkschaften, Ärzt*innen und Künstler*innen, Vogelfreaks, Vereinsmeier, Hausfrauen und Jagdhornbläser, junge Union und radikale Linke. Der Betriebsrat der nahegelegenen Opel-Werke lässt solidarische Grüße an die Protestierenden ausrichten. Zeitweise tritt ein Bündnis von Lokalpolitikern der SPD, CDU, FDP und DKP gemeinsam gegen den Flughafenausbau in den Hungerstreik – dicht umringt von aufgescheuchter internationaler Presse. Ikonisch für das Hüttendorf werden auch die sogenannten Küchenbrigaden. Hausfrauen aus den anliegenden Dörfern organisieren eine zentrale Großküche im Dorf – nach den zehrenden Plena der basisdemokratischen Gruppen, nach Demos und Aktionen werden hier zu Hochzeiten Hunderte bekocht – in drei Schichten, oft rund um die Uhr. Dazu können Bewohner*innen des Hüttendorfs ihre Wäsche an zentralen Orten abgeben, auch Sturmhauben und Palitücher, und in den Haushalten rings um die Wälder waschen lassen.

Selbstverständlich gibt es aber auch Spannungen – etwa hinsichtlich der Frage, welche Formen von Protest vom Hüttendorf und der gesamten

Bewegung ausgehen sollen. Zunehmend engagieren sich Aktivist*innen aus der autonomen und teils auch aus der antiimperialistischen Bewegung und stoßen mit ihrer militanten Grundhaltung auf bürgerliche, eher vom Geiste des zivilen Ungehorsams beseelte Auffassungen. Dennoch gibt es eine Phase, in der das Gemeinsame überwiegt, in der die Auseinandersetzungen innerhalb der Protestbewegung lebendig genug sind, um nicht an ihrer Diversität zu zerbrechen. Auch in dieser Hinsicht ragt die Startbahn-West Bewegung aus der deutschen Nachkriegsgeschichte heraus. Was als Protest beginnt, zielt spätestens im Hüttendorf auch hinein in Sphären des Zusammenlebens, in die Organisation von Gesellschaft – wenn auch natürlich fragmentarisch und im kleinsten Mikrokosmos. Protest *gegen* etwas kippt in eine Praxis *für* die transformativen Anliegen der Neuen Sozialen Bewegungen. Noch lange wird von einer gelebten ›Protestkultur‹ die Rede sein.

Gleichsam, wie soll es anders sein, ist dieses ganze Hüttendorf, symbolisch wie physisch, längst ein Dorn im Auge der Macht. In einem Interview 1982 zeigt sich der hessische Ministerpräsident Holger Börner, sagen wir mal, als ganz besonders handfester Sozialdemokrat: »Ich bedauere, daß es mir mein hohes Staatsamt verbietet, den Kerlen selbst eins auf die Fresse zu hauen«[7], sagt er in Richtung militanter Startbahngegner*innen. Diese werden sich jedoch zu dem Einwand hingerissen fühlen, dass man das in einem hohen Staatsamt ja auch nicht selbst machen muss.

Die Auseinandersetzungen zwischen Polizei und Demonstrierenden sind stark von Einschüchterung und Gewalt geprägt. Dabei trifft es längst nicht nur die radikale Linke, auch bürgerliche Proteste werden mit bemerkenswerter Gewalt niedergeschlagen. Auch diese Erfahrung dürfte zum inneren Zusammenhalt der vielfältigen gesellschaftlichen Lager beigetragen haben. »Jeder war so lange gewaltfrei, bis er selbst was abgekriegt hat«[8], erinnert sich etwa eine der sicherlich nicht linksradikalen Frauen aus der Küchenbrigade. Und mit diesen Eindrücken ist sie nicht allein. Auch die Wiesbadener Friedensbewegung macht ihre Erfahrungen mit einer aggressiv auftretenden Staatsmacht, wenn auch nicht immer körperlicher Art.

1979 gelingt es vor allem kirchlichen Gruppen der US-amerikanischen Friedensbewegung, eine internationale Militärschau in Los Angeles durch ihren Protest zur Absage zu zwingen. Einige der Aussteller beschließen daraufhin, auf die MEDE (*Military Electronics Defence Exposition*) in Wiesbaden auszuweichen – eine sehr ähnliche Messe desselben Veranstalters. Die Aufwertung dieser Veranstaltung durch jenen Zulauf, aber auch der Erfolg des entschiedenen Protests in Los Angeles werden in der hessischen Friedensbewegung registriert. Gab es in den Jahren zuvor kaum organisierten Protest gegen die MEDE, wird sich das nun ändern. In einem Artikel in der *Wechselwirkung*, eine Zeitung, die sich als »Diskussionsforum für Naturwissenschaftler, Ingenieure und Techniker in ihren politischen Aktivitäten« versteht, erinnern sich zwei der Organisator*innen:

> »Wir beschlossen, am ersten Tag der Ausstellung eine Demonstration zu veranstalten, zu der zahlreiche politische, kirchliche und gewerkschaftliche Gruppen aufrufen wollten. Die Zeitungen waren voll von Schreckensmeldungen der Polizei über die zu erwartenden gewalttätigen Ausschreitungen. Darauf zogen einige große Gruppen wie Jusos und der DGB offiziell ihre Teilnahme zurück! So standen am Tag der Demo schließlich 2.500 Teilnehmer einem Polizeiaufgebot von 1.500 gegenüber. [...]
>
> Die Demonstration zeigte uns deutlich, daß unsere Angst vor der Zukunft kein Hirngespinst ist. Wir versuchten, gegen einen Überwachungsstaat und gegen Völkermord in der Dritten Welt zu protestieren. Schrecklich für uns war, erkennen zu müssen, daß die gesamte Öffentlichkeit aufgehetzt wurde, in uns die Gewalttäter zu sehen und keinesfalls in der bürgerkriegsähnlichen Situation in Wiesbaden und in der Waffenschau selbst. Während der Demonstration waren wir eingekesselt von einem riesigen Polizeiaufgebot [...] Neuste Elektronik, wie sie auch auf der MEDE angeboten wurde, nutzte die politische Polizei, um Kundgebung und Demonstration zu überwachen und zu filmen. Uns erschien es in der Vorbereitung besonders wichtig, einen gewaltfreien Protest gegen die massiv auftretende Staatsgewalt zu artikulieren, damit erkennbar würde, von welcher Seite die Bedrohung ausgeht.«[9]

Überschrieben ist dieses Zwischenfazit mit den Worten: »Die Angst vor 1984 wächst«[10]. Und in so mancher Hinsicht passt der gemeinte Roman von George Orwell tatsächlich gut in unseren kleinen historischen Überblick. Noch 1945 reist Orwell als Kriegsreporter durch das besiegte Deutschland. Von 1946 bis 1948 widmet er sich dann seinem wohl berühmtesten Roman. Zeit seines Lebens wird er allerdings betonen, dass *1984* weniger von einer dystopischen Zukunft handelt, als vielmehr als Parodie auf die Zeit seiner Entstehung angelegt ist: Die Wahl des Titels unterstreicht diesen Gegenwartsbezug. Als Orwell sein Manuskript 1948 fertigstellt, vertauscht er als Zeitpunkt und Titel des Romans einfach die letzten beiden Ziffern der Jahreszahl: Aus 1948 wird 1984.

Krieg ist Frieden, lautet dabei eine der Parolen, die an dem von Orwell erdachten, totalitären *Ministerium für Wahrheit* prangen. Liest man die Stellungnahmen der ausstellenden Rüstungskonzerne auf der MEDE 1980, scheint diese Formulierung aber auch als Motto für diese Messe zu taugen. Die Proteste können nicht verhindern, dass die Messe weitgehend planmäßig stattfindet – als Ort für zukünftige Messen wählt der Veranstalter aber fortan andere Städte. Der Artikel in der *Wechselwirkung* gibt sich dahingehend kämpferisch. Hinsichtlich einer ähnlichen Ausstellung an einem anderen Ort heißt es schließlich: »Wir werden dabei sein, wenn dort der Widerstand wächst, gegen die Angst vor 1984, gegen die Angst vor technisch perfekten Tötungsmaschinen und gegen den Völkermord in den ärmsten Ländern der Welt.«[11]

Gegen Ende dieser hitzigen Protestwoche rund um die MEDE in Wiesbaden 1980 findet eine Fahrraddemo statt. Am Rande dieser Demo begegnet sich eine Gruppe junger Leute. Sie alle leben in Wiesbaden oder in der Nähe, einige kennen sich bereits, andere nicht. Was sie verbindet, ist die Politisierung an der Startbahn. Es lässt sich sicher nicht der *eine* Grund ausmachen, warum sich diese Gruppe findet, doch noch während der flüchtigen Begegnung nach jener Fahrraddemo beschließen sie, *etwas* in ihrem Leben anders zu gestalten – gemeinsam, die Motive und Erfahrungen des Protests in positive Alltagspraxis umzulenken. Was das konkret heißt, ist zunächst nicht so ganz klar: Selbstverwaltet und vor allem selbstbestimmter leben, darauf aber soll es hinauslaufen. Die Gruppe wird zahllose Treffen ins Leben rufen, die schlussendlich zu der Gründung des Café Klatsch führen werden.

In diesen sogenannten *Sonntagsrunden*, immer im Anschluss an die weiterhin stattfindenden *Waldspaziergänge* gegen die Startbahn-West, trifft man sich vor allem in WGs und diskutiert mögliche Formen eines anderen, freieren Miteinanders. Es sind sicher nicht die radikalsten Teile der Wiesbadener linken Szene, die sich hier zusammenfinden. Vielleicht liegt in dem Grundkonsens, sich explizit als undogmatisch zu begreifen, aber auch gerade die notwendige Breite, damit der Sprung von der Theorie in eine Praxis mit aller nötigen Bereitschaft zu Widersprüchen und Kompromissen tatsächlich gelingt.

In der stetig wachsenden Gruppe kristallisiert sich bald der geteilte Wunsch heraus, gleichsam zusammen leben und arbeiten zu wollen. Und selbstverständlich in beiden Sphären Dinge grundlegend anders zu gestalten, als es die bürgerliche Mehrheitsgesellschaft vorsieht. Es wird geträumt und gesponnen. Viele der Wunschprojekte, ein kollektives Kino oder eine selbstverwaltete Fahrradwerkstatt – vor allem aber die Herausforderungen, die Teilaspekte Arbeiten und Wohnen gleichermaßen anzugehen, stoßen auch auf nüchterne Realitäten: So richtig Geld hat in der Gruppe niemand. Hoffnungslos ist es nun auch nicht, aber nach und nach setzt sich ein zunächst recht pragmatisch scheinender Konsens durch: In einem der ersten erhaltenen Protokolle findet sich dazu die Formulierung: »Finanzen: wenig Geld – Klein anfangen.«[12] In der Praxis heißt das: Als ersten Schritt möchte die Gruppe einen selbstverwalteten Betrieb gründen, der dezidiert Geld abwirft, um dann, darauf aufbauend, jene Projekte mit geringerer kommerzieller Erfolgsaussicht zu realisieren – vor allem das Wohnprojekt. Protokolliert wird dahingehend: »Kneipe, Café, Disco + (Kino?) primäre Einnahmequelle«.[13] All das bedeutet allerdings mitnichten, dass dieses als Startschuss auserkorene Projekt keines von Herzen war.

Klaus, der seit der Begegnung am Rande der MEDE-Proteste dabei ist, erinnert sich:

> »Es war, glaube ich, für uns alle GründerInnen eine recht wichtige und beeinflussende Zeit für unser Leben, egal ob es das kollektive Arbeiten, das Verlieben, die politische Visionen und Kämpfe, die Zugehörigkeit, die Kinder, den Mut oder sonst etwas betrifft. Also mein Gedächtnis bezüglich der ursprünglichen Idee ist lückenhaft. Wir waren erstmal eine große Gruppe und sehr von unserer gemeinsamen Zeit auf der Startbahn beeinflusst (wobei ich gar nicht zu allen GründerInnen auf der Startbahn Kontakt hatte), wir wollten unbedingt einen politischen und kulturellen und gastronomischen Ort in Wiesbaden aufmachen, hatten Kinder oder keine Kinder, alles war politisch, natürlich auch der Alltag, die ökologische und feministische Bewegung war

sehr im Aufwind. Einige von uns kamen aus der Friedensbewegung, andere aus dem gleichzeitig gegründeten Arbeitskreis Umwelt (AKU). Wir hatten Kontakt zu anderen Kollektiven, wie Schmierdruck, Kolbenfresser, freie Gesundheitshilfe, Buchladen, Sirona usw. Doch wir selbst hatten von kollektiver Arbeit keine Ahnung, von Gastronomie auch nur sehr sehr wenige.«[14]

Weder der Elan der Gruppe, die bis dahin übrigens keinen konkreten Namen hat, noch ihr stetes Anwachsen wird dabei durch die einschneidenden Ereignisse gebrochen, die sich im Winter 1981 anbahnen. Das Hüttendorf nahe der Startbahn-Baustelle wird geräumt – und auf die Räumung folgt der Abriss. 150.000 Menschen demonstrieren daraufhin in Wiesbaden. Es ist bei Weitem die größte Demonstration in der Geschichte der hessischen Landeshauptstadt. 220.000 Unterschriften gegen das Großprojekt werden an die Entscheidungsträger übergeben. Die halten ein so gefordertes Volksbegehren allerdings für Unfug – und lehnen ab. Spätestens jetzt ist der Bau der Startbahn nicht mehr aufzuhalten.

Trotzdem, und auch in dieser Hinsicht sind die Proteste hier ein seltenes Phänomen, gehen die Sonntagsspaziergänge noch Jahre weiter. Mobilisierung wie zu Hochzeiten wird die Bewegung nie wieder erreichen, doch im Sande verläuft sie sich keinesfalls. Aus den Motiven eines lebendigen Protests und der Erfahrung, dass dieser Protest in positive Formulierungen des gemeinsamen Lebens münden kann, können Strukturen erwachsen, die ihren ursprünglichen Anlass überdauern. Das *Café Klatsch* bzw. das *Caféhaus Cumulus* oder das *Cafe Wildwuchs* – diese drei Namen werden für das Projekt bald diskutiert – ist ein Beispiel für die Möglichkeit, dass aus der *Angst vor 1984* eine Selbstermächtigung über das eigene Leben und die konkrete Aneignung der eigenen Umstände erwachsen kann. Nicht nur, sondern gerade im Mikrokosmos der eigenen Gestaltungsmöglichkeiten.

Einen ersten Eindruck, wie das in der Praxis aussehen kann, lässt sich dem Protokoll eines Wochenendseminars von 1983 entnehmen. Gerade in der oft stichpunkthaften, stenografischen Form scheint durch die frühen Aufzeichnungen ab und zu beinahe etwas Poetisches hindurch, etwa wenn es an einer Stelle heißt: »Samstag: Frühstück, Ausarbeitung eines ›Gruppenvertrags‹, diskutieren der verschiedenen Möglichkeiten,

Pause, Spaziergang, danach Kuchenbacken, Ausruhen, Spagettikochen, großes Essen, Besprechung der Zielvorstellungen, Gefühle, Schwierigkeiten«[15].

Kapitel 2: 1984

Take a look at my face
I am the future,
how do you like
what you see?

Alice Cooper
auf dem Soundtrack des Films The Class of 1984

Im Westen regt Orwells Roman *1984* Debatten über Datenschutz und Überwachung an. Im Osten Deutschlands steht auf den Besitz des Buches Haft. In einem Time Out im dritten Viertel des Super Bowls, dem teuersten Werbeplatz des Jahres, feiert ein Werbespot Premiere. Darin wird eine graue, gleichgeschaltete Masse von einem übergroßen Bildschirm ideologisch vereinnahmt. Ganz wie bei Orwell. Doch einer mutigen Hammerwerferin gelingt es, sich heroisch in Position zu bringen. Totalitäre Polizei eilt schwer bewaffnet herbei. Mit großer, letzter Kraft gelingt es der Frau in letzter Sekunde, ihren Hammer in den gigantischen Bildschirm zu werfen. Er explodiert. Ein weißes Licht erstrahlt auf die graue Masse, sie werden erleuchtet – und es wird ein Text eingeblendet. Die Firma Apple kündigt ihren ersten Macintosh an, *und du wirst sehen, warum 1984 nicht so wird, wie 1984!* lautet der Werbespruch. Nur Tage später tritt ein Herr Jobs, noch ohne Brille oder schwarzen Rollkragenpulli, vor seine künftigen Jünger. Mark Zuckerberg wird geboren, Michel Foucault stirbt.

Es ist das Jahr der Ratte in der Volksrepublik China, wo jeder fünfte Mensch der Erde lebt. Das Jahr der Frauen im Südafrika der Apartheid, wo schwarze und weiße Frauen nicht nebeneinander im Bus sitzen dürfen. In Lichtenstein stimmt mit 51,3 % nur eine knappe Mehrheit der wahlberechtigten Männer für die Einführung des Frauenwahlrechts. *Männer* von Herbert Grönemeyer stürmt die deutsche Hitparade, international geht Madonnas *Like a Virgin* durch die Decke. Der aktuelle James Bond ist Roger Moore, die sowjetische Nachrichtenagentur TASS bestätigt, dass in der DDR mit der Aufstellung von Nuklearraketen begonnen wurde. Während eines Mikrofontests verkündigt US-Präsident Reagan: Die Bombardierung Russlands beginne in fünf Minuten. Die sowjetischen Streitkräfte werden in Alarmbereitschaft versetzt. Reagan entschuldigt sich später für seinen Scherz – und wird noch im selben Jahr wiedergewählt. Im deutschen Bundestag ruft der grüne Abgeordnete Joschka Fischer dem Vizepräsidenten Stücklen zu: *Herr Präsident, Sie sind ein Arschloch, mit Verlaub.*

Wort des Jahres in Westdeutschland: *Umweltauto*, gefolgt von *Waldsterben* und *Saurer Regen*. Die Firma Shell gibt eine interne Studie in Auftrag. Diese wird feststellen, dass das Verbrennen fossiler Brennstoffe »relativ schnelle und drastische Veränderungen«[1] des Klimas zur Folge sowie »bedeutende soziale, wirtschaftliche und politische Konsequenzen«[2] haben wird. Die Studie stellt weiter fest, dass Shell allein im Jahr 1984 für 4 % der weltweiten Emissionen von Klimagasen verantwortlich ist. Die Geschäftsführung beschließt, diese Erkenntnisse geheim zu halten, und ruft einen Millionenetat ins Leben, mit dem nun über Jahre Kampagnen unterstützt werden, die den Klimawandel leugnen. *Zwei Nasen tanken super* ist der zweiterfolgreichste deutsche Film des Jahres, nur übertroffen von *Die unendliche Geschichte*.

In Stuttgart Stammheim beginnt der Prozess gegen die RAF-Mitglieder Christian Klar und Brigitte Mohnhaupt. In einer Frankfurter Wohnung werden Helmut Pohl, Christa Eckes, Stefan Frey, Ingrid Jakobsmeier, Barbara Ernst und Ernst-Volker Staub auf einen Schlag verhaftet. Es ist das Ende der sogenannten zweiten Generation der RAF. In Wiesbaden entscheiden Birgit Hogefeld und Wolfgang Grams, wohl in Folge einer eher harmlosen Autosache, ihren politischen Kampf aus der Illegalität heraus weiterzuführen.

In Kaiserslautern trifft sich derweil der vom Verfassungsschutz Rheinland-Pfalz unter dem Decknamen Klaus Burkhay geführte V-Mann im Chemielabor der Universität zu einem Vier-Augen Gespräch mit seinem Kommilitonen Klaus Steinmetz. In einem etwa einstündigen Gespräch offenbart Burkhay gegenüber Steinmetz seine V-Mann-Tätigkeiten. Seit einiger Zeit kursieren Gerüchte in der Szene und Steinmetz hatte sich als

Spitzeljäger ins Spiel gebracht: Die beiden Kläuse beschließen einen Plan. Hobbyfotograf Steinmetz soll sich mit einer Fotokamera auf die Lauer legen, wenn V-Mann Burkhay wieder mit den Verfassungsschützer*innen zusammentrifft. Vermutlich mit dem Ziel, die Fotos dann, mit Namen, in der linken Szene zu verbreiten, um Burkhays V-Mann-Tätigkeit als Spionage gegen den Feind zu deklarieren. Doch es kommt anders. Steinmetz schießt zwar einige Fotos, wird dann jedoch erwischt. Er kann fliehen, Burkhay wird in der Folge von Mainzer Verfassungsschützer*innen zur Rede gestellt, packt aus und wird als Quelle *abgeschaltet*. Auf die Warnung einer Freundin hin, sich nicht mit dem Verfassungsschutz einzulassen, erwidert Steinmetz: Er wolle lediglich zum Schein auf Angebote eingehen, um seinerseits an Informationen zu gelangen.

Zwei Tage nach dem Start des ersten Fluges von der Startbahn West demonstrieren 15.000 Menschen gegen die Eröffnung. In der Frankfurter Innenstadt kommt es zu schweren Auseinandersetzungen zwischen Polizei und Demonstrierenden – und doch ist es weder der Höhepunkt noch der Tiefpunkt der Bewegung. Jeden Sonntag finden weiterhin, trotz Inbetriebnahme der Startbahn, die sogenannten *Spaziergänge* statt. Und in den *Sonntagsrunden* gleich danach trifft sich weiterhin jene Wiesbadener Gruppe vom Rande der MEDE-Proteste.

Das Interesse an ihrem selbstverwalteten Projekt ist groß, die Gruppe wächst und ihre Vorstellungen nehmen Gestalt an. »Der Kaffeename steht fest: Wildwuchs«[3], heißt es in einem Protokoll. Na ja, nicht alles ist immer in Stein gemeißelt, aber die Vorstellungen und Ideen der Sonntagsrunde werden langsam greifbar. Längst wird Nützliches und weniger Nützliches in Kellern und Garagen zusammengetragen. Möbel, Baumaterial, Maschinen und Geräte, Tassen, Gläser, Gabeln, Schrauben, alles, was man halt so brauchen könnte. Auch innerhalb der Gruppe trennen sich Spreu und Weizen. Immer deutlicher zeigt sich, wer über solidarisches Interesse hinaus tatsächlich anpackt. Und so kommt es, dass bald auch ein geeigneter Ort für das selbstverwaltete Café-Projekt gefunden wird.

Ein kleiner, leerstehender Laden in der Dotzheimerstraße in Wiesbaden wird angemietet. Der Deal mit dem Vermieter: Die umfangreichen Renovierungsarbeiten übernimmt die Gruppe, die Materialkosten der Vermieter. Es wird ein Vorvertrag gemacht, der diesen Deal festhält, gleichsam aber auch vorsieht, zu einem späteren Zeitpunkt einen finalen

Vertrag auszuarbeiten. Mit Hochdruck macht man sich an die Planung, doch zu einhundert Prozent zufrieden mit dem Mietobjekt sind längst nicht alle. Eher zufällig erfahren etwas später einige, dass womöglich auch ein anderes Lokal zu haben wäre.

Auf ein Bier trifft man sich also, um sich das mal anzuschauen, diese düstere Western-Kaschemme mit dem soliden Namen: *Bierfestung Barbarossa*. Und mag es auch ein reichlich skurriles, altbacken muffiges Eckkneipchen sein, für das, was unsere Sonntagsrunde vorhat, sind diese Räumlichkeiten eigentlich geeigneter als jene in der Dotzheimerstraße – vor allem größer, ruhiger gelegen, und renovieren muss man ja eh. Auf Nachfrage erfährt man schließlich, dass die Räume der Bierfestung in der Tat zu haben wären, quasi sofort und insgesamt sogar zu einer ähnlichen Miete wie der deutlich kleinere Laden in der Dotzheimerstraße.

Die Euphorie ist groß, nur ist der Vorvertrag mit jenem anderen Vermieter ja schon unterschrieben – und beinhaltete die Klausel, dass beide Seiten gleichsam von dem Inhalt zurücktreten müssen, um ihn ungültig zu machen. Viele fürchten, dass sie bei einer einseitigen Kündigung nicht ohne Weiteres aus der Verbindlichkeit entlassen werden, zumindest nicht umsonst.

Es wird also ein Treffen ausgemacht. Mit dem Vermieter in der Dotzheimerstraße steht ja ohnehin noch ein Gespräch über den letztendlichen Vertrag aus. Man habe sich nochmal Gedanken gemacht, wird kleinlaut eröffnet und ein aberwitziger Bauplan vorgestellt, der weit über das zuvor Besprochene hinausgeht. Zur Überraschung der Gesandten lenkt der Vermieter zähneknirschend ein. Und so werden weitere Visionen aufgetischt, die immer teurer und teurer werden. Der Eigentümer ist alles andere als begeistert, aber willig weiterhin hartnäckig ein.

Ach und, heißt es schließlich, man habe außerdem bemerkt, dass man die handwerklichen Fähigkeiten in der Gruppe vielleicht doch etwas überschätzt habe, und fragt, ob der Vermieter nicht für eine ganze Reihe der anfallenden Arbeiten doch besser Handwerker*innen kommen lassen könne. Geld habe man dafür leider auch eher wenig. Ob der Vermieter da nicht auch einspringen könne, frage man sich – und endlich, von wütenden Tiraden begleitet, zerreißt der Vermieter den Vertrag noch vor ihren Augen. Das dürfte als beidseitiger Rücktritt von dem Vertrag zählen. Es ist nicht eigentlich ein Triumph, eher fühlt man sich schäbig, aber das Ziel ist erreicht:

Ein neuer Vertrag für das alte Barbarossa kann verhandelt werden. Dessen Vermieter gilt allerdings weithin als Hai – seine Immobilienfirma hatte gerade eine dubiose Insolvenz hingelegt und so häufen sich Warnungen davor, mit so einem Verträge zu machen. Die zwei, die sich schließlich persönlich mit jenem Herren treffen, tragen an diesem Tag zufällig orangene oder ins rötliche gehende Kleidung. Erst sehr viel später werden sie erfahren, dass der Eigentümer des alten Barbarossa sie dadurch für *Sannyasins* hält – Anhänger*innen einer in diesen Jahren in Wiesbaden sehr präsenten Sekte um den Guru Osho Bhagwan, die stets orange oder rote Kleidung tragen – und für die der Eigentümer offenbar Sympathien hegt. Es ist entsprechend ein wohlwollendes, zugewandtes Treffen, aus dem schließlich der gewünschte Mietvertrag entstehen wird.

Gleichsam erst einige Zeit später wird auch der Vermieter seinerseits bemerken, dass er die jungen Leute und ihre ungewöhnlichen Vorhaben falsch eingeordnet hat. Denn wie viel die Gründungsgruppe des Café Klatsch mit den *Sannyasins* gemein hat, mag eine Anekdote veranschaulichen.

Tatsächlich betreiben die Anhänger*innen Oshos Anfang der 80er-Jahre einen Club in der heutigen Wartburg in Wiesbaden. Dort feiern sie, entsprechend ihres Kults, in orange-roten Roben sowie je einem gerahmten und an einer Kette um den Hals getragenen Bildes, das ihren Guru zeigt. Eines Abends tauchen in diesem Club freundlich interessierte Klatsch-Kollektivist*innen auf. Zur allgemeinen Verunsicherung tragen die allerdings anstelle der orange-roten, vollkommen grüne Kleidung – und um den Hals, an einer Kette, ein Bildnis von Kermit, dem Frosch.

Doch auch wenn sie seltsame Gurus haben, diese Störenfriede: Der Mietvertrag im ehemaligen Barbarossa ist unterschrieben und umgehend wird mit der umfangreichen Renovierung, im Grunde einer Kernsanierung, begonnen – handwerkliche Fähigkeiten und Geld gibt es schließlich genug.

In einem Kraftakt wird die düstere Bierfestung umgestaltet und von Grund auf neu gemacht. Dabei entdeckt man nicht nur, dass sich hinter den schmierigen Sperrholzplatten alte, verzierte Vertäfelungen verbergen, die nun in kleinteiligster Handarbeit restauriert werden. Als die mit schwarzen Balken abgehängte Decke an der Reihe ist, offenbart sich darüber außerdem ein durchgängiger Jugendstil-Stuck, der zwar tief schwarz angestrichen und von Schichten vieler Jahre Nikotin völlig verdreckt, aber im Grunde gut erhalten ist. Und so entledigt man sich nun nicht nur der Balken, auch der Stuck wird freigelegt, gesäubert und immer und immer wieder weiß gestrichen. Bis es deckt. Der Charakter des Raumes ändert sich grundlegend. Weitläufiger wird er, heller, freundlicher – und irgendwie auch zeitloser. Zumindest wird sich in der grundlegenden Aufteilung dieses Raums über die vier Jahrzehnte dieser Geschichte kaum etwas verändern. An vielen Schrauben wird gedreht, Betonmischern gemischt, Werkbänken gewerkelt und Baustellen geschafft. Eine Theke wird gebaut, in das Lager des Barbarossa eine Küche, in die alte Küche ein Kinderzimmer, dazwischen Toiletten, in den Keller ein neues Lager und natürlich für all dies die nötige Elektrik, Wasserleitungen, Kühlanlagen installiert und so weiter und so fort.

Die Vorstellungen und Ideen in Wirklichkeiten zu verwandeln – noch dazu in alltägliche, beschränkt sich dabei natürlich nicht auf physische Räume. Das alles ist ja kein Selbstzweck. Es soll ein Ort für eine andere Form des Arbeitens entstehen, einen anderen menschlichen Umgang gar. Der Weg vom Reich der Notwendigkeit ins Reich der Freiheit führt dabei nicht selten durchs Tal der Kompromisse.

Im vergangenen Kapitel haben wir gesehen, dass das Café Klatsch aus einer positiven Annahme entsteht. Vor dem Hintergrund von konkreten Erfahrungen in den Neuen Sozialen Bewegungen sollen deren Motive in eine Alltagspraxis münden. In der wissenschaftlichen Literatur liest sich das so: »Alternativbetriebe sind keine ›Kinder der Not‹, sondern Projekte von sozialen Bewegungsmilieus, d.h. politisch-inhaltliche Motive spielen eine zentrale Rolle.«[4] Für einen ersten Überblick lassen sich diese politisch-inhaltlichen Motive der Selbstverwaltung vielleicht so beschreiben: Ganz grundsätzlich ist da eine Kritik an den Bedingungen von kapitalistischer Lohnarbeit im Allgemeinen. Die Begriffe dieser Kritik daran kennen wir schon von Theo Pinkus, wenn wir einmal, ganz klassisch, bei Karl Marx beginnen – und lesen: »Das Reich der Freiheit beginnt in der Tat erst da, wo das Arbeiten, das durch Not und äußere Zweckmäßigkeit bestimmt ist, aufhört.«[5]

Der Politikwissenschaftler und Soziologe Dario Azzelini formuliert darüber hinaus:

»Die menschliche Fähigkeit zu erschaffen, ist eine kollektive soziale Fähigkeit und kein individuelles Geschenk. Sie ist von Wissen und Fertigkeiten abhängig, die von anderen in der Vergangenheit entwickelt wurden; von den sozial organisierten Systemen des Wissenserhalts für spätere Generationen; von der Kooperation mit anderen Menschen; und der sozialen Reproduktion von Individuen. Arbeitskraft als individuelle Ware zu behandeln, die man auf dem Markt austauschen kann, ist ein Mechanismus zur Aneignung kollektiv und sozial produzierter Werte durch private Einrichtungen.«[6]

Für die Selbstverwaltung heißt das zum einen, den Umstand, dass Arbeit immer auch kollektiv und sozial ist, in ein Selbstverständnis aufzunehmen. Vor allem heißt es aber auch, dass alle in diesen Prozessen Beteiligten gleichermaßen an den Erträgen der Arbeit teilhaben sollen, zumindest als Zielvorgabe. Man möchte sich nicht von unbegründeten privaten Interessen ausbeuten lassen, sondern die Arbeit zugunsten jener kollektiven und sozialen Prozesse organisieren, aus denen sie ohnehin besteht. Anstelle individueller Arbeitskraft soll sozialen Bedürfnissen eine zentrale Rolle zukommen – vor allem jenen, die den Menschen als Ganzes begreifen und nicht als reduzierte Rolle in einem Arbeitszusammenhang. Wenn die Arbeit schon so einen großen Teil des Lebens einnehmen muss, könnte man sagen, dann sollte doch wenigsten das Leben auch ein großer Teil der Arbeit werden. Das ist das eine.

Damit das alles gelingt, soll außerdem gelten: Wer dem Betrieb Arbeitskraft leiht, soll gleichberechtigt über die Organisation dieser Arbeit verfügen dürfen – und zwar im Ganzen. Weder soll eine hohe Spezialisierung zu einer Struktur führen, die eine Position des Überblickens erfordert und so zu Hierarchie führt, noch soll eine Mehrheit die Bedürfnisse und Fähigkeiten einer Minderheit beschneiden. Denn wenngleich demokratische Prinzipien Teile der Gesellschaft bestimmen, ist die Organisation konventioneller Betriebe in wesentlichen Teilen anders gestrickt. Entscheidungsprozesse sind hier maßgeblich bestimmt von Eigentumsverhältnissen, nicht von gleichem Mitbestimmungsrecht aller Beteiligten. Es ist ein wesentlicher Anspruch der Selbstverwaltung, die Sphäre der Arbeit zu demokratisieren. Das organisatorische Prinzip der Wahl ist in der Regel die Basisdemokratie. Entscheidungen sollen nur mit der Zustimmung oder zumindest mit der Akzeptanz aller Beteiligten getroffen werden, wobei Beteiligte und Betroffene identisch sind.

Natürlich gilt bei alledem: Der Versuch, eine Utopie in eine Praxis zu bringen, macht aus absoluten Standpunkten relative Positionen. Anders wären demokratische Strukturen auch gar nicht funktional. Wenn es also heißt, in selbstverwalteten Betrieben soll es keine Bereicherung einzelner auf Kosten der Arbeit anderer geben, oder wenn wir hören, dass es im Café Klatsch keine Hierarchien gibt und alles im gleichberechtigten Konsens entschieden wird, dann ist das in dieser Absolutheit Theorie – auch und besonders dann, wenn uns dergleichen als Parole, Motto, Slogan oder Kampfansage auf T-Shirts, Stickern oder Transparenten entgegenspringt. Umgekehrt ist das jedoch auch nicht gelogen oder bloße Propaganda – es bestehen Übertragungsschwierigkeiten zwischen Theorie und Praxis, ohne dass dieser Prozess aber deshalb vollkommen scheitert. Dass das Café Klatsch mindestens 40 Jahre nahezu unverändert bestehen wird, könnte man als ein starkes Argument dafür anführen.

In dieser Geschichte werden wir dennoch immer und immer wieder auf Momente treffen, die kritisierbar, inkonsequent oder umstritten sind. Diese ergeben sich aber meist nicht aus dem Gefälle zwischen Theorie und Praxis, auch wenn das hier und da vorkommen mag. Vor allem besteht ein unüberbrückbarer Widerspruch zwischen den Anliegen der Selbstverwaltung und den Bedingungen, in denen sie sie realisieren möchte – das Café Klatsch etwa, existiert inmitten einer Gesellschaft, einer Wirtschaftsweise und einer Arbeitswelt, die anders ticken und deren Einflussnahmen es sich auf vielfältigen Ebenen niemals komplett entziehen kann.

Die »Not und äußere Zweckmäßigkeit« von Onkel Marx werden durch die selbstverwaltete Arbeit also nicht überwunden, ihnen wird lediglich ein Zusammenhang entgegengestellt, der sie so weit wie möglich mildert. Oder im besten Fall nicht mehr umfänglich bestimmt. Revolutionär im engeren Sinne ist dieser Ansatz folglich nicht. Ein Einwand, der gerne aus Teilen der radikalen Linken formuliert wird – vielleicht in mancher Hinsicht sogar zurecht. Denn in den beschriebenen Prozessen liegt zu jeder Zeit die Gefahr der Selbstausbeutung. Und die ist hinsichtlich der Theorie womöglich sogar verheerender als die Ausbeutung durch das Kapital, weil sie ein Scheitern der Alternative einschließt.

Einem hinsichtlich dieser ganz großen Fragen zunächst profan erscheinenden Problem begegnet unsere Sonntagsrunde früh: Es gibt im Westdeutschland der 80er-Jahre und in der wiedervereinigten Bundesrepublik bis heute keine Rechtsform für die Selbstverwaltung. Es ist nicht illegal, Arbeit derart zu organisieren, doch kann man einen Betrieb so, wie er hier angedacht ist, in keinem Handelsregister eintragen lassen und keinem Finanzamt melden. Es gibt einfach kein Formular dafür. Die formelle Struktur kann so unmöglich den realen Verhältnissen entsprechen. Da die formelle Struktur aber natürlich ausschlaggebend für reale Besitz- und Machtverhältnisse ist, ergibt sich auch für das Café Klatsch, quasi per Geburt, die Frage: Was ist der beste Kompromiss mit den Verhältnissen ringsum?

Historisch gesehen steht den von Arbeiter*innen verwalteten Betrieben die Genossenschaft am nächsten. Unsere Sonntagsrunde entscheidet sich aber, wohl aus pragmatischen Gründen der juristischen Handhabbarkeit, für eine GmbH. Gewissermaßen als humoristischer Kommentar zu der eigenen Verschiedenheit von klassischen Betrieben dieser Art wählt man für sie den Namen Caféhaus Cumulus GmbH. Als Cumulus werden dichte, klar voneinander getrennte Wolken bezeichnet, die langsam aufquellen und so enorme Größe erreichen können.

Eine andere Abwägung zwischen innerer Überzeugung und äußeren Erwartungshaltungen führt im Café Klatsch bis heute zu regen Diskussionen zwischen Kollektiv und Gästen. Zum einen möchte man Haltung zeigen gegen die imperialistischen Ausbeutungsverhältnisse, zum anderen als integrativer Nachbarschaftstreff in die noch nicht bis unter die Zähne politisierte Stadtgesellschaft hineinwirken. Soll man der wie selbstverständlich an jede Gastronomie herangetragenen Erwartung, Coca-Cola anzubieten, also nachkommen? Obwohl doch kein anderes Produkt so unmittelbar für den gesundheitsschädlichen Konsumwahn des Kapitalismus und die Machtansprüche des US-amerikanischen Imperialismus steht? Es wird heiß diskutiert. Über Wochen. Erst Ende März 1984 kommt es in der *Cola-Frage* zu einem Konsens: »Cola wurde kontrovers diskutiert«, heißt es in einem Protokoll mal wieder, aber dann: »Wir bieten es an mit 'nem Zusatz über die Bedenklichkeit«.[7]

Wie wir noch öfter sehen werden, kann man das Café Klatsch nicht nur als Insel im Kapitalismus verstehen, sondern zuweilen auch als Boje in der Weltgeschichte. Im April 1984, wenige Wochen nach dem Cola-Konsens, vermint der US-Geheimdienst CIA die Häfen Nicaraguas. Seit geraumer Zeit versucht die Regierung der Vereinigten Staaten die nicaraguanische Revolution der Sandinistas zu destabilisieren. Vor allem mithilfe der CIA führen sie einen verdeckten Kontrakrieg gegen die revolutionäre linke Regierung. Die USA verletzen hier vielseitig das Menschenrecht und sind sowohl in der physischen als auch in der psychologischen Kriegsführung für ihre Brutalität berüchtigt. Teil dieser Strategie ist selbstverständlich auch die wirtschaftliche Isolation des Gegners, was unter anderem zu einer Verminung deren wichtigster Häfen führt.

Nun unfähig, einen Großteil ihrer Produkte auszuführen, kommt dieser Akt einem völkerrechtswidrigen Totalembargo gegen die seit der Revolution in Kooperativen organisierte nicaraguanische Wirtschaft gleich. Als das bekannt wird, beschließt das Café Klatsch Kollektiv, noch vor der Eröffnung, einen Boykott sämtlicher Produkte aus den USA. Basta. Konsequenterweise fällt diesem Beschluss auch der Cola-Konsens zum Opfer. Obwohl es heute eine Vielzahl von Cola-Hersteller*innen gibt – auch außerhalb der USA, sogar von selbstverwalteten Betrieben – wird der Cola-Boykott im Café Klatsch nie ernsthaft angetastet. Manche Prinzipien werden über die Jahre auch zum kultigen Selbstzweck.

Während im Spätsommer 1984 die Renovierung fortschreitet und auch die Ausrichtung des gastronomischen Angebots konkrete Formen annimmt, stellt sich für die bislang eher unverbindliche Sonntagsrunde eine grundsätzliche Frage: Wer ist nun eigentlich tatsächlich dabei? Es wird sich zeigen, dass sich aus der ursprünglich recht großen Gruppe schlussendlich elf Leute verbindlich auf das Projekt festlegen. Bereits im Intro haben wir von diesen *Ersten Elf* gehört. Doch die sind fest entschlossen: *Es lässt sich nicht mehr verhindern* steht schließlich einmal quer über dem Flugblatt, das die Eröffnung ihres Ladens ankündigt – und doch wird es noch einmal ganz kurz brenzlig.

In der Nacht vor der Eröffnung sitzen einige noch lange im Laden und gehen die Vorbereitungen durch. Die Getränke sind verstaut, die Gläser stehen poliert in den Regalen, die Karten parat, die Küche ausgestattet, die Möbel platziert – was könnte noch fehlen? Als sich mit einem Mal ein Löschzug der Feuerwehr nähert. Zunächst beachtet man das nicht weiter, doch bald wird immer deutlicher: Die Feuerwehr hält unmittelbar vor dem Haus, verschafft sich Zugang durch die Haustür, drängt mit allem nötigen Gerät ins Treppenhaus, hoch in den ersten Stock und legt hastig Schläuche in jene Wohnung, die unmittelbar über dem Café Klatsch liegt. Alles ist eilig, ernst, Kommandos bellen durch die Luft, als sich den Einsatzkräften, ganz zur allgemeinen Irritation, ein entschlossener Klatsch-Kollektivist wild gestikulierend in den Weg stellt: »KEIN WASSER, KEIN WASSER!«, ruft er aufgebracht. In seiner Vorstellung könnte die Decke im Café durch das Löschwasser einstürzen. »KEIN WASSER!«, bittet er nochmal, doch die Feuerwehrleute werden, wie er heute berichtet, lediglich »sehr sauer«. Und so gibt er doch den Weg frei. Ein in Brand geratener Herd im ersten Stock lässt sich schließlich, zur allgemeinen Erleichterung, ohne größere Mengen Löschwasser ersticken, die Decke bleibt an Ort und Stelle – und so ist es am 15.9.1984 endlich soweit: Das Café Klatsch eröffnet.

Kapitel 3: Das Projekt

Und der lange Weg, der vor uns liegt
führt Schritt für Schritt ins Paradies!

Ton Steine Scherben

Als sich die Tür des Café Klatsch zum ersten Mal öffnet, steht die Kreuzung bereits voller Menschen. Es ist vom ersten Augenblick an randvoll. Auch am zweiten und am dritten Tag und überhaupt. Die Tische reichen nicht aus, man frühstückt gut und gerne auf dem Boden sitzend, selbstredend im Schneidersitz. Die ersten Wochen bringen also mindestens zwei Erkenntnisse. Erstens: Der Laden brummt und zweitens: Mit elf Leuten ist das alles unmöglich zu stemmen. Schnell stoßen also Neue dazu, meist aus den Zusammenhängen sozialer Bewegungen in Wiesbaden und Umgebung.

Zu den fragwürdigen und auch bald korrigierten Entscheidungen der *Ersten Elf* gehört ohne Frage, jene, Teppichboden zu verlegen. Nach jeder Nachtschicht muss deshalb, so sagt es der Konsensbeschluss, gesaugt werden. Diese weitgehend verrückte Praxis in einer Raucher*innenkneipe hat nur einen Vorteil: Es gibt immer Gäste, die länger bleiben wollen, als die Schicht es möchte. Und so sitzen eines späten Abends trinkfreudige Leute da und protestieren, als man ihnen sagt, dass sie doch langsam gehen sollten. Man habe doch noch Bier im Glas, wird eingewandt, solange dürfte man jawohl noch bleiben. In diesem Augenblick tritt die Person, die schon dabei ist, den Teppich zu saugen an jenen Tisch, saugt das besagte Bier aus den Gläsern und meint: »Jetzt nicht mehr«.

Insgesamt haben viele der bewusst irritierenden Aktionen im frühen Café Klatsch etwas Performancehaftes, Theatrales. Und das ist kein Zufall. Auch eine Bühne hat man in das Café gebaut, wo oft alternatives Theater, nicht selten mit Beteiligung von Kollektivist*innen geboten wird.

Dazu finden natürlich politische Veranstaltungen zu den beschriebenen Themen der neuen sozialen Bewegungen statt. Zeitweise wird das Café Klatsch zu einer Zentrale des Boykotts der Volkszählung. Die Bundesrepublik möchte erheben, wie viele Bürger*innen sie hat und auf diesem Wege auch noch das ein oder andere über diese Leute erfahren. Das Café-Klatsch-Telefon wird zu einer Hotline, über die man sich über rechtliche Konsequenzen einer Verweigerung der Angaben informieren kann. Natürlich boykottiert man auch selbst mit und so entstehende Bußgelder werden solidarisch geteilt. Denn auch das gehört von Anfang an zum Konzept des Café Klatsch: Trinkgelder werden nicht etwa an die Arbeitenden ausgezahlt, sondern in Gruppenaktivitäten investiert – oder, und das ganz überwiegend, gespendet. Nach Nicaragua natürlich, aber auch an streikende Minenarbeiter in Großbritannien und vieles mehr.

Die »anfallenden Arbeiten im Café, wie z.b. Buchhaltung, Reparaturen, Einkauf, Organisation und Planung von Veranstaltungen usw., werden von einzelnen Gruppen übernommen, die innerhalb des Kollektivs existieren«[1], erklärt die Selbstdarstellung auf der ersten Speise- und Getränkekarte, und betont: »Wir sehen diese Form der Arbeitsorganisation als Ansatz für eine Veränderung der hier herrschenden Arbeits- und Lebensbedingungen.«[2] Die wesentliche Schnittstelle ist der Montag.

»An diesem putzen und reparieren immer abwechselnd einige des Kollektivs das Café. Abends auf dem Plenum wird alles, was das Café betrifft gemeinsam besprochen und entschieden. Darüber hinaus diskutieren wir hier über politische und kulturelle Fragen und versuchen persönliche Probleme im Kollektiv zu lösen.«[3]

Einiges im Café Klatsch wird sich in den kommenden knapp 2.000 Plena verändern, auffallend vieles aber auch nicht. Dazu gehört der Montag, das Plenum. Zwar wird sich die Uhrzeit viele Male ändern, das Bekenntnis zu basisdemokratischen Verfahren aber nicht. Es gilt das Konsensprinzip. Anstehende Entscheidungen werden nicht durch Abstimmungen getroffen: Niemand hebt die Hand oder enthält sich oder kreuzt, geheim, auf einem Zettel irgendetwas an, sondern es wird so lange diskutiert, bis ein Lösungsweg gefunden ist, den alle mittragen.

Doch alle, die im Café Klatsch beschäftigt sind, treffen sich in den ersten Jahren nur jeden zweiten Montag – neben dem *Großplenum*, das bald nach der Eröffnungsfeier an die 30 Menschen zählt, gibt es im wöchentlichen Wechsel eigens ein Plenum für das zunächst recht mysteriös daherkommende *Projekt.*

»Das Projekt ist Ausdruck unseres politischen und gesellschaftlichen Verständnisses, sowie unseres Willens, dies nicht nur durch gemeinsame Arbeit in den Projektgruppen, sondern auch durch kollektives Leben und Wohnen in die Praxis umzusetzen«[4], heißt es Anfang 1985. »Uns scheint eine Gruppe von ca. 20 Personen für dieses Projekt ausreichend, um vor allem die Wohn- und Lebensverhältnisse nicht in die Anonymität abzudrängen und uns nicht zu stark zu belasten. Darum öffnen wir die Gruppe nicht über die seit längerem Interessierten und im Klatsch-Mitarbeitenden hinaus.«[5] Das Projekt besteht in Grundzügen aus dem Gründungskollektiv, den sogenannten *Ersten Elf.* Es ist bezeichnend, dass in den »20 Personen« Kinder, wie selbstverständlich eingerechnet sind.

Das Projekt führt also die ursprünglichen Anliegen der Gruppe fort. Neben dem selbstverwalteten Arbeiten möchten sie gemeinsam wohnen und leben. Dabei spielen natürlich geschlossene Freundschaften, Beziehungen und Familien eine Rolle, doch nicht zuletzt hat das Projekt einen politischen Kern, der aus einer etwas speziellen neuen sozialen Bewegung herrührt: der Kommunebewegung.

Ihr geht es darum, das Individuum als politisches Subjekt zu bilden. Das heißt, auf möglichst allen Ebenen des Lebens, in der Arbeit, dem Wohnen, der Erziehung, der sozialen Bezugsgruppe, der Freundschaft, der Liebe, dem Sex und vielem mehr, neue Umgangsformen zu entwickeln, doch diese nicht bloß theoretisch zu formulieren – und dann auf eine ferne Zeit nach der Revolution zu verschieben, sondern im Hier und Jetzt und im konkreten Leben zu erlernen. Der Aktivist und Autor Karl-Ludwig Schibel schreibt dazu: »Kommunen setzen am alltagspraktischen Arbeits- und Lebenszusammenhang an, deren Revolutionierung das eigene Leben dem guten, sprich richtigen Leben so nahe wie möglich bringen soll.«[6]

In der Regel denken Kommunen die Bereiche Wohnen und Arbeiten zusammen bzw. als zwei ihrer zentralsten Handlungsfelder.

Der Gruppe rund um *das Projekt* indes geht Mitte der 80er-Jahre nicht mehr von einer Kommune im engeren Sinne aus – auch der Begriff wird nicht mehr verwendet. Längst hat sich die Wohnpraxis dieser Bewegung in Richtung Wohngemeinschaften entwickelt, das Arbeiten nicht selten in selbstverwaltete Betriebe verlagert. Die politischen Grundmotive bleiben aber weitgehend unverändert. Wie man sich ein Zusammenleben konkret vorstellt, sehen wir gleich. Zunächst lässt sich nicht übergehen, dass die Kommunebewegung, auch in WGs aktualisiert, etwas anders funktioniert als die meisten Neuen Sozialen Bewegungen. Ihr liegt eine Art Ausstiegsaspekt zugrunde – zumindest wird das von anderen Bewegungen moniert, die stärker auf Protest und Veränderung der gesamtgesellschaftlichen oder gar globalen Verhältnisse abzielen. Bei Karl-Ludwig Schibel liest sich das so:

>»Die Kommunen kritisieren an den sozialen Bewegungen genau diese Perspektive, zunächst innerhalb der falschen Verhältnisse weiter zu funktionieren in der Erwartung, dass mit der Eroberung der Macht und der Umwälzung der ökonomischen Verhältnisse sich auch Hierarchien und Herrschaft auflösen werden. Für die sozialen Bewegungen hingegen erliegen die Kommunen der Selbsttäuschung, innerhalb der herrschenden Verhältnisse von Ungleichheit und Ausbeutung antizipatorisch die gute Gesellschaft verwirklichen zu können. Dabei gehe in der Konzentration auf die Gemeinschaft und ihre Verkehrsformen der Blick auf die gesamtgesellschaftliche Veränderung verloren und der utopische Gehalt würde mit Marginalisierung und Bedeutungslosigkeit erkauft.«[7]

Dass solche Konflikte allerdings nicht bloß zwischen Bewegungen bestehen, sondern auf Mikroebene auch innerhalb konkreter Gruppen, mag ein Schreiben verdeutlichen, in dem sich eine Person aus dem Wiesbadener *Projekt* mit ihren Bedenken schriftlich an die restliche Gruppe wendet. Unter der Unterschrift »Schöner wohnen, oder wie?« lesen wir Anfang 1986:

>»Ich frage mich, was wir da eigentlich machen, was sind unsere Ziele? Vielleicht denken jetzt einige, daß das so langsam mal klar sein müßte: Selbstverwaltet arbeiten und leben, andere Umgangsformen entwickeln, kollektiv, autonom, Widerstand, Kampf ...
>Moment mal! Widerstand, Kampf? Hört, hört. Große Worte.
>Ist es Widerstand, sich einzukaufen, in Freiräume, die das System jedem bietet, der die Kohle dazu hat, egal ob einer oder 20?

Ist es Kampf, wenn wir von einer Bank ein Spekulationsobjekt erwerben, um uns dort unsere Idylle aufzubauen? Haben wir das Recht auf Idylle, wenn wir die Kohle dazu haben? [...]

Wie stehen wir überhaupt zur Kohle? Kann sich jeder vorstellen, was es heißt, mit 20 Leuten 1,5 Mio zusammenzukriegen? Wollen wir nur noch in unserem Ghetto schuften, um Banken, Gläubiger, Staat zufriedenzustellen? Sind wir seriöse Geschäftspartner? Sind wir Ghetto oder begreifen wir uns als Teil eines weltweiten, kollektiven Kampfes, den wir halt nach den Gesetzen der freien Marktwirtschaft führen? Sind wir konsequent oder realpolitisch? Ist es wichtiger, sich einen Altersruhesitz zu schaffen oder zurückzuschlagen? Wie sieht er aus, unser Widerstand, unser Kampf? Wie soll er aussehen, der Kompromiß zwischen unseren Träumen und der Realität? Haben wir Träume? Folgen unsere Träume kapitalistischen Gesetzen oder sind sie stärker? Werden wir wenigstens, falls wir je die materielle Grundlage für unser Projekt hingekriegt haben, dann sehen, daß es noch andere Bezugspunkte gibt? Werden wir uns wieder einklinken? Müssen wir uns überhaupt ausklinken? Welche Verantwortung hat das Projekt (wir!) als wirtschaftliche und vielleicht auch politische Größe gegenüber anderen? Leben wir auf Kosten anderer? So viele Fragen!«[8]

Das sind in der Tat sehr viele Fragen. Und in der ein oder anderen Weise werden wir vielen von ihnen noch begegnen. Das Einzige, was rund um das Projekt Fragen mengenmäßig noch übertrifft, sind Ideen. 1985 umfassen diese Folgendes: Es soll ein Restaurant geben, das als Kompromiss aus langen Diskussionen nicht gänzlich vegetarisch sein soll, sondern auch Fleisch aus bekannter, vertretbarer Haltung anbietet. Dann ist da der Garten beziehungsweise die Landwirtschaft. In biologisch-dynamischer Anbauweise sollen so das Wohnprojekt, das Restaurant sowie auch das Café Klatsch und das Tagungshaus mit Lebensmitteln versorgt werden. Durchaus mit der völligen Subsistenz als Fernziel, wie es heißt. Im Tagungshaus sollen über Tagungen hinaus Kurse in den Bereichen Pantomime, Malerei, Fotografie und Schauspiel angeboten werden sowie Infoveranstaltungen zu den klassischen Themen der Neuen Sozialen Bewegungen: Gesundheit, Umwelt, Rüstung und so weiter.

Und es soll ein Kino geben. Nicht an jedem Wochentag, an Kinotagen aber mehrmals täglich sollen besondere Filme vorgeführt werden. Für das Foyer ist außerdem ein Barbetrieb geplant, der auch weitere Veranstaltungen begleiten soll: »Politische und kulturelle Veranstaltungen in größerer Dimension, als im Klatsch, wobei die politischen Veranstaltungen im Klatsch hauptsächlich weiterlaufen sollen«[9], heißt es dazu in einem Protokoll. Zwei Mal in der Woche soll es Disko geben oder sogar mehr. Der Veranstaltungssaal soll ansonsten für Kindergruppen, Tanzseminare und als Turnhalle für das Wohnprojekt verwendet werden. Außerdem sei eine Heilpraktiker*innenpraxis, ein Jugendfreizeitprogramm samt Ferienkursen und eine Zeitung in Planung. »Es gibt viel zu tun«[10], steht fett unterstrichen unter einer solchen Ideensammlung – allein schon für den *Bautrupp*, den es selbstverständlich auch geben muss. Das klingt in der Tat nach einer Menge Arbeit. Vor allem möchte man ja, als »zweites großes Standbein«[11], gleichsam auch zusammen wohnen.

Hierzu äußern sich über Wünsche und weiter sprudelnde Ideen hinaus auch Bedenken. Im Dezember 1985 wird ausgiebig diskutiert, wie das Zusammenleben gestaltet werden soll. Darüber, dass es im Ganzen eine große Wohngemeinschaft werden soll, herrscht Einigkeit, und auch hinsichtlich der ideellen Ziele: Häufig wird betont, dass es weniger leistungsorientiert zugehen soll und, wie wir schon gehört haben, neue Umgangsformen untereinander entwickelt werden sollen. Weniger einhellig sind die Ansichten über die konkrete Organisation der Wohngemeinschaft. So wird sich etwa von einigen gewünscht, die große Gruppe in Wohngruppen von bis zu sechs Personen zu teilen, mit eigenen Küchen und Bädern, und darüber hinaus lediglich einige Gemeinschaftsräume für alle einzuplanen. Andere sehen eine solche Struktur eher in den Arbeitsgruppen, möchten das Wohnen aber als Großgruppe probieren. Mit der Zeit setzt sich die zweite Ansicht durch. Dabei soll jede*r ein eigenes Zimmer bekommen. Es soll ein bis zwei Gemeinschaftsräume und eine Großküche geben, die nicht mit der Restaurantküche identisch ist. Mindestens an einem Ruhetag in der Woche sollen so ein gemeinsames Essen und Gruppenaktivitäten möglich sein. Unter diesem Protokoll steht fett unterstrichen: »Es gibt noch viel zu reden!«[12]

In den folgenden Gesprächen wird auch die Verteilung von Verantwortlichkeiten und die Erziehung der Kinder, die mit in der Wohngemeinschaft leben werden, zum Gesprächsthema. Einige fürchten, dass zu viel Verantwortung Einzelner, etwa von Eltern, auf die gesamte Gruppe verlagert werden könnte. Das führe möglicherweise zu Frust und Überforderung. Andere scheinen von den immer konkreter werdenden Plänen angestoßen, noch einmal in sich hineinzuhorchen und finden, dass so ein großes Projekt eher doch nicht in ihre Lebensplanung passt. Und so ruckelt sich die Gruppe auch personell zurecht, bleibt aber mit großem Elan und innerer Überzeugung auf der Suche nach dem Schlüssel zu all ihren Wünschen: Einer geeigneten Immobilie.

Das Café Klatsch ist derweil weiter bestens besucht, ist Szenetreffpunkt, Knotenpunkt sozialer Bewegungen und Rampe für Protest. Noch immer fahren viele jeden Sonntag an die Startbahn, es finden in beeindruckender Dichte Infoveranstaltungen, Diskos, Musik- und Theaterabende statt. Es steht ein Klavier im Raum, das gern bespielt wird, und nicht zuletzt sitzen viele noch lange nach der Schicht in ihrem Laden. Es entstehen Freundschaften, es wird sich verliebt und gestritten, gelacht und getrunken. Noch 1985 dreht das Kollektiv einen Film mit dem Titel *Innereien*. Eine recht groteske Detektivgeschichte rund um Geld, das in der Kasse fehlt. Das bunte Machwerk führt durch skurrile Szenen, die bei heutiger Betrachtung nicht immer so recht Sinn ergeben wollen. Aber man spürt, dass hier etwas Lebendiges entstanden ist. Etwas, dass sich auch selbst nicht allzu ernst nimmt, ohne aber in Ironie und Uneigentlichkeit zu verwässern. Etwas Herzliches, auch irgendwie Verschrobenes, Außenseiterisches – und hier und da durchaus auch ein wenig Stolzes.

Kapitel 4: 80 Tage im Mai

Politik ist nur der Spielraum,
den die Wirtschaft ihr lässt.

Dieter Hildebrandt

Seit jeher begleitet auch die Anti-AKW-Bewegung die Geschichte des Café Klatsch. Eine neue Dimension wird allerdings erreicht, als Anfang Mai 1986 klar wird: Das Feuer im sowjetischen Atomkraftwerk Tschernobyl am 26. April war nicht bloß ein regionaler Zwischenfall: Ein schweres Gift, ohne Geschmack oder Geruch, formlos und unsichtbar, legt sich über Europa. Und dieser Alptraum kümmert sich nicht um die Grenzlinien der Weltsysteme, Mauern oder Zäune und sickert ungehindert ein – in alles. Oft wird von einem GAU gesprochen, einem *größten anzunehmenden Unfall*. Genau genommen meint das Wörtchen »anzunehmend« jedoch, dass ein Unfall noch im Rahmen der Sicherheitskonzepte der Anlagen liegt, also im Vorfeld als möglich angenommen wurde. Die Katastrophe von Tschernobyl reicht weit darüber hinaus. Für einen solchen Fall gibt es so gut wie keine Strategie, keine geordnete Vorbereitung. Zur eigentlichen Katastrophe gesellt sich von Beginn an eine verheerende Informationsstrategie der KPdSU.

Doch auch in der BRD wird rasch verharmlost, völlig verfrüht Entwarnung gegeben und schließlich wenig vertrauenerweckend hin- und herlaviert. Das ohnehin weitgehend ramponierte Verhältnis zum ›Atom-Staat‹ führt nicht nur in der hochinformierten Anti-AKW-Bewegung zu dem Eindruck, im Angesicht einer unsichtbaren Katastrophe auf sich selbst zurückgeworfen zu sein. Es gründen sich zahllose Gruppen und Initiativen, die auf eigene Faust losziehen und Messungen anstellen, Zeitungen und Infoblätter, die über die behördlichen Empfehlungen hinaus Erkenntnisse und Einschätzungen publizieren. Eltern organisieren sich, um mögliche Gefahren auch für ihre Kinder möglichst abzumildern, und natürlich trägt die Anti-Atomkraft-Bewegung nun erst recht entschlossen ihre Anliegen auf die Straße. Obwohl sie längst eine Massenbewegung ist, erhält sie nochmal massiven Zulauf, auch und vor allem aus dem bürgerlichen Lager.

Das Café Klatsch reagiert gleichsam schockiert und entschlossen. Auf einem Plenum am 5. Mai 86 fasst man den Konsens, zunächst für 80 Tage keine Produkte mehr zu verkaufen, die aufgrund der Radioaktivität schädlich sein könnten – das heißt: vor allem keine Milchprodukte, aber auch empfindliche Teile der Speisekarte werden gestrichen. »Radioaktivität. Wir überlegen uns Zusatzangebote, z.B. Tomatensuppe, Krautsalat«, wird dahingehend festgehalten. Weiter heißt es:

> »Wir hängen dazu ein Plakat in den Gastraum. Eis ist alt, wird aber irgendwann auch zuende gehen. Pfannkuchen soll nur mit Wasser und Büchsenmilch gemacht werden, weil auch die Eier wegfallen. Obst geht, vor allem wenn es aus dem Ausland kommt. Zusätzlich wollen wir ein Flugblatt schreiben mit Informationen und unserer Position dazu.«[1]

Pfannkuchen aus Wasser und Büchsenmilch? Wow. »Wir stellen momentan auch kein Mobiliar raus, nicht, weil wir es für besonders gefährlich halten, sondern weil wir kein fröhlich-friedvolles Draußensitzen ermöglichen wollen«[2], heißt es weiter. In dem geplanten Flugblatt werden die Gründe dieser weitreichenden Entscheidungen schließlich wie folgt erläutert:

> »Die Folgen von Tschernobyl haben nicht nur unser Wissen über die tödlichen Gefahren der Atomwirtschaft bestätigt, sondern auch eine konkrete Angst um unser Leben erzeugt. Obwohl es uns bewußt ist, dass wir uns einer radioaktiven Verseuchung n i c h t entziehen können, haben wir trotzdem Maßnahmen getroffen, den von uns beeinflußbaren Grad der Verseuchung so gering wie möglich zu halten: dazu gehörten im privaten Bereich, keine Milch und Milchprodukte mehr zu uns zu nehmen, kein Frischgemüse und keinen Salat zu essen, sich so wenig wie möglich im Freien aufzuhalten und vieles mehr. Da es unser Anspruch ist, persönliche und politische Positionen über das Cafe auszudrücken, haben wir natürlich unsere privaten ›Schutzmaßnahmen‹ auf das Angebot des Cafes übertragen. Politischer Protest darf sich nicht nur auf Demonstrationen, Volksbegehren usw. konzentrieren und kanalisieren lassen, sondern muß mehr denn je Teil unseres Alltags werden.«[3]

Es wird außerdem ein Heft ausgelegt, in das Menschen ihre persönlichen Erfahrungen mit der Radioaktivität hineinschreiben können. Darin finden sich zunächst eher krude und sarkastisch humoristische Bemerkungen. Bald häufen sich jedoch auch Beiträge, die sich wie folgt lesen: »Leute, die anderen die Entscheidung abnehmen hatten wir in der Geschichte oft genug (1933–45) – bezugnehmend auf die Verweigerung des Milch etc. Angebots im Caffee [sic].«[4] Auch im Alltag werden solche Diskussionen nun immer häufiger. Während der ideologische Rückhalt der Gäste zu schwinden droht, beginnt das Klatsch auch finanziell zu straucheln – und so dreht sich der Wind. »Ab 27.5. sollen die Gartenmöbel raus. Umsatz ist zurückgegangen«[5], heißt es am 26. Mai. Doch das allein reicht nicht. Die Umsätze brechen weiter ein und schließlich steht das Kollektiv vor der Entscheidung, eine erste substanzielle finanzielle Krise infolge ethischer Beweggründe in Kauf zu nehmen oder in diesem Falle doch die ökonomische Stabilität des Betriebs mit Vorrang zu behandeln.

»Wir werden ab 1. Juli Milch und Milchprodukte wieder anbieten, obwohl selbst die Werte von Jod 131 noch nicht völlig abgeklungen sind, von Cäsium, Strontium usw. gar nicht zu reden«, wird schließlich mittels eines weiteren ausliegenden Flugblatts informiert. »Die Ursache dafür ist die extrem gewordene finanzielle Belastung für uns durch den Milchboykott. Darüber hinaus haben wir keine Lust und Kraft mehr, Diskussionen und Dispute über den Milchboykott mit sich >entmündigt< fühlenden Gästen zu führen.«[6]

Nach 56 von 80 Tagen ist also Schluss. Dass diese Entscheidung fernab von Überzeugungen liegt, veranschaulicht die Gestaltung der Speise- und Getränkekarte ab jenem ersten Juli. Die Milch und andere von hoher Radioaktivität betroffene Produkte werden mit einem finsteren Atomsymbol gekennzeichnet. Grad so, als warnte man eindringlich davor, das Angebotene tatsächlich zu kaufen. Ein wenig trotzig mag das sein – vor allem aber zeigt es einen Wesenszug der alternativen Ökonomie, der in der Theorie und Forschung allgegenwärtig ist: Ökonomische Vernunft, vor dem Hintergrund bestehender Verhältnisse, muss nicht zwingend, aber kann durchaus in eklatantem Widerspruch zu ethischen Handlungsmaximen stehen.

1986 unternehmen Wissenschaftler*innen, auch vor dem Hintergrund dieser Problematik, eine »Totalaufnahme aller selbstverwalteten Projekte in Hessen« – die griffiger als *Hessenstudie* bekannt wird. Im Auftrag der rot-grünen Landesregierung soll erstmals untersucht werden, wie derartige Betriebe wirtschaften, wie sie sich strukturieren, und schließlich eingeordnet werden, wie sie im Vergleich zu konventionellen Betrieben dastehen. Für die Politik dürfte dabei weniger das bloße wissenschaftliche Interesse an dieser Form des Wirtschaftens ausschlaggebend für den Auftrag jener Studie sein – die hessische Landesregierung hatte vielmehr ein recht umfängliches Förderprogramm für Alternativprojekte ins Leben gerufen, das als *Hessenknete* bekannt ist. Auch das Wiesbadener *Projekt* überlegt, aus diesem Topf Teile der Kosten für die gesuchte Immobilie zu finanzieren.

Selbstverständlich möchte die Politik allerdings erfahren, ob es sich bei dem, was sie da unterstützen, in Summe um eine ›Armutsökonomie‹ handele, wie von konservativen Stimmen vielfach kolportiert wird – oder wahrlich um funktionstüchtige Alternativen. Von dem Ergebnis der Studie hängt also durchaus auch realpolitisch etwas ab. Was jedoch keineswegs bedeutet, dass sie nicht unabhängig und seriös erstellt wird.

Die *Hessenstudie* ist darüber hinaus einzigartig. Zwar wird es Mitte der 90er einen zweiten Teil geben, für andere Bundesländer oder bundesweit wird jedoch nie etwas Vergleichbares erhoben. Auch das führt dazu, dass sich kaum seriös beantworten lässt, wie viele solcher Betriebe es überhaupt gab oder gibt und gleichsam, wie viele Menschen in solchen Betrieben arbeiten oder gearbeitet haben.

Doch immerhin: 1986 werden 244 selbstverwaltete Betriebe in Hessen ausgiebig befragt – auch das Café Klatsch nimmt, etwas widerwillig, daran teil – weigert sich lediglich, konkrete buchhalterische Zahlen herauszugeben. Rund 1.500 Menschen arbeiten zu diesem Zeitpunkt allein in Hessen selbstverwaltet. Rund die Hälfte der Betriebe zahlt sich einen Einheitslohn. Auch das Café Klatsch. Das heißt: Alle Mitarbeitenden verdienen den gleichen Nettostundenlohn, unabhängig von der Form der Arbeit, also ob es eine Nachtschicht ist oder ein Teilaspekt der Buchhaltung oder das Planen von Veranstaltungen oder Putzdienste oder sonst was. Die andere Hälfte der Betriebe zahlt sich in unterschiedlichen Modellen von Lohnstaffelungen aus.

Insgesamt fällt das Gehalt in selbstverwalteten Betrieben, laut der Studie von 1986, durchschnittlich etwas geringer aus als in vergleichbaren konventionellen Betrieben. Hier gibt es jedoch große Unterschiede zwischen den Branchen. Im Baugewerbe liegen die Löhne deutlich höher als im konventionellen Vergleich, im Einzelhandel hingegen deutlich darunter. Die Zufriedenheit mit den eigenen Arbeitsbedingungen fällt derweil weithin messbar höher aus als in klassisch organisierten Betrieben.

Einen markanten Teil der Studie nimmt die Frage ein, inwiefern selbstverwaltete Betriebe einen strukturellen Wettbewerbsnachteil in sich tragen, durch ihre Bedingung, zuweilen ethische oder politische Prinzipien über ökonomische Effizienz zu stellen. Zum Beispiel hinsichtlich der Bemerkung, dass ihre ineffizienten Entscheidungsfindungen, die gut die Hälfte der befragten Mitarbeitenden in ihren selbstverwalteten Betrieben beobachten, auf Dauer zu wirtschaftlicher Instabilität beitragen. – Sind sie entsprechend nur solange marktfähig, wie Geld von außen hineinfließt? Zum Beispiel jene *Hessenknete*? Diese weit verbreitete Annahme kann die Studie klar widerlegen.

Selbstverwaltete Betriebe stellen sich gar als leicht robuster heraus als traditionelle. Sie wirtschaften im Schnitt etwas solider, während Insolvenzen seltener auftreten als in vergleichbaren herkömmlichen Betrieben der jeweiligen Branchen. Im Grunde bestätigt die Studie also die positive Wirkung der *Hessenknete* für den Wirtschaftsstandort Hessen – doch bevor die Untersuchung ausgewertet ist und 1988 erscheint, wird anstelle der rot-grünen Koalition eine schwarz-gelbe in die Landesregierung gewählt und das Förderprogramm gestrichen.

Nicht nur deshalb gestaltet sich die Suche nach einem geeigneten Ort für das *Projekt* derweil als schwierig. Auch hier werden weitreichende Kompromisse mit der Realität zumindest zeitweise diskutiert. In diesem Sinne laufen einige der genannten Punkte in einem weiteren Schreiben zusammen, das kurz nach der Katastrophe in Tschernobyl in der Projektgruppe zirkuliert. Hier heißt es:

»Freiräume statt Arbeitsplätze! Mit der Tendenz der Gruppe, die Einheit von Arbeiten und Wohnen ganz oder zumindest teilweise aufzuheben, ergibt sich die Frage nach der Priorität der beiden Bereiche. Will die Gruppe erst mal ein Wohnprojekt aufbauen, damit dann über das Erleben eines gemeinsamen

Alltags, unserer Umgangsweise miteinander und den ganzen Konfliktsituationen, die so ein Alltag mit sich bringt, die Diskussionen geführt und die Solidarität und Freundschaft aufgebaut werden können, die die leere Worthülse ›Kollektiv‹ erst mit Inhalten füllen?

Oder will sie ein ›Klatsch‹ nach dem anderen gründen, mit möglichst vielen Kleinplenen, in denen es dann um Arbeitsorganisation, Kohle, Funktionalität und den ganzen vom ›Klatsch‹ hinlänglich bekannten Scheiß geht, aber nach denen wir dann wieder auseinanderlaufen, und wieder kaum etwas dazugelernt oder voneinander erfahren haben? Ab und zu ein wenig Gruppendynamik, vielleicht sogar auf einem Seminar, wo wir dann erst mal die Hälfte der Zeit brauchen, um ein gemeinsames Gruppengefühl zu entwickeln, von dem wir dann wieder monatelang bis zum nächsten Seminar zehren müssen, um uns über unsere Isolation untereinander im täglichen Leben trösten zu können. Daß über gemeinsames Arbeiten alleine das gegenseitige Kennenlernen, das Schaffen eines gemeinsamen Gruppengefühls nicht geleistet werden kann – diese eine Erfahrung sollten wir aus mehr als zwei Jahren ›Klatsch‹ zumindest ziehen und vielleicht sogar begreifen, daß es falsch ist, nur weil die Situation gebäudemäßig günstig ist, noch mehr Arbeitsbereiche zu schaffen und das Zusammenwohnen hintenanzustellen. Denn bei einer Trennung von zusammen wohnen und zusammen arbeiten in einer Situation, in der die Einheit dieser beiden Komplexe, die nämlich *zusammen leben* heißt, aufgehoben wird, findet meiner Meinung nach Leben eher beim zusammen wohnen als beim zusammen arbeiten statt. Freiräume lassen sich eher beim Wohnen als beim Arbeiten schaffen. Wenn wir ein geeignetes Gebäude haben, können wir wohnen, wie wir wollen, wir sind selbstbestimmt. Bei unserer Arbeit aber, egal ob Lohnarbeit oder selbstverwaltete, unterliegen wir immer ökonomischen Zwängen und Gesetzen, werden durch Dritte (Chefs, Kunden) bestimmt. Es gibt keine Arbeit in totaler Selbstbestimmung, beim Wohnen geht das schon besser. Was ist wichtiger? Eine Wohnform, in der wir uns alle als Gruppe wieder- und zusammenfinden, oder Arbeitsbereiche, die auf die Initiative einzelner oder von Kleingruppen zurückgehen und sich in der Gesamtgruppe mehr oder weniger großer Identifikation erfreuen?«

Das Schreiben endet mit der Losung: ›Ein Klatsch ist genug! Basta.‹[7]

Ausgerechnet zwischen die Ängste vor der übersinnlichen Bedrohung durch Radioaktivität mischt sich in diesen Tagen eine morbide Diskussion. Die Projektgruppe stößt auf eine vielversprechende Immobilie im Wiesbadener Nerotal, die in den Protokollen immerzu als »Sterbeklinik«[8] bezeichnet wird. »Unbehagen« löse das aus, heißt es. Andererseits sei das Gebäude »schön und groß«[9]. Es bilden sich zwei Positionen heraus: Eine fühlt sich nicht wohl bei dem Gedanken an »einsames, unmenschliches Sterben«, die andere meint eher nüchtern, »der Tod existiert, auch solche Sterbesituationen«[10], und betont die vielen Möglichkeiten, die diese Immobilie bietet. Ein Konsens wird schließlich dahingehend nicht mehr nötig sein. 1988 stößt man auf den renovierungsbedürftigen *Nassauer Hof* in Rauenthal. Nicht nur die Historie ist etwas freundlicher als in der diskutierten *Sterbeklinik*: 1848/49 trafen sich hier Revolutionäre, um den Aufstand zu planen. Das passt doch besser. In einem erneuten Kraftakt wird renoviert, gebaut, natürlich biologisch nachhaltig, geschuftet und geträumt. Und so werden hier schließlich elf Erwachsene, sechs Kinder oder Jugendliche und zehn Schafe einziehen. Neben dem Wohnprojekt wird auch das Tagungshaus sowie ein Veranstaltungsraum für das beschriebene Kultur- und Politprogramm Realität.

Für das Café Klatsch deutet sich so Ende der 80er eine Zeitenwende an. »Die Gruppe hat sich verändert, Rauenthal hat eine Veränderung für das Café gebracht«, notiert das Plenumsbuch noch Ende 1988.

Ralf, einer derjenigen, die nicht nach Rauenthal ziehen werden, erinnert sich an diese Jahre.

»Mitte bis Ende der 1980er Jahre. Die Startbahn-18-West ist gebaut aber noch immer heftig umkämpft, der Super-Gau in Tschernobyl bestimmt eine zeitlang die Essgewohnheiten, Günter Sare wird in Frankfurt von den Bullen ermordet, ständig stehen Genoss*innen vor Gericht, die Zaunkämpfe in Wackersdorf werden mit aller Härte geführt, die Volkszählung boykottiert, Häuser besetzt und geräumt, Rote Zora und Revolutionäre Zellen trotz unserer Solidarität von den Bullen verfolgt, Banken entglast, Parolen gesprüht, Strommasten gefällt, stundenlang über Texte diskutiert, und nicht zuletzt ist unser autonom-anarchistisches Liebesleben revolutionär kompliziert.

Affairen und Liebesbeziehungen wechseln schneller als der Schichtplan im Café. Autonome feministische Heteras haben dezent Sex mit ihren autonomen Freunden, während sie sich vor ihren lesbisch feministischen Freundinnen aus der autonomen Frauengruppe schämen, und autonome

Streetfighter streben erste homoerotische Abenteuer mit den Genossen aus der Männergruppe an.

Fixstern dieses Universums in Wiesbaden ist das Café Klatsch, das scheinbar immer dann geschlossen hat, wenn mensch frühstücken will, weil das >Klatsch-Kollektiv< gerade dann auf dieser oder jener Demo ist, wie ein Zettel am Rollladen der verschlossenen Eingangstür verkündet. Und montags ist sowieso zu – denn montags ist immer Putztag – und dann Plenum ab 20 Uhr. Was unsere Gäste allerdings nicht davon abhält, auch noch nach Jahren regelmäßig mit dreckigen Schuhen durch den frisch geputzten Raum zu latschen oder mitten ins Plenum zu platzen. Einige davon so ignorant, dass sie es schaffen, sich quer durchs schweigende, sie anstarrende Plenum zur Theke zu drängen, um dort was auch immer zu bestellen und erst unter empörten Rufen den Rückzug anzutreten.

Bei wichtigen Finanzfragen, kollektiv-internen, konspirativen und umstrittenen politischen Themen finden die Montagsplena nicht im Klatsch, sondern in befreundeten WGs statt. Weil dort die Bullen nicht abhören! Einige dieser Plena, auch einige >Krisenplena<, finden in einer WG in der Helenenstraße statt und enden regelmäßig spätabends mehr oder weniger genervt bei >Sylvi< – wie uns die Wellritzstraßen-Einheimischen einweihen – im *Bumerang*. Dort sitzen zu der Zeit meist ziemlich alte Männer mit ziemlich dicken Bäuchen und Schnurrbärten – die totale Härte, Oberlippenbärte – an der Theke, die irgendwie den Ruf genießen >links< zu sein, und hören die immer gleiche Musik. Aus der meines Wissens nach einzigen Musikbox Wiesbadens der 1980er Jahre, die wir mit Begeisterung bedienen, bis Sylvi uns spätnachts abkassiert.

Trotz Plenumsfrust schmeckt das Bier. Der Kakao im Bumerang ist fast schon legendär und Essen gibt es nur »wenn Sylvi Zeit hat« – was heute, in Zeiten allgemeiner kapitalistischer Rund-um-die-Uhr-Verfügbarkeit, ein revolutionäres Sonderlob verdient!«

Kapitel 5: Halts Maul.

Auf die große Depression
folgt immer die Repression.
aus *Bitte recht freundlich* von *Front*.

In dieser lebendigen Gemengelage jährt sich am 2. November 1987 die Räumung des Hüttendorfes an der Startbahn West zum sechsten Mal. Obwohl das Telefon im Café Klatsch in dieser Zeit aller Wahrscheinlichkeit nach abgehört wird, zumindest ist das die einhellige Meinung, will es an diesem, bislang eher ruhigen sonntäglichen Kneipenabend nicht recht stillstehen. Immer mehr Leute, die bei der Demo an der Startbahn waren, brauchen Schlafplätze außerhalb ihrer WGs.

Zur späten Nacht hin drängen mehr und mehr Menschen in den Laden – mit Nachrichten über Hausdurchsuchungen und Festnahmen. Die linke Szene ist in Aufruhr. Hier und da erfährt man von den Ursachen über den Polizeifunk. Es gibt Leute, die abends im Bett mithören, was die Staatsmacht so funkt. Über Kopfhörer versteht sich, denn die Wohnung wird ja von den Abgehörten abgehört. Andere schalten nach ersten Gerüchten in ihren WGs oder in der Klatschküche das Radio ein.

In einer Sendung des *Südfunks* wird der Stand der Dinge hinsichtlich der Demo an der Startbahn in bemerkenswert flapsigem, beinahe teilnahmslosem Tonfall vorgetragen:

»Kurz nach 20:00 Uhr sind circa 300 Personen an der Südostecke zu sehen, aus dem Wald und auch aus Schonungen gibt es noch regen Zulauf. Als sich die Zahl der vermummten, meist schwarze Kleidung tragenden Personen erhöht, lässt ein Beamter des Landratsamtes Groß-Gerau über Lautsprecher folgende Meldung verbreiten: ›Der Aufzug gefährdet die öffentliche Sicherheit und Ordnung unmittelbar und wird deshalb gemäß Paragraf 15 Absatz 2 Versammlungsgesetz aufgelöst. Die sofortige Vollziehung dieser Verfügung wird angesichts der Gefahrenlage im überwiegenden öffentlichen Interesse angeordnet.‹ Kurz darauf fliegen die ersten Molotowcocktails, züngeln

Flammen am Waldrand auf, gerät ein vollbesetzter Beobachtungsstand in Flammen, prallen Kugeln auf Beobachtungsstände und Wasserwerfer. Leucht-raketen werden in Richtung Polizei abgeschossen, Steine und Knallkörper fliegen durch die Luft.

Gegen 20:30 Uhr rückt eine erste Hundertschaft aus, um die Demonstranten im Freien vor dem Zaun abzudrängen. Durch das Tor an der Südostecke der Startbahnmauer rollen zwei Wasserwerfer und andere Fahrzeuge nach drau-ßen, weitere Hundertschaften folgen. Zurückbleibende unvermummte Zivi-listen erregen sich über einen allzu hart durchgreifenden, nervösen Beamten. 21:00 Uhr: An einem kleinen Bach kommt die Polizei zum Stehen. Einige Beamte nehmen ihre Helme ab, nehmen ihre Schutzschilde zur Seite. Zwei junge Bereitschaftspolizisten bringen eine verletzte Demonstrantin zurück zu den Polizeisanitätern. In ungefähr diesem Augenblick hört ein junger Bereitschaftspolizist ein Zischen, ein Klatschen. Sekundenbruchteile danach fällt sein Hundertschaftsführer rücklings um. Seine Kollegen bemühen sich um ihn, rufen über Funk den Rettungswagen. Dessen Besatzung bescheinigt Atemnot. Der Notarzt der Flughafenklinik rückt aus. In der Zwischenzeit kippen weitere Beamte um. Es beginnt ein dramatischer Wettlauf mit der Zeit. Über Funk wird versucht, einen Rettungshubschrauber zu alarmieren, dessen Eintreffen würde 20 Minuten dauern.

Ein Wiederbelebungsspezialist könnte nur von der Frankfurter Universitäts-klinik herbeigeholt werden. Der Rettungswagen bringt den zuerst verletzten Beamten in das Startbahn-Areal zurück. Er wird in den Notarztwagen getra-gen, seine arme Pendel leblos von der Trage herab. Auf dem Bauch ist eine rote Wunde zu sehen. Zwei Rettungssanitäter und der Notarzt versuchen den Beamten wiederzubeleben, wollen ihm durch eine Intubation Luft ver-schaffen, pressen nun rhythmisch den Brustkorb. Angelegte Elektroden geben keine vitalen Reaktionen auf dem Diagnosegerät an. Der Tod des Beamten wird kurz darauf in der Flughafenklinik festgestellt.

Röntgenaufnahmen werden später eine Schussverletzung, hervorgerufen durch ein Projektil des Kalibers 9 mm, belegen. Krankenwagen transportie-ren weitere angeschossene Beamte ab. Einer von ihnen schwebt jetzt noch in Lebensgefahr. Er wurde in die Brust getroffen. In der Frankfurter Univer-sitätsklinik wird der Tod des zweiten getroffenen Polizisten festgestellt. Bei weiteren Beamten wird attestiert: Durchschuss im Oberschenkel, schwere Knieverletzung durch Stahlkugel, Fußverletzung durch Stahlkugel, Beinver-letzungen durch Leuchtkugeln, Kopfverletzung durch Schlag.«[1]

Der in diesem Augenblick noch in Lebensgefahr schwebende Beamte wird überleben. Klaus Echhöfer und Thorsten Schwalm sterben noch in der Nacht. Es ist das erste und einzige Mal in der deutschen Nachkriegsgeschichte, dass aus einer Demonstration heraus Polizeibeamte tödlich angegriffen werden. Das *Jahrbuch '87* des *Komitees für Grundrechte und Demokratie* schreibt dementsprechend eindringlich:

»Damit sieht sich die Linke, die sich bislang als ›Opfer im Land der Täter‹ gefühlt hat, plötzlich in der Rolle des Täters wieder. Das moralische Gefälle, das die Akteure zumeist stillschweigend im Verhältnis zwischen Bewegungen und Staat unterstellt haben, könnte sich am Abend des 2. November, wenn auch nur für einen Augenblick, umgekehrt haben.«[2]

Um zu verdeutlichen, wie weitreichend die Folgen dieser Nacht für die Neuen Sozialen Bewegungen sein könnten, fährt der Beitrag mit einer Anekdote fort:

»Wie schwierig es ist, mit dieser ungewohnten Situation umzugehen, läßt sich allein an einer Äußerung Joschka Fischers erkennen. Der damalige hessische Umweltminister wußte bei einer Diskussion in Morfelden nur zwei Tage nach den tödlichen Schüssen nichts Besseres zu sagen, als dass die ›Zeit der sozialen Bewegungen‹ nun vorbei sei«.[3]

Natürlich ist diese Einschätzung sehr vorschnell, doch auch Dirk Treber, einer der Sprecher*innen der Bürgerinitiativen gegen die Startbahn West wird später bemerken: »Die Kugeln trafen auch die Bewegung tödlich.«[4] Und tatsächlich wird es seit diesem Tag keinen organisierten Protest mehr gegen die Startbahn geben.

In einem Kommentar in der *taz,* wenige Tage später, wagt sich der Redakteur Klaus Harting an eine tiefergehende Analyse der politischen Hintergründe jener Nacht:

»Die ›linke Szene‹ ist bedroht von dem Rückzug auf die politische Gesinnung, da reale politische Erfolge nicht mehr denkbar erscheinen, da die politische Phantasie, etwas durchzusetzen, verarmt. Nur zu leicht wird dann die Militanz zum wahren Prüfstein der Gesinnung. Nichts macht die Zwangslogik der Militanz bedrohlicher als die Tatsache, daß sie sich mit der Aufrüstung der Gegenseite rechtfertigen kann. Auch staatliche Organe kämpfen um die Symbole der Durchsetzung, inszenieren ihre Bauzaun-Bürgerkriege.

Es gibt ein Milieu der Auseinandersetzung, das Einzeltäter und Provokateure anziehen muß, ein Milieu, in dem sich vielleicht der Traum oder Alptraum der Revolution träumen läßt, in dem aber die Zukunft einer >anderen Republik< zerstört wird. Betroffenheit reicht allein nicht. Hier steht die Mühe der Selbstkritik an.«[5]

Nun ist es sicherlich nicht so, dass auf den Schock keine Selbstkritik folgt. So gibt es etwa eine Fotografie. Darauf ist, am Rande einer Protestaktion gegen die Startbahn, ein aufgespießter Schweinekopf zu sehen, dem man eine Polizeimütze aufgesetzt hat. Das Bild entsteht lange vor den Schüssen und wird von einigen Startbahnaktivist*innen heute als Beleg dafür geführt, dass sich Teile der Bewegung schon früh der Entmenschlichung des Gegners schuldig gemacht – und so den Nährboden für etwas wie die Schüsse mit angelegt hätten. Gleichsam vermischen sich im Nachgang jener Nacht des 2. November 1987 zweierlei Ebenen, die auf den ersten Blick und vor allem aus heutiger Sicht besser genau sortiert werden, um nicht zu falschen Schlüssen zu gelangen.

Die beschriebene Nachtschicht an jenem Sonntag im Café Klatsch wird auf dem Heimweg von der Polizei unter vorgehaltener Maschinenpistole aus dem Verkehr gezogen und durchsucht. Überhaupt sind die einschlägigen Szeneviertel, das Café Klatsch und die umliegenden Straßenzüge, von der Polizei praktisch abgeriegelt. Ein anderer Kollektivist wird auf dem Weg vom Café zu seinem Auto von einigen Polizist*innen gestoppt: Gezogene Waffen sind auf ihn gerichtet.»Ganz ruhig«, brüllen sie. Der Kollektivist, durchaus für seinen, sagen wir, draufgängerischen Humor bekannt, bleibt stehen und beginnt, sich umgehend und ungefragt auf offener Straße auszuziehen.»Moment«, brüllen die Beamt*innen nun. Als er obenrum nackt ist, geht es untenrum weiter.»Stopp!«, die Beamt*innen werden umso nervöser, als der junge Mann sich schließlich seelenruhig auch seiner Unterhose entledigt.»Anziehen! Sofort wieder anziehen!«, brüllt man ihn jetzt an – etwas verschämt mit den Dienstwaffen wedelnd.

Auch wer am Montag, dem Tag nach den Schüssen, aufs Café-Klatsch-Plenum geht, wird angehalten, durchsucht, bedroht oder schikaniert. Und es kommen viele: Wohl mehr als 100 Menschen finden sich zu diesem Plenum am 3.11.1987 im Café ein. Eine spätere Notiz spricht gar von 200, doch das dürfte etwas übertrieben sein. Selbst bei 100 Personen ist der Laden proppenvoll – die Stimmung jedoch gedrückt. In der vergangenen Nacht wurden etwa 45 Häuser und Wohnungen im Rhein-Main-Gebiet durchsucht, darunter viele WGs in Wiesbaden – es scheint, als könne dies der Anfang von etwas Größerem sein, einer unkontrollierbaren Spirale – und jene Offensive seitens der Behörden wird andauern. Eine linke Zeitschrift namens *Rhein-Main-Info*, die ab Dezember 1987 in einigen Ausgaben erscheint, um »auch über das Rhein-Main-Gebiet hinaus die nötigen Informationen zu liefern, die bundesweit notwendig sind, um eine Auseinandersetzung zu führen«,[6] schreibt über diese Zeit:

> »Während wir in den ersten Wochen kaum wußten, wo uns der Kopf stand, waren die Bullen unermüdlich auf der Jagd, durchsuchten Wohnungen, machten gleich dort Verhörversuche, holten Leute von ihren Arbeitsstellen oder griffen sie auf der Straße ab, drehten sie durch die Mangel, arbeiteten mit Drohungen und Versprechungen, auch mit körperlicher Brutalität (Vergewaltigungsdrohungen, Schläge), ließen Leute bis auf die Unterhose entkleidet gefesselt in der Zelle liegen, zermürbt durch Schlafentzug, machten aus Beschuldigten Zeugen und aus Zeugen Beschuldigte, verletzten in mannigfaltiger Weise die Würde und Intimsphäre der Betroffenen. Kurzum, es wurden jegliche Register des Einschüchterns, Unter-Druck-Setzens, der Erzeugung von Furcht und der Aussageerpressung gezogen, bis hin zur physischen Gewalt.«[7]

Ein Plenum mit so vielen Leuten dient freilich nicht der wohlgeordneten Diskussion mit dem Ziel einer Konsensentscheidung. Es wird sich vielmehr ausgetauscht, auf den neusten Stand gebracht, einige eher spontane Wortbeiträge angehört, doch schon in diesem Augenblick deutet sich eine vage Grundhaltung, eine Idee an, die bald zur Programmatik wird.

Als mehr und mehr der Eindruck entsteht, dass es bei den Verhaftungen, Vernehmungen, Durchsuchungen, Beugehaft und Ähnlichem um mehr zu gehen scheint als bloß darum, die Schüsse aufzuklären, wähnt man sich in der radikalen Linken, weit über Wiesbaden hinaus, einem Frontalangriff ausgesetzt, der sich ganz grundlegend gegen ihre Anliegen zu richten scheint. Auch weil die Behörden dahingehend ermitteln, dass es sich im Zusammenhang mit den Schüssen an der Startbahn um eine terroristische Vereinigung handeln soll. So erst werden die beschriebenen, massiven polizeilichen Mittel juristisch möglich. Das alles wird in der Szene als unangemessen und ideologisch motivierte Repression empfunden.

Diese beiden Ebenen sollten getrennt betrachtet werden: Die Haltung gegenüber den Schüssen als solche und die Haltung gegenüber der darauffolgenden Reaktion seitens des Staates. Die Haltung gegenüber den Schüssen kann getrost als einhellig bezeichnet werden: Autonome Gruppen und andere militante Startbahngegner*innen distanzieren sich scharf von diesem »feigen Mord«[8], erklären, dass der Täter nicht in ihre Reihen gehört, »auch wenn er sich selbst dazu zählen mag«[9], und stellen klar, dass ihre Anwendung von Militanz »immer eine andere Dimension« und mit »blankem, banalem Mord«[10] nichts zu tun gehabt habe. »Uns kotzen diese Schüsse an«, heißt es auch vom *Libertären Zentrum* in Frankfurt, und »diese Form von Gewalt wirft uns um eine halbe Ewigkeit zurück«.[11]

Beim folgenden, letzten Sonntagsspaziergang in dieser Form ist das Mauertor zur Startbahn geöffnet. Protestierende können ungehindert auf das Gelände. Die Polizist*innen tragen keine Helme, mischen sich in Kleingruppen unter die Demoteilnehmer*innen. Etwa 70 Autonome verzichten auf Vermummung und lassen sich ohne jede Gegenwehr von den Beamt*innen durchsuchen. Aus der verbliebenen Startbahnbewegung wird derweil ein Ermittlungsausschuss ins Leben gerufen. Dieser gelangt zu einer klaren, in der Szene wohl weitgehend geteilten Einschätzung:

»Diese tödlichen Schüsse entsprechen keinem gemeinsamen Vorgehen, sondern einer militärischen Logik, die das eigene Handeln und die Mittel nicht mehr aus unseren Zielen und gemeinsamen Möglichkeiten heraus bestimmt, sondern ausschließlich daran mißt, wie man die Verluste des Feindes effektiv erhöhen kann. So eindeutig unsere Kritik ist, so unmissverständlich unsere Haltung, niemanden dieser Justiz auszuliefern. [...] Wir wissen, daß wir den >Punkt Null< lange verlassen haben: Dort die Justiz, die außer ihren >Indizien< nichts in der Hand hat, hier wir, die Startbahnbewegung, die dieser Justiz nichts zu sagen hat. Einige von uns haben z.T. weitreichende belastende Aussagen gemacht, nicht nur gegen sich, sondern auch gegen andere. Die gegenseitige Solidarität wurde zerstört, das daraus entstandene Mißtrauen zum Hebel für Verhörbullen, um weitere Aussagen zu erzwingen. Wir haben dieses Aussagekarussell unter großen Anstrengungen zum Stoppen gebracht. Wir wollen nicht, dass dieses Aussagekarussell im Prozess neu angetreten wird. [...] Wir fordern alle Angeklagten und Zeugen auf, ihre belastenden Aussagen zu Beginn des Prozesses zurückzunehmen.«[12]

Dies ist die andere Facette. Gegen die Repressionen im Anschluss an die Schüsse organisiert sich zunehmend Widerstand. Vor allem aus autonomen Zusammenhängen heraus wird die Kampagne *Arthur und Anna halten's Maul* ins Leben gerufen. *Arthur und Anna* sind fiktive Betroffene. Es geht zum einen darum, fortan jede Aussage gegenüber den Behörden zu verweigern, egal ob als Beschuldigte*r oder als Zeug*in. Gleichzeitig aber auch bereits getätigte Aussagen, soweit möglich, zu widerrufen, damit sie in den nun folgenden zahlreichen Prozessen keine Verwendung finden können. Es gelten die Grundsätze: *Es gibt keine entlastenden Aussagen, es gibt keine harmlosen Aussagen, es gibt keine banalen Fragen, Aussagen schützen nicht vor weiteren Vorladungen.*

Noch in der Nacht jenes 2. November wird die Tatwaffe gefunden. Es stellt sich heraus, dass sie etwa ein Jahr zuvor einem von Autonomen enttarnten Zivilpolizisten am Rande einer Kundgebung gegen die Hanauer Nuklearbetriebe entwendet wurde. In einer der Hausdurchsuchungen, Stunden nach den tödlichen Schüssen, wird sie schließlich in einem Rucksack sichergestellt, der einem Andreas E. gehört. Natürlich wird er umgehend verhaftet.

Er ist im autonomen Teil der Startbahnbewegung, in Wiesbaden und auch im Café Klatsch nicht unbekannt.

Nun dürfte sich dort kaum jemand mit den Schüssen als solche identifizieren. Die Fixierung der ermittelnden Behörden auf Andreas E. wird jedoch schnell als willkürliches Ergebnis der beschriebenen Fahndungshysterie gebrandmarkt. Das Café Klatsch, als Zentrum insbesondere der fortlaufenden Proteste seit der Eröffnung der Startbahn 1984, wird von den Behörden umgehend als Teil der Eskalation und Brutstätte des Mordens auserkoren. Die Solidarität, die dieser Tage vom Café Klatsch ausgeht, etwa im Zuge der Verhaftungswelle, gilt also nicht wirklich dem möglichen Schützen. Sie ist vielmehr Ausdruck von Protest gegen Polizeigewalt und Willkür der Justiz. Denn auch über die konkreten Repressionen im Rhein-Main-Gebiet hinaus lösen die Schüsse längst weitreichende politische Forderungen aus. Gleich am Montagmorgen nach den Taten sagt der hessische Ministerpräsident Walter Wallmann, noch am Flughafen stehend: »Ohne im Augenblick sich von Gefühlen überwältigen zu lassen, sage ich aber mit aller Klarheit: Dieses wird Konsequenzen haben. Ich verhehle nicht, dass mit dem, was heute passiert ist, alles andere, was ich bis jetzt erlebt habe, überschritten ist.« Über den folgenden Tag werden die Forderungen nach rechtlichen Konsequenzen lauter. Zu allererst soll das seit 1985 geltende Vermummungsverbot auf Demonstrationen von einer Ordnungswidrigkeit zu einer Straftat hochgestuft werden.

Konkret bedeutet das, dass die Polizei gegen Vermummte auf Demonstrationen unmittelbar vorgehen müsste, wie bei jeder anderen Straftat auch. Dazu findet sich im *Spiegel* dieser Zeit ein bemerkenswerter Schlagabtausch zwischen einem Reporter und Bundesinnenminister Friedrich Zimmermann, CSU.

Spiegel: »Nach künftigem Recht müßte die Polizei, soweit die Kräfte reichen, gegen Vermummte vorgehen, auch wenn die Krawalle so erst entstehen.«

Zimmermann: »Alle Erfahrungen zeigen uns, daß ein vermummter Block – jedenfalls latent – jederzeit zur Gewalttätigkeit bereit und in der Lage ist.«

Spiegel: »Reicht denn allein die unterstellte Neigung zur Gewalt für Bestrafung?«

Zimmermann: »Die Vermummung ist der Straftatbestand, nicht die Neigung.«

Spiegel: »Wer sich vermummt, versteckt nur sein Gesicht.«

Zimmermann: »Das ist ›inhuman‹, wie der Bundespräsident sagte, weil sich dahinter die Neigung zur Gewalt versteckt. Der Täter ist auch nicht identifizierbar.«

Spiegel: »Es bleibt dabei, die Neigung wird dann bestraft.«

Zimmermann: »Es soll verhindert werden, daß es zu Straftaten kommt.«

Spiegel: »Demonstranten, denen keine konkrete Straftat nachzuweisen ist, können Sie dann wenigstens wegen ihrer Maskierung rankriegen: eine Strafe also bloß wegen des Verdachts künftiger Gewalttaten.«

Zimmermann: »Nennen Sie es, wie Sie wollen. Ich halte Vermummung für kriminogen, also für eine Vorstufe des Kriminellen. Das sind meine ethisch moralischen Begründungen.« [...]

Spiegel: »Was halten Sie dann von einem anderen Fall, der auch nicht aus der Luft gegriffen ist: Die Leute vermummen sich, um nicht ungefragt auf Videofilmen der Polizei aufzutauchen.«

Zimmermann: »Es wäre ein Unding, wenn wegen mangelnder Dokumentation wirkliche Täter nicht verurteilt werden können. Das ist für mich mit ein Hauptgrund für die Strafbarkeit der Vermummung.«

Spiegel: »Die vermummen sich womöglich, weil sie nicht ohne ihr Wissen in irgendwelchen Dateien landen wollen.«

Zimmermann: »Lauter Unsinn. Unsere Datenschutzgesetze sind so streng, daß jeder, der durch eine solche Aufnahme zufällig in eine Datei gerät, wieder gelöscht werden muß. Die von Ihnen beschriebene Gefahr gibt es überhaupt nicht.«

Spiegel: »Wie wollen Sie das einem beibringen, der wegen der Akten des Verfassungsschutzes nicht Lehrer werden konnte?«

Zimmermann: »Na, dann kann ich es ihm halt nicht beibringen. Das nehme ich in Kauf.«[13]

Das verschärfte Vermummungsverbot wird kommen. Außerdem können Menschen, die sich von einer Demonstration, von der, wenn auch nur in Teilen, Gewalt ausgeht, nicht entfernen, künftig wegen Landfriedensbruchs verurteilt werden – also zu Haftstrafen. Sind solche Demonstrierenden außerdem im Vorfeld polizeilich bekannt, können sie in Vorbeugehaft genommen werden, das heißt: Bei dem Verdacht, sie könnten an einer gewalttätigen Demonstration teilnehmen, können sie allein für dieses angenommene Vorhaben ins Gefängnis gehen. Polizeigewerkschafter*innen sprechen von »Vorstellungen der Wilhelminischen Ära«[14], doch all dies wird bald Gesetz.

In den linken Debatten über solche Fragen steckt daher viel von der alten Angst vor 1984 – und einem Staatsapparat, der Weltanschauungen bestraft und somit bloße Gedanken. Diesen Eindruck erhärtet die bereits erwähnte Welle von Verfahren auf Grundlage des Paragrafen 129 des Strafgesetzbuches – Bildung oder Unterstützung einer terroristischen Vereinigung. Dieser Paragraf bildete nahezu unverändert die Grundlage der Unterdrückung von Oppositionellen im dritten Reich und wurde in den Jahren 1933 bis 1945 massiv von der NSDAP angewendet, um Demokrat*innen, Sozialist*innen und ähnliche Antifaschist*innen loszuwerden.

Mit der Gründung der BRD wird dieser Paragraf in der neuen Verfassung erhalten – vor allem auf Druck von Jurist*innen, die auch zuvor, also im dritten Reich, als Richter*innen tätig waren. Angeblich, damit sich keine neuen Naziorganisationen unbescholten gründen können – de facto wird der Paragraf in der Geschichte der Bundesrepublik jedoch erdrückend überwiegend gegen linke Organisationen angewendet – verstärkt etwa im Nachgang der tödlichen Schüsse an der Startbahn. Wenige Jahre zuvor war bereits ein solches Verfahren gegen die formell, aber ohne Ansprüche existierenden Geschäftsführer*innen der Cumulus GmbH, also der Rechtsform des Café Klatsch, eingeleitet worden. Man ist dort also sensibilisiert dafür, wie kurz der Weg vom Nichtentfernen eines ausliegenden Flugblatts zur Anklage wegen Terrorismus sein kann.

Andeas E. wird schließlich wegen Totschlags, versuchten Totschlags und Mitgliedschaft in einer terroristischen Vereinigung zur höchstmöglichen Strafe von 15 Jahren Haft verurteilt. Ein weiterer Angeklagter, Frank H., der als Komplize gilt, wird von der Anklage wegen Totschlags freigesprochen, eine Mittäterschaft kann ihm ebenfalls nicht nachgewiesen werden, wegen Mitgliedschaft in einer terroristischen Vereinigung wird er aber schließlich doch zu viereinhalb Jahren Haft verurteilt. Ein bemerkenswerter Aspekt dieses Verfahrens ist dabei, dass nicht nur Andreas E., entgegen der Kampagne *Arthur und Anna haltens Maul*, weitreichend aussagt – gegen sich selbst und andere –, auch weitere der Mitgliedschaft in jener terroristischen Vereinigung Beschuldigte räumen ihre Taten ein und werden daraufhin lediglich für die Straftaten selbst, etwa Sabotageakte gegen Strommasten rund um die Startbahn-West oder Ähnliches, verurteilt – aber nicht mehr nach Paragraf 129.

Die Einigkeit darüber, wie zielführend diese Kampagne wirklich ist, beginnt zu bröckeln. Selbst autonome Zusammenhänge zeigen Verständnis für Andreas E.s Aussage. Einige linke Kommentator*innen schreiben

»aus einem sonnigen Ruhrgebietgärtchen im Juli 1989«[15] ein Positionspapier, in dem es heißt:

> »In dem Moment jedoch, als die Staatschutzbehörden mit der Anordnung
> von Beugehaft, d.h. Knast bis zu sechs Monaten, zum härtesten möglichen
> Strafmittel gegen aussageunwillige ZeugInnen griffen, wurde die Forderung
> nach konsequenter Aussageverweigerung relativiert, wurde eine Vielzahl
> von Argumenten in die Diskussion eingeführt, warum das Festhalten an der
> Forderung angesichts der Drohung mit Knast falsch sei [...] Es tauchte die
> Frage auf, ob Knast nicht ein zu hoher Preis für Aussageverweigerung sei.«[16]

Die Kampagne *Arthur und Anna halten's Maul* wird unter demselben Namen später immer wieder in verschiedenen Zusammenhängen aufgegrif-
fen. Bevor der sogenannte ›Startbahnprozess‹ bezüglich der tödlichen
Schüsse jedoch abgeschlossen sein wird, ist die Kampagne weitgehend
zerfasert und alles andere als ein Konsens innerhalb der radikalen Linken, die gleichsam zunehmend von liberaleren Teilen der neuen sozialen
Bewegungen isoliert ist.

Hinsichtlich der eingangs geforderten Selbstkritik als auch des spür-
baren Anschlussverlustes an breitere gesellschaftliche Strömungen notiert
die bereits zitierte Zeitschrift *Rhein-Main-Info* an einer Stelle eine, wie wir
sehen werden, weitsichtige Überlegung. Die etwas krude Nussmetapher
meint hier die Ziele der Neuen Sozialen Bewegungen und ihren als verletz-
lich gedeuteten Kern: die Umgestaltung der gesellschaftlichen Verhältnisse.

> »Ist die Nuß erst mal herabgefallen und trocknet isoliert vor sich hin,
> dann platzt die Schale schon von selbst auf oder der Kern verfault. Sind die
> revolutionären Aktionen nicht mehr von einer lebendigen menschlichen
> Auseinandersetzung getragen und stehen sie nicht mehr im Einklang mit
> einer menschlich denkbaren Utopie, [...] dann ist die Perspektive vielleicht
> wirklich nur noch die isolierte Nuß des antiimperialistischen Kampfes im
> Hochsicherheitstrakt oder die geplatzte Nuß des Kronzeugen, der Stunde
> um Stunde aussagt.«[17]

Das taugt durchaus als Überleitung zum folgenden Kapitel.

Kapitel 6: Stöpsel und Siebe

Ich habe nachgedacht,
über die Spezialisierungstendenzen
gewisser Insektenarten.

Strengen sie sich nicht an.
Versuchen sie ein wenig zu schlafen.

Aus dem Intro des Albums *Ameisenstaat*
von *Knochenfabrik*

Die Protokolle der Plena im Café Klatsch sind über weite Strecken sterbenslangweilig. Ich weiß nicht, in welchen Kellern sie über die Jahrzehnte lagerten – aber sie stinken. Ich dosiere meine Lektürezeit wohlüberlegt, auch weil es mich jedes Mal anfängt zu jucken, wenn ich in ihnen lese. Es beginnt an den Händen, dann kriecht es langsam die Arme hoch. Mit nach Hause nehme ich diese garstigen Dinger sicher nicht, obwohl das einiges erleichtern würde. Und dann reiht sich in ihnen auch noch scheinbar Belangloses an Wiederholungen von scheinbar Belanglosem. Warum ist das Leergut nicht richtig sortiert? Wer übernimmt die Gemüsebestellung? Wer die freie Schicht am Sonntagmorgen? Und wie kann es eigentlich sein, dass das Leergut schon wieder nicht richtig sortiert ist? Die Banalität des Guten, könnte man meinen.

Einmal, am 21.11.1988, geht es um den Preis einer Tasse Kakao. Einigen scheint dieser zu hoch, andere sind ganz und gar anderer Meinung. Und dann geschieht es: In einem Moment der Enthüllung erfährt das Plenum, »daß einige Leute heimlich Leitungswasser in die Kakaomasse gemacht haben«. Ein Skandal – wird jene Masse, aus der im laufenden Betrieb schließlich der Kakao aufgebrüht wird, doch eigentlich mit Milch angesetzt. Missverständnis? Oder Sabotage? Sprunghaft, wie so oft, wird die Debatte um den Tassenpreis jäh unterbrochen. Die Affäre ruft ein Thema ins Bewusstsein, das lange niemand mehr auf dem Schirm zu haben schien: Das Leitungswasser müsste mal wieder analysiert werden, auf Legionellen und Co. Eine Firma soll damit beauftragt werden, wird folgerichtig beschlossen – »wer macht's? Klaus S.«[1]

Es ist das erste Mal, dass Klaus Steinmetz, wie Klaus S. ausgeschrieben heißt, in einem Plenumsprotokoll erwähnt wird. Das liegt vor allem daran, dass erst in dieser Zeit ein Protokollbuch angelegt wird. Die Zettelwirtschaft älterer Protokolle ist ob ihrer Kleinteiligkeit nur bruchstückhaft erhalten. Und es ist insofern bemerkenswert, da es in der Causa Steinmetz wenige Punkte gibt, in denen alle beteiligten Fronten übereinstimmen. Nur dass er spätestens seit 1985, vermutlich schon seit 1984, über die autonome Szene, erst in Kaiserslautern, dann im Rhein-Main-Gebiet und später verstärkt über den antiimperialistischen Flügel in Wiesbaden an den Verfassungsschutz in Rheinland-Pfalz berichtet – darüber herrscht Einigkeit. Das Innenministerium in Mainz wird das bestätigen. Nachforschungen linker Recherchegruppen kommen zu diesem Ergebnis und Journalist*innen sowie auch Steinmetz selbst werden es stets so darstellen.

1994 etwa, als der *Spiegel* Steinmetz fragt, seit wann er mit dem Verfassungsschutz zusammenarbeite, antwortet er:

»Das ist eine verrückte Geschichte. 1983 oder 1984 habe ich mit ein paar Freunden in Kaiserslautern Mitarbeiter des Verfassungsschutzes enttarnt und diverse Bilder von Treffs mit Spitzeln geschossen. Bei einer dieser Observationen wurde ich durch einen dummen Zufall selbst entdeckt. Irgendwann holten die mich von der Arbeit ab. Ich jobbte damals als Student in einem Schreibwarengeschäft. Die redeten irgendetwas von Geheimnisverrat. Die haben mir vorgeworfen, ich hätte sie ausspioniert.«[2]

Dieser Anekdote sind wir schon im Kapitel *1984* begegnet – wobei Steinmetz' Version wesentlich von anderen Recherchen, nicht nur denen des *Spiegels*, abweicht.

Eine Recherchegruppe aus dem Wiesbadener Infoladen wird autonome Genoss*innen aus Kaiserslautern befragen, die diese Geschichte auf das Jahr 1984 datieren und bestätigen können, dass Steinmetz sich damals »zum Schein«[3] auf eine Zusammenarbeit einlassen wollte. »Aus dem Schein ist Ernst geworden«, stellt der *Spiegel* im besagten Interview mit Steinmetz fest und konfrontiert ihn mit Aussagen der Verfassungsschützer*innen:

Spiegel: »Nach Darstellung rheinland-pfälzischer Sicherheitsexperten haben Sie seit 1985 Berichte über die autonome Szene und die RAF-Unterstützer geliefert.«

Steinmetz: »Das stimmt nicht. Von mir stammt kein einziger Bericht. Ich habe mit denen immer nur diskutiert.«

Spiegel: »Worüber diskutiert ein Anarcho mit der Staatsmacht?«

Steinmetz: »Die wollten hauptsächlich etwas über die politische Situation wissen. Wie sind die politischen Entwicklungen in der nächsten Zeit einzuschätzen? Wo sind für den Staat potentielle Gefährdungspunkte? Personen waren eher von nebensächlichem Interesse.«[4]

Für diese Jahre, Mitte der 80er, mag das sogar weitgehend stimmen. Es spricht nicht viel dafür, dass Steinmetz hier für den Verfassungsschutz mehr als ein loser, eher randständiger Kontakt war. Das aber wird sich ändern. Von all dem wissen, wird jedoch, abgesehen von den Behörden und ihm selbst, bis 1993 niemand.

Nach seinem Studium in Kaiserslautern – und der Affäre um die Fotos von Verfassungsschutzmitarbeiter*innen – zieht Steinmetz für kurze Zeit nach Mainz und schließlich ins nahegelegene Wiesbaden. Er bleibt zunächst in autonomen Zusammenhängen aktiv. Im Spätsommer '87 jährt sich der Todestag von Andreas Baader, Gudrun Ensslin und Jan Carl Raspe zum zehnten Mal. Das sogenannte *Autonome Süddeutschenplenum* initiiert dazu eine Demonstration in Stuttgart, an deren Vorbereitungen auch Steinmetz mitarbeitet.

Mit Slogans wie »Jeder Schritt aufeinander zu ist ein Schritt nach vorne«[5] versucht die Orga hier alle Strömungen der radikalen Linken zu mobilisieren, explizit also auch, Autonome und Antiimps zusammenzuführen. Das ist in dieser Zeit ein durchaus gewagtes Projekt.

Die autonome und die antiimperialistische Bewegung unterscheiden sich hauptsächlich in der Organisationsform. Während autonome Zusammenhänge sich dezentral organisieren, eine feste Organisation häufig gar grundsätzlich ablehnen, stehen antiimperialistische Gruppen kommunistischen Organisationsformen näher. Das heißt, es gibt klare Strukturen. Während die sogenannten Antiimps das Konzept der Stadtguerilla, in Westdeutschland etwa die RAF, für wesentlich für ihre revolutionären Ziele halten, sind die militanten Gruppen, die der autonomen Szene nahestehen, dezentral organisiert. Ihre *Revolutionären Zellen*, oder die entsprechende Frauenorganisation *Rote Zora*, agieren ihrem Selbstverständnis nach nicht aus der Illegalität heraus, wie die RAF, und lehnen in der Regel überdies Angriffe auf Menschen ab. Das Vorhaben, diese zwei Haupt-Strömungen der radikalen Linken zusammenzubringen, ist nicht nur, aber vor allem in Süddeutschland alles andere als selbstverständlich.

In Berlin etwa beschreibt man die schwierige Beziehung dieser beiden Richtungen, auch hinsichtlich des Rhein-Main-Gebietes, so:

>»Man kommt aus denselben besetzten Häusern, es gibt Gemeinsamkeiten in der radikalen Ablehnung des Systems. Die personellen Übergänge sind fließend und einige pendeln hin oder auch her. Gerade in West-Berlin überlagern sich im Häuserkampf häufig die Politikfelder, Internationalismus ist eine weitere Klammer und aus Anlass von Hungerstreiks der RAF- und anderer Gefangener sitzt man sowieso zusammen. So wie auch bei vielen Demovorbereitungen, wie bei dem Reagan-Besuch im Juni '82, zu dem >autonome und antiimperialistische Gruppen< aufrufen. Im Rhein-Main-Gebiet bspw. gibt es diese Form der Zusammenarbeit nicht. Die Fronten dort sind härter, die gegenseitige Abgrenzung viel schroffer.«[6]

Diese regionale Besonderheit ist für die folgenden Entwicklungen nicht unwesentlich. Hinsichtlich seiner Mitarbeit an den genannten Demovorbereitungen schreibt die Frankfurter Recherchegruppe *Kein Friede*: »Steinmetz eröffnete das den Zugang zu antiimperialistischen GenossInnen in Wiesbaden, die ihn so als einen Menschen erfahren haben, der die alten Abgrenzungen zwischen Autonomen und AntiimperialistInnen überwinden will und offen für eine Zusammenarbeit ist.«[7] Wie immer ist nicht mehr zu klären, was hier vom Aktivisten Steinmetz motiviert ist, den es ohne Zweifel gab, und was vom V-Mann Steinmetz. Spätestens um seine Rolle rund um die tödlichen Schüsse an der Startbahn 1987 ranken sich jedoch erste Auffälligkeiten.

Zum einen soll die Frankfurter Polizei Hinweise, etwa, wo die Tatwaffe zu finden sei, vom Verfassungsschutz erhalten haben. Gleichsam wird Steinmetz, wie wiederum der *Spiegel* sehr viel später berichten wird, just in diesem Augenblick, Ende 87, als Top-Quelle eingestuft. Die in der radikalen Linken verbreitete Spekulation, dass Steinmetz hier schon seine

Finger im Spiel hatte, lässt sich nicht belegen und stützt sich überhaupt auf sehr dünne Indizien.

Wesentlicher scheint seine Rolle im Zuge der folgenden Repressionswelle. Eine Person aus der Szene im Rhein-Main-Gebiet sieht sich im Zuge jener im Kapitel »Halts Maul« beschriebenen Ereignisse mit schwerwiegenden Anklagen konfrontiert und erwägt daraufhin einen Schritt in die Illegalität. Steinmetz engagiert sich für viele, die in solche Situationen geraten und zeigt sich kontaktfreudig. Die Gruppe *Kein Friede* schreibt dazu:

> »Es ging dabei natürlich auch um die ganzen Fragen, die sich um eine solche Illegalität drehen: Welche Perspektive gibt es dort, was kann dort gemacht werden – welchen Weg will ein Mensch einschlagen, der dorthin gezwungen wurde. Warum sich nicht also mal mit denen treffen, die dort die längsten Erfahrungen haben, die vielleicht helfen können, wie Steinmetz öfter vorschlug.«[8]

Die betroffene Person entscheidet sich am Ende gegen den Schritt in die Illegalität. Zu juristischen Konsequenzen kommt es allerdings auch nicht – die schwerwiegenden Anschuldigungen werden recht unvermittelt fallengelassen. »Deshalb, weil sie von Anfang an erfunden waren, um Steinmetz eine Gelegenheit zum Kontakt mit Illegalen, mit der RAF zu ermöglichen?«[9], mutmaßt die Frankfurter Recherchegruppe.

Auffällig ist ohne Zweifel, dass Aktive mit juristischen Schwierigkeiten, die in Steinmetz Gunst geraten, immer wieder ungewöhnliche Milde erfahren – inklusive ihm selbst.

Etwa bei einer Aktion, die ihn noch näher an die Wiesbadener Anti-Imp-Kreise bringen wird. Wohl auch aufgrund seiner genannten Bemühungen nach den Startbahnschüssen, wird Steinmetz das Vertrauen entgegengebracht, sich an einer militanten Aktion zu beteiligen. Aus Solidarität mit hungerstreikenden Gefangenen der französischen Guerilla *Action directe* wird im Frühjahr 1988 das *Institut Francais* in Frankfurt Bockenheim demoliert und ringsum Straßenbarrikaden in Brand gesteckt. Das militante Auftreten soll hier auch explizit ein Zeichen gegen die Lähmung solcher Aktionsformen infolge der Startbahnschüsse setzen. Als Rückzugsort und Raum für Kleidungswechsel dient der Aktion die nahegelegene Frankfurter Uni. In einer Lederjacke wird die Polizei hier einen Strafzettel finden, der Steinmetz Beteiligung an der Aktion nahelegt. Zwar findet bei ihm eine Hausdurchsuchung statt, sie finden sogar ein Bekennerschreiben zu einer schlussendlich doch nicht durchgeführten Aktion, zu einer Anklage kommt es aber – ungewöhnlicherweise – nicht.

Erst jetzt, kurz darauf, bewirbt er sich im Café Klatsch. Dass er hier, in diesem Augenblick, Kontakte zum RAF-Umfeld herstellen wollte, wirkt wenig plausibel – war dies doch längst im Gange. Hinsichtlich der Aktion gegen das *Institut Francais* notiert die Gruppe *Kein Friede*: »Steinmetz hat durch seine Beteiligung an dieser Aktion die Verbindung mit den ›Antiimps‹ festigen können«[10]. Auch als im Herbst 1988 der antiimperialistische Wiesbadener *Infoladen* eröffnet, ist Steinmetz längst mittendrin.

Die Redaktionsgruppe *Jitarra, in Teilen aus dem Umfeld des* linken Infoladen Wiesbaden, kommt dahingehend zu einem bemerkenswerten Fazit: »Steinmetz' ›Erfolg‹ lag nicht so sehr daran, daß er und der Verfassungsschutz so ›gut‹ waren, sondern v. a. an der desolaten Situation der betroffenen politischen Zusammenhänge.«[11] Die Gruppe *Kein Friede* formuliert konkreter: »Die Umbrüche in diesem Spektrum, die Orientierungslosigkeit und das Bedürfnis, zu recht ›neue Wege beschreiten‹ zu wollen, führten dazu, dass Steinmetz mit seiner Kritik an ›straighten Antiimps‹ offene Türen einrennt: Viele sehen sich selber als deren Opfer.«[12]

Spätestens seit Mitte der 80er-Jahre verliert die RAF, das heißt, die *allerstraightesten Antiipms*, zunehmend an Bedeutung für legale linksradikale Strömungen. Die Aktionen der dritten Generation, von denen erhebliche Teile aus Wiesbaden stammen, etwa Birgit Hogefeld und Wolfgang Grams, stoßen rasch auf erhebliche Kritik – selbst in der legalen, revolutionären Linken.

Ein erster Tiefpunkt ist 1985 erreicht, als ein RAF-Kommando den amerikanischen GI Erward Pimental ermordet. Birgit Hogefeld hatte den erst 20-jährigen Wachmann der US-Army aus einer Diskothek in der Dotzheimerstraße in Wiesbaden gelockt – in einem Waldstück wird er am nächsten Morgen ermordet aufgefunden.

Wer genau den aufgesetzten Genickschuss ausführt, ist bis heute ungeklärt. Das Grund hingegen klar: Der RAF geht es lediglich darum, an Pimentals Wachausweis zu gelangen. Dieser wird am frühen Morgen genutzt, um sich unbemerkten Zugang zur Rhein-Main-Airbase nahe der Startbahn-West zu verschaffen. Dort kann so eine Autobombe platziert werden, die um 7:19 Uhr zündet. Zwei Menschen sterben, 23 werden verletzt. Der Anschlag selbst rückt in der anschließenden Diskussion jedoch in den Hintergrund. Der Mord an Pimental dominiert die Debatte in linksradikalen Kreisen und führt zu heftiger Kritik.

Selbst RAF-Gefangene halten die Hinrichtung eines einfachen Soldaten, der weder eine repräsentative Funktion innehat noch militärische Entscheidungsgewalt, für so abstrus, dass sie das Bekennerschreiben, das die RAF gemeinsam mit der französischen *Action direct* unterzeichnet, zur Fälschung erklärt. Auch im Kontext jener Rhein-Main-Info-Nussmetapher aus dem vergangenen Kapitel wird explizit darauf verwiesen, dass jede menschliche Utopie verloren ginge, seien »die Aktionen erfüllt vom Genickschuß an einem jungen Soldaten, der aus der Disco gelockt wurde«.[13]

Doch die RAF legt nach. In einem weiteren Schreiben bekennt sie sich erneut zu der Aktion und bezeichnet sie als angemessen. Auch dieses Bekenntnis wird von einigen prompt als Fälschung und *Werk der Geheimdienste* bezeichnet, doch beide sind echt. Weil die Kritik nicht abreißt, korrigiert die RAF ihre Einschätzung und bezeichnet die Hinrichtung Pimentals schließlich doch noch als »Fehler«[14]. Ihre Isolierung schreitet dennoch voran. In den folgenden Entwicklungen wird immer deutlicher, dass sich die RAF einem Reflexionsprozess hinsichtlich ihrer Vorgehensweisen und Inhalte stellen muss. Wie sich so etwas äußern könnte, lässt sich zum Beispiel an einer Offensive rund um einen Hungerstreik von RAF-Gefangenen Anfang 1989 ablesen, an der sich auch Klaus Steinmetz engagiert.

In einem *Spiegel*-Interview, Jahre später, rekapituliert die weiterhin in der RAF Kommandoebene jener dritten Generation wesentlich beteiligte Wiesbadenerin Birgit Hogefeld:

>»Die Hungerstreikerklärung der Gefangenen vom Februar 1989 hob sich deutlich ab von allen vorherigen. Adressat war nicht mehr die radikale Linke allein, sondern angesprochen wurde das gesamte liberale Spektrum. Zur Unterstützung gab es militante Aktionen nur auf einem sehr niedrigen Level. Von

der RAF selbst kam gar nichts. Das heißt, die radikale Linke hat bewußt nicht eskaliert. Das ergab sich schon aus dem ganzen Tonfall der Erklärung.«[15]

Auch in Wiesbaden formieren sich in diesem Sinne neue Gruppen, die konkrete Konsequenzen aus den Erfahrungen im antiimperialistischen Widerstand Mitte der 80er umsetzen wollen. Diese Erfahrungen, heißt es, seien in zwei Teile zu gliedern: Erstens: Den Kampf um unmittelbare Veränderungen führen:»Wir hielten es für notwendig und möglich, neben langfristig angelegten revolutionären Vorstellungen auch konkrete Forderungen unmittelbar durchzukämpfen und durchzusetzen.«[16] Und zweitens: Die vielzitierten»Abgrenzungsmechanismen innerhalb der Linken einerseits, und gegenüber anderen Leuten, die nicht zur autonomen oder antiimperialistischen Szene gehörten andererseits, zu überwinden«[17]. Eine Linie also, die auch Klaus Steinmetz seit geraumer Zeit verfolgt, wenngleich er nicht als großer Theoretiker bekannt ist.

Der Hungerstreik und die dazu stattfindenden Aktionen erreichen ihre politischen Ziele nicht. In der Szene registrierte man dennoch ein steigendes Mobilisierungspotenzial durch jenen neuen, niedrigschwelligeren Ansatz – auch hinein ins Café-Klatsch-Kollektiv.

Nach der Leitungswasseranalyse, die zu einem zufriedenstellenden Ergebnis für alle Beteiligten kommt, wird Steinmetz in den Klatschprotokollen fast drei Monate nicht erwähnt. Und dann auch erst wieder aus ärgerlichem Anlass. Am Montag, dem 13.02.89 fehlen eine Menge Leute auf dem Plenum.»Der kümmerliche Rest des Kollektivs ist stocksauer«, heißt es. In einer beeindruckenden Liste der Abwesenden findet sich auch Klaus S. Daneben, in Klammern,»(Urlaub)« und wiederum daneben, in anderer Handschrift:»Ja, aber keiner, über den wir vielleicht mal informiert worden wären!«[18] Etwas später heißt es:»Im Übrigen sind es immer dieselben Leute, die einfach wegfahren, ohne sich darum zu kümmern, was mit dem Café läuft. Wer krank ist und wer für sie arbeiten kann. (Klaus S.).«[19]

Am folgenden Montag, in größerer Besetzung, wird der Enttäuschung über das vergangene Plenum Luft gemacht. Steinmetz wird auf seine Arbeitseinstellung angesprochen. Obwohl er anwesend ist, ist keine Reaktion von ihm festgehalten. Die Ansprache scheint aber dennoch Wirkung zu zeigen. Gleich auf dem folgenden Plenum gibt er sich sichtlich engagiert und übernimmt eifrig anfallende Alltagstätigkeiten, will Stöpsel für das Waschbecken besorgen, an anderer Stelle Siebe für die Spülmaschine. Es ist ein gängiger Reflex vor allem neuer Kollektivist*innen, auf Kritik mit demonstrativem Engagement zu reagieren. Nicht selten verpufft dieser Aktionismus jedoch ebenso plötzlich, wie er entsteht – zumindest hier scheint Steinmetz keine Ausnahme zu sein – er wird gute 6 Wochen nicht wieder erwähnt.

Erst auf einem Seminar im pfälzischen Örtchen Gangloff im Mai 1989 kommt es zu einer Runde, in der alle Kollektivist*innen von ihrer Situation im Café Klatsch berichten, auch Steinmetz. Dazu wird festgehalten: »Klaus S: es geht ihm ziemlich beschissen, hat eher nichts mit Café zu tun, Näheres bei ihm nachfragen. Kann schlecht etwas zu seiner Situation sagen.«[20] Er ist bekannt dafür, gern eine Aura des Konspirativen auszustrahlen, um seinem Umfeld zu verstehen zu geben, dass er in wichtige politische Dinge involviert ist. Zuweilen wird ihm dies jedoch auch als Verschleierung eigentlicher inhaltlicher Substanzlosigkeit ausgelegt. Doch seine Situation ist in diesem Augenblick tatsächlich erwähnenswert. Nur Tage vor dem Café-Klatsch-Seminar bricht Steinmetz zusammen mit seinem damaligen Mitbewohner in ein VW-Autohaus im rheinhessischen Ingelheim ein. Nicht um sich persönlich zu bereichern, sondern vielmehr als Beschaffungskriminalität für illegale politische Strukturen. Allem Anschein nach der RAF.

Dabei ist es längst nicht das erste Mal, dass sich in diesem Autohaus Einbrecher zu schaffen machen, wie das Betreiberehepaar dem *Spiegel* gegenüber zu berichten weiß. Doch während die ermittelnden Behörden bisher vor allem ihr Bedauern aussprachen, darüber hinaus aber nicht groß ermittelten, behandeln sie ausgerechnet jenen Einbruch im Mai 1989 mit irritierender Sorgfalt. Nach dem ausgelösten Alarm sind prompt Streifenwagen da und nehmen die Einbrecher noch vor Ort fest. Mehrere Beamte sichern akribisch Spuren und den Betreibern werden Dutzende Fotos der Täter vorgelegt, aus Autos oder Büschen geschossen, »ganz wie bei einer Terroristenjagd«[21]. Offensichtlich möchte man sichergehen, genug gegen ausgerechnet diese Täter in der Hand zu haben, wenn es zum Prozess kommt. Steinmetz wird zwar in der Einbruchsnacht verhaftet, nach einem Tag jedoch wieder freigelassen.

Das Amtsgericht Bingen wird ihn später zu 18 Monaten Haft ohne Bewährung verurteilen. Das Landesgericht Mainz wird das schließlich auf zwölf Monate Haft und zwei Jahre Bewährung reduzieren. Eine Entwicklung, die sein mitangeklagter Mitbewohner als »Wunder«[22] bezeichnen wird. Als die zwei Jahre Bewährung ablaufen, wird ihm die ausstehende Gefängnisstrafe schlussendlich vollständig erlassen. Zu diesem Zeitpunkt, 1993, wird Steinmetz bereits persönlichen Kontakt mit RAF-Mitgliedern haben. An dieser Stelle liegt also der Gedanke nahe, dass die bemerkenswerte Milde gegenüber dem V-Mann Steinmetz in dieser Einbruchssache 1989 mit einer Bringschuld gegenüber dem Verfassungsschutz einhergeht. Deren erklärtes Ziel ist derweil, an die inneren Strukturen der RAF heranzukommen, die nunmehr seit Jahren Anschläge und Morde verübt, die unaufgeklärt bleiben. Die Sicherheitsbehörden haben zu diesem Zeitpunkt nicht einmal eine genaue Vorstellung davon, welche Personen überhaupt zu dieser sogenannten dritten Generation gehören. Sie wissen allerdings, dass Wolfgang Grams und Birgit Hogefeld entscheidende Funktionen einnehmen – und dass beide aus der Wiesbadener antiimperialistischen Szene stammen, in der ihr V-Mann Steinmetz sich zunehmend vertraulich bewegt.

Es spricht gleichsam sehr viel dafür, dass Steinmetz spätestens in dieser Zeit das Interesse an einer Mitarbeit im Café-Klatsch-Kollektiv endgültig verliert. Im Juli 1989, zwei Monate nach dem Einbruchdiebstahl und dem Gangloff-Seminar, besetzen autonome Frauen für eine Woche den Wiesbadener Infoladen, weil einer der dort aktiven Männer seine Freundin geschlagen hat. Ins Café Klatsch hängen sie nachts ein Transparent mit der Aufschrift: *Euer Friede im Patriarchat ist täglicher Krieg gegen Frauen!* Das löst offenkundig etwas aus. Einige Klatschleute übermalen das Banner mit dem Spruch: »Für mehr Erotik im Alltag«. Eine zugegeben seltsame Aktion. Klaus Steinmetz bleibt seit dieser Nacht der Arbeit fern – ja, ist wie vom Erdboden verschwunden. Erst am 27. Juli, über eine Woche später, taucht er wieder auf – und muss sich erklären:

»Klaus fand die Aktion (Infoladenbesetzung) an sich gut. Fühlt sich aber durch die Art wie es gelaufen ist verletzt. (Männer global als Arschlöcher hinzustellen) Deswegen sei es ihm auch vorerst nicht möglich gewesen, im Café zu arbeiten«[23], heißt es im Protokoll des anschließenden Plenums. Dafür muss er harsche Kritik einstecken und reagiert emotional: »Klaus erklärt sein Verhalten mit dem Grad der Verletztheit, die ihn völlig gelähmt hat.«[24] Doch es hilft ihm wenig. Weiter hagelt es Kritik, vor allem von Frauen: »Eine ganze Menge Leute aus dem Kollektiv sind sauer, stinkig, wütend auf Klaus'ens Verhalten«[25], wird notiert – dann geht es drunter und drüber. »Hick, Hack – über was jetzt weiter diskutiert werden soll: über den Spruch über der Theke oder über die Person Klaus.«[26] Schließlich endet das Protokoll abrupt und vorzeitig, weil »ich überhaupt nicht so schnell mitkomme, mit dem schreiben!«[27]

Wie sich die Diskussion aber entwickelt haben muss, wird deutlich, wenn wir auf das Plenum 14 Tage später blicken. Steinmetz wird erneut zum Thema. Der Einstieg liest sich vielsagend: »Klaus S. Schweigen... Wie geht es weiter???? Zusammenreißen.«[28]

Es wird sich offen über ihn ausgesprochen, Unverständnis, Enttäuschung und Kritik geäußert. Zwar möchte man ihn noch nicht *rausschmeißen*, aber das Wort *rausschmeißen* fällt. »Klaus hat Bezug zu Leuten verloren durch den Spruch und das Plenum. Wir reden über Klaus, er sitzt dabei«[29], heißt es dann knapp. »Klaus meint, er hat Schwierigkeiten, sich hier zu äußern, er sagt nur, es wurde zu sehr auf ihm herumgehackt am Montag vor 14 Tagen, er sagt es sei nicht die Diskussion um das geführt worden, worum es ihm ging. Die Frage ist bloß, worum es Klaus geht, er sagt nix dazu.«[30]

Die Frage, wie es mit Steinmetz und dem Café Klatsch weitergehen soll, wird abermals vertagt. Es steht ein Urlaub an, den einige Kollektivist*innen gemeinsam verbringen – auch Steinmetz. Er beteuert, dass er dort, im Privaten, besser reden könne und dieser Hoffnung wird stattgegeben. Nach jenem Urlaub, weitere 14 Tage später, wird Steinmetz abermals Thema. Abermals hört er, dass Leute »Null Bock auf so 'ne Art«[31] haben und hinsichtlich eines Rausschmisses fallen Sätze wie »Du, von mir aus brauchen wir garnich' weiterreden ...«[32]

Am Ende steht ein flüchtiger Konsens: »Alle sind sich einig, daß in absehbarer Zeit es sich entscheiden soll, ob und wie Klaus im Kollektiv arbeitet.«[32] Eine recht diplomatische Formulierung – denn es ist sein letztes Plenum. Damals Beteiligte sprechen in der Regel davon, dass Steinmetz einem unausweichlichen Rausschmiss gerade noch selbst zuvorgekommen ist. Seltener ist davon die Rede, dass er die getroffenen Aussagen als informelle Kündigung verstanden haben muss.

Einige Wochen später, am Montag, dem 04.09.1989, lässt sich Klaus Steinmetz, in Abwesenheit, noch einmal für eine Straßenkehr-Schicht beim großen 5-Jahre-Café-Klatsch-Geburtstags-Straßenfest am folgenden Samstag eintragen. Es ist üblich, dass auf solchen Festen auch Menschen aus der Szene oder Bekannte kleinere Dienste übernehmen. Ob Steinmetz am Ende noch einmal die Straße kehrt, ist nicht mehr zu klären, vermutlich nicht – wir werden gleich sehen, warum.

Doch zunächst will es diese Geschichte so, dass jener Montag, der 04.09.1989 nicht in die Weltgeschichte eingehen wird, weil hier im Café Klatsch ein schwieriges Arbeitsverhältnis endet – vielmehr gerät an diesem Tag im fern scheinenden Osten etwas ganz anderes in Bewegung. Seit 1981 finden in der Leipziger Nikolaikirche montagliche Friedensgebete statt. An jenem Montag, dem 4. September aber verstreuen sich die Teilnehmenden nicht, wie sonst im Anschluss an die Fürbitte. Rund 1.000 Menschen harren auf dem Kirchenvorhof aus. Sie hissen ein Banner mit der Aufschrift *Für ein offenes Land mit freien Menschen*, fordern: *Reisefreiheit statt Massenflucht!* und *Stasi raus*.

Am darauffolgenden Samstag gründet sich im brandenburgischen Grünheide das *Neue Forum* – und verfasst einen nachhallenden Aufruf zur demokratischen Teilhabe aller Bürger*innen der DDR an einer gesellschaftlichen Umgestaltung des Landes.

Auf dem gleichzeitig an diesem Samstag stattfindenden Café-Klatsch-Straßenfest kommt es derweil zu einem vergleichsweise nichtigen Eklat: Vor allem Leute aus dem antiimperialistischen Spektrum nutzen die durch das Café-Klatsch-Straßenfest geschaffene Öffentlichkeit, um die Besetzung eines Hauses in der Wiesbadener Helenenstraße zu verkünden. Auf soll es gehen, zum Haus, rufen sie: Unterstützen, Solidarität zeigen. Daraufhin lichtet sich das Fest merklich. Auch Steinmetz ist dabei. Aller Wahrscheinlichkeit nach wird er in jener Nacht nicht zum Putzen zurückkehren.

Und während sich das Klatsch-Kollektiv auf dem kommenden Montagsplenum nicht recht einig wird, wie Sympathie mit der Besetzung in der Helenenstraße als solche mit dem Affront der Instrumentalisierung ihres Fests in Einklang zu bringen sei, nehmen in Leipzig die Montagsdemonstrationen Fahrt auf. Etwa 90 an der Nikolaikirche demonstrierende Menschen werden festgenommen – viele zu drastischen Haftstrafen verurteilt. Am Montag drauf kommen trotzdem wieder Hunderte. In der nächsten Woche sind es etwa 5.000, am folgenden Montag schon 20.000, dann 70.000, dann 120.000, und schließlich über 300.000 allein in Leipzig. DDR-weit sind es jetzt schon mehr als eine Million Menschen, die eine friedliche Revolution in Gang setzen.

Wir werden noch einmal auf Klaus Steinmetz zurückkommen müssen – denn freilich wäre kaum etwas von dem hier über ihn Gesagten je bekannt geworden, wenn er nicht eines Tages aufgeflogen wäre. Eine erdrückende Zahl der Analysen zu der Frage, wie es ihm gelingt, beinahe zehn Jahre in linken Zusammenhängen zu agieren, kommt dabei jedoch zu dem einhelligen Ergebnis: Ursache waren in erster Linie eine erodierende linke Szene, marode Utopien und so gleichsam morsch gewordene Anliegen der neuen sozialen Bewegungen.

Deren Krise zeichnet sich längst ab. Mit dem Zusammenbruch der sozialistischen Welt um 1990 erleiden sie jedoch einen weiteren, empfindlichen Bezugs- und Imageschaden, dessen Folgen wir uns, auch hinsichtlich des Mikrokosmos' Café Klatsch, genauer ansehen sollten.

Kapitel 7: Kornblumen und Mohn

> Der Westen ist einsam und der Osten ist tot.
>
> aus dem Song *Affentanz*
> von *Abwärts*

Anfang der 90er erreicht das Café Klatsch eine Postkarte. Vorne drauf, heute ausgeblichen, ein mattes Foto: Treibholz an einem schmalen Ostseestrand. Weit und breit kein Mensch zu sehen, hellblauer Himmel. Auf der Rückseite: Ein Poststempel der wieder jungen Bundesrepublik Deutschland. Und die Nachricht:

> »Hallo KollektivistInnen! Bin gerade mit Günter dabei durch unsere ›sozialistische Vergangenheit‹ zu fahren. Ich kann euch sagen, was hier in der DDR gerade abläuft mit Siegeszug des Kapitalismus, das ist übelste Sorte. Straßenbau, Gewerbegebiete, Autos, Tankstellen, alles Wegwerfware – es ist zum kotzen. Dazwischen geile Landschaft, noch immer Kornblumen und Mohn auf den Feldern und ab und zu mal auf 'ner Seitenstraße der Blitz eines Gedanken wie es hätte sein können ... «[1]

– Wie es hätte sein können?

Angelehnt an Karl Marx' »Lohnarbeit und Kapital« schreibt der Drucker Constantin Barting schon 1981, also rund zehn Jahre zuvor, einen tiefblickenden Text mit dem Titel »Lohnarbeit und Kollektiv«. Darin kritisiert der Mitgründer des *Oktoberdruck*-Kollektivs die Verhältnisse der selbstverwalteten Arbeit aus wohlwollender Perspektive. Unter anderem widmet er sich der Frage, ob und wie es möglich ist, ohne Ausbeutung und Entmündigung zu arbeiten. Der Artikel wird später auch in Wiesbaden heiß diskutiert.

Die Experimente der westdeutschen Selbstverwaltungsbewegung dieser Jahre sieht Barting als wichtige Labore, die jedoch bislang nur in kleinen Betrieben funktionieren. Inwiefern sich die dort gewonnenen Erfahrungen auf »die große Industrie« übertragen lassen, werde sich, laut Barting, erst noch herausstellen. Doch solange solche Fragen offen seien, schreibt er, sei »die Forderung von Sozialismus und Sozialisierung noch eine Phase. Der ›reale Sozialismus‹ sowjetischer oder chinesischer Prägung kann für uns nur Lehrbeispiel dafür sein, was es zu vermeiden gilt.«[2]

Das ist 1981. Seine Position dürfte in dieser Zeit und bis Ende der 1980er-Jahre von einem Großteil der westlichen Selbstverwaltungsbewegung – und somit auch im Café Klatsch – geteilt werden. Inklusive der klaren Abgrenzung vom real existierenden Sozialismus im Osten – allerhöchstens mit der Ausnahme von Aspekten der Arbeiterselbstverwaltung in Jugoslawien, sicher aber von der DDR. Die Umbruchsmonate dort, 1989/90, greifen die von Constantin Barting formulierte Frage nach der Tauglichkeit von Selbstverwaltung über kleine, isolierte, vor allem im Dienstleistungssektor beheimateten Betriebe hinaus in bemerkenswerter Weise auf.

Der runde Tisch, den oppositionelle Gruppen in der DDR bald einberufen, ist dabei etwas gänzlich anderes als Plena in jenen Betrieben wie dem Café Klatsch – wo man ganz allgemein und unverbindlich Staatstheorien diskutiert. Es ist ein Gremium, dessen Entscheidungen zumindest theoretisch maßgeblichen Einfluss darauf nehmen können, wie die Verfassung eines Landes mitten im neuen Europa aussehen könnte. Denn dass die Befreiung vom SED-Regime notwendigerweise in einen Anschluss an die marktwirtschaftliche Ordnung der BRD mündet, ist zunächst alles andere als selbstverständlich. In seiner Analyse der am runden Tischen vertretenen Positionen kommt der Politikwissenschaftler Uwe Thaysen zu folgendem Fazit: »Bis zur Jahreswende 1989/90 gingen die Widerständigen/Oppositionellen – soweit sie sich überhaupt artikulierten – also tatsächlich nahezu ausschließlich vom vorgefundenen ›Sozialismus‹ aus, den sie in irgendeiner Weise reformieren wollten.«[3]

Die vertretenen Vorstellungen ließen sich dabei, laut Thaysen, in einem dreiteiligen Spektrum erfassen. Jene Akteure, die den Sozialismus weitestgehend beibehalten wollen, bewegen sich zwischen räterepublikanischen Ideen, reformierter zentralisierter Planwirtschaft und einer Form demokratisierten, humanisierten und oder pluralistischen Sozialismus'.

Demgegenüber steht, gewissermaßen auf der rechten Seite, sofern man an einem runden Tisch von links und rechts sprechen kann, ein

Spektrum, das sich dem Konzept der Marktwirtschaft öffnen möchte – und sich so zwischen einer sozialen Marktwirtschaft oder später auch der freien Marktwirtschaft bewegt.

Als dritte, mit Abstand größte Gruppe, lassen sich die Ideen eines sogenannten *dritten Weges* zusammenfassen. Hier sind jene gemeint, die jeweils Elemente des Sozialismus mit Elementen der Marktwirtschaft verbinden möchten, etwa in einer sozialistischen Marktwirtschaft oder einer Wirtschaftsdemokratie. Das bereits erwähnte *Neue Forum* etwa oszilliert in diesen Monaten zwischen den Standpunkten einer Wirtschaftsdemokratie, die der Arbeiter*innenselbstverwaltung recht nahekommt, hat aber auch einen starken Flügel, der sich für eine soziale Marktwirtschaft einsetzt. Doch auch hier ist keineswegs einfach der Anschluss an die Bundesrepublik gemeint. Ganz explizit geht es in den Diskussionen innerhalb des *Neuen Forums* Anfang 1990 um:

»Eine soziale Marktwirtschaft mit einigen Abweichungen, die im Widerspruch zur westlichen Lehre von sozialer Marktwirtschaft und erst recht von Marktwirtschaft stehen, z. B. umfassendere Mitbestimmungsrechte in Betrieben, Vetorechte der Beschäftigten beziehungsweise deren Interessenvertretung bei unternehmerischen Entscheidungen«[4], rekapituliert wiederum der Politikwissenschaftler Uwe Thaysen. Elemente also, die wir aus dem Café-Klatsch-Kollektiv und der Selbstverwaltungsbewegung im Ganzen kennen.

Hinsichtlich unserer Geschichte hier erscheint, neben den radikalen räterepublikanischen Vorstellungen von Gruppen wie *Vereinigte Linke*, das Konzept der Wirtschaftsdemokratie besonders bemerkenswert, kommt sie der Form und der Utopie des Café Klatsch doch zum Verwechseln nah. Während des Gründungstreffens der SDP, im Grunde einer Ost-SPD, finden sich Stimmen, die eine Wirtschaftsdemokratie konkret in Form von Arbeiter*innenselbstverwaltung, also einem großen Netzwerk selbstverwalteter Betriebe, als kommende Wirtschaftsordnung der DDR vorschlagen. An dieser Stelle werden sich diese Stimmen jedoch nicht durchsetzen.

Das *Neue Forum* diskutiert die Arbeiterselbstverwaltung schon ernsthafter, vor allem in Ostberlin. Des Öfteren wird sich hier auch positiv auf die *Hessenstudie* von 1986 bezogen und deren Ergebnisse als hoffnungsstiftend für eine zukünftige Ordnung der DDR-Wirtschaft angeführt.

Solche Entwicklungen im Osten scheinen die westdeutsche Linke allerdings geradezu unerwartet zu überrumpeln. Es gibt offenkundig kaum Vernetzung in die sozialen Bewegungen der DDR. Dazu kriselt es, wie wir gehört haben, allerorts – und ohnehin geraten bald eher Ängste vor einem neuen großen Deutschland und seinen möglichen faschistoiden Neigungen ins Zentrum der Diskussionen der westdeutschen Linken. Dem werden wir noch detailliert begegnen. Doch zunächst kommt es, trotz allem, im Dezember 89 zu einer Diskussionsveranstaltung im Café Klatsch, zu der Vertreter*innen zweier oppositionellen Gruppen aus der DDR geladen sind: Das *Neue Forum* und die deutlich radikalere *Vereinigte Linke*.

Heute, in einer Zeit, die diese Monate fast ausnahmslos als Zusammenbruch sozialistischer, ja linker Ideale insgesamt erinnert, ragen solche Augenblicke nahezu unwirklich aus der Geschichte heraus. Da kommen Leute mitten in die Krisen der westlichen sozialen Bewegungen hinein und fordern einige von deren Kernanliegen als Grundlage einer Gesellschaftsordnung eines Staates. Und halten das sogar für machbar, haben das zuvor herrschende Regime friedlich in die Knie gezwungen und bilden einen breiten gesellschaftlichen Rat, der sich übrigens, wie selbstverständlich, basisdemokratische Strukturen gibt. Von der westlichen Linken her wird dergleichen mit wohlwollendem Interesse begegnet, doch ebenso schnell wird es wieder vergessen oder auf den Moment des Mauerfalls reduziert – und so aus einer Geschichte der gesamtdeutschen sozialen Bewegungen weitgehend verbannt.

Die Vermutungen, sozialistische Ideen würden unweigerlich in Diktaturen münden und Demokratie sei nur als Marktwirtschaft stabil, gehören sicherlich zu den Gründen für das Scheitern jener ursprünglichen Mehrheit im oppositionellen Diskurs der DDR, die eine Gesellschaftsform jenseits des westlichen Kapitalismus fordert. Gleichsam ist die Annahme, dass Demokratie und sozialistische Prinzipen sehr wohl zusammen funktionieren können, eines der Hauptmerkmale, die man im Café Klatsch verwirklichen möchte.

Und wenngleich es stimmt, was wir zu Beginn dieses Kapitels von dem Oktoberdrucker Constantin Bahring gelesen haben, dass für die westdeutsche Selbstverwaltungsbewegung der real existierende Sozialismus im Osten, wie er in diesem Augenblick zugrunde geht, höchstens als

Lehrbeispiel dafür dienen kann, was es zu vermeiden gilt, lassen sich dazu mindestens zwei Dinge bemerken.

Zum einen werden alle Bewegungen und Projekte, die sich in irgendeiner Weise zu sozialistischen Ideen bekennen, seien es auch zweifelsfrei demokratische, alsbald als Verlierer ihrer eigenen Geschichte dastehen. Und so gewissermaßen isoliert von der Hoffnung, dass ihre Modellprojekte tatsächlich für eine umfassende Gesellschaftsform, Wirtschaftsweise oder die *große Industrie* taugen. Zum anderen war es ja eben nicht der Osten, der einer globalen kollektivistischen Bewegung als wesentlicher Bezugspunkt diente, sondern die sogenannte *Dritte Welt*.

Anfang der 1990er kauft das Café-Klatsch-Kollektiv eine Palette Cola aus ehemaliger DDR-Produktion auf. Für einige Wochen gab es sie also doch zu kaufen, die schwarze Imperialisten-Limo. Das ist in dem Moment natürlich weitestgehend ein sarkastischer Scherz. Diese Entscheidung in ausgerechnet diesem Augenblick ist aber insofern interessant, als dass der ursprüngliche Grund für den Cola-Boykott, wie wir uns vielleicht erinnern, nicht mit Blick auf den Osten, sondern vielmehr mit Blick auf revolutionäre Strömungen in Nicaragua getroffen wurde. Schon von Beginn an waren die Befreiungskämpfe im sogenannten *Trikont* weitaus bedeutender für die politische Selbstbestimmung des Café Klatsch' als sowjetische oder maoistische Konzepte. Für unsere Geschichte und die Geschichte der Linken im Ganzen mindestens genauso bedeutsam sind dementsprechend die Ereignisse, die durch jenen Zusammenbruch der östlichen sozialistischen Staaten im globalen Süden ausgelöst werden.

Noch während der Diskussionsveranstaltung mit dem *Neuen Forum* und der *Vereinigten Linken* im Dezember 89 zum Beispiel läuft eine ebenso umstrittene wie kämpferische Spendenkampagne im Café Klatsch, deren Kontext anzeigen mag, wie nachhaltig auch die Enden vieler Befreiungskämpfe, etwa in Lateinamerika, die hiesige linke Geschichte beeinflussen. Ralf, damals Kollektivist im Café Klatsch, schreibt über die Kampagne und ihre Hintergründe heute:

»»Der Krieg in El Salvador ist in eine neue Phase getreten. Die Militärregierung, unterstützt von den USA, Guatemala und Honduras, hat mit ihren Truppen und den von den USA bezahlten, ausgerüsteten und befehligten

Söldnerkommandos eine großangelegte militärische Offensive zur Ausrottung der Opposition eingeleitet. [...] Spätestens seit dem Zusammenschluss der schon seit Monaten unter gemeinsamem Oberkommando operierenden Guerilla-Organisationen zur einheitlichen Befreiungsarmee FFMLN (Frente Farabundo Marti de Liberacion Nacional) hat sich die Opposition eine politisch-militärische Organisation mit breitester Unterstützung aus der Bevölkerung geschaffen. In Nicaragua war gerade dies die entscheidende politische Voraussetzung dafür, ein von den USA im eigenen Hinterhof etabliertes Militärregime zerschlagen zu können, wie jetzt in El Salvador: die Gleichzeitigkeit von militärischem Kampf und politischer Mobilisierung, wobei die Befreiungsarmee schlagartig eine allgemeine Volkserhebung in einen organisierten Volkskrieg überführen kann.‹

So erschien die damals noch links-alternative *taz* am 3. November 1980 mit der Schlagzeile auf der Titelseite ›Aufruf: Waffen für El Salvador‹. Schon zwei Wochen später waren 10.000 Dollar auf dem Konto, nach zwei Monaten 200.000 Dollar und ein Jahr später eine Million.

Mit der Spendenkampagne ›Waffen für El Salvador‹ gelang in den 1980er-Jahren die wohl finanziell erfolgreichste und auch umstrittenste Solidaritätsaktion der radikalen westdeutschen Linken. Daran mitbeteiligt war auch das Café-Klatsch-Kollektiv. Als Ende der 1980er-Jahre die Befreiungsbewegung scheinbar kurz vor dem Sieg über das diktatorische Regime in El Salvador stand, beschlossen wir Ende 1989, nach langen kontroversen Diskussionen, uns als Klatsch Kollektiv an der Spendenkampagne zu beteiligen.

Natürlich wollten wir dies nicht heimlich still und leise durch eine Spende tun, sondern auch unsere Gäste dazu bringen, sich mit der Kampagne und dem Krieg in El Salvador und weiteren Ländern in Lateinamerika auseinanderzusetzen. So beschlossen wir, für drei Monate auf alle Preise 10 % Soli-Zuschlag für die Befreiungsbewegung in El Salvador draufzuschlagen und am Schluss noch einmal die gleiche Summe, die wir so von unseren Gästen einnehmen würden, vom Kollektiv zu spenden. Erklärt wurde alles in einem auf den Tischen ausliegenden Flugblatt, und über die Theke hatten wir ein großes Transparent gehängt.

Lateinamerika stand damals, daran muss man sich erinnern, im Zentrum der öffentlichen Aufmerksamkeit. Und zwar deshalb, weil dort mit Unterstützung der USA und auch westeuropäischer Länder wie der BRD, brutale Diktaturen etabliert worden waren, die mit unglaublicher Grausamkeit die jeweilige Bevölkerung massakrierten. Von Chile über Argentinien, Bolivien,

Brasilien, Peru, Guatemala oder El Salvador. Und in all diesen Ländern leisteten unterschiedliche Befreiungsbewegungen entschieden Widerstand gegen diese Diktaturen.

In Uruguay z.B. die Stadtguerilla der Tupamaros, die für manche in der undogmatischen Linken, nicht nur in der BRD, ein Vorbild waren. In Nicaragua die Frente Sandinista (FSLN), die nach einiger Zeit des Kampfes 1979 auch erfolgreich war. Viele radikale, undogmatische Linke gingen nach der Revolution mit Solidaritätsbrigaden für kurz oder lang nach Nicaragua, um sich am Aufbau einer freien revolutionären Gesellschaft zu beteiligen. Auch mehrere Klatsch-Kollektivist*innen. Und selbstverständlich gab es seit dem ersten Tag im Klatsch >Sandino Dröhnung<, den Solidaritätskaffee vom Ökotopia-Kollektiv aus Berlin. Bis heute übrigens wird im Klatsch nur solidarischer Kaffee mit Vorzugspreisen für die mittlerweile zapatistischen Kooperativen ausgeschenkt. Niemand von uns ahnte natürlich, dass Daniel Ortega, ein damaliger Comandante der nicaraguanischen FSLN, sich 40 Jahre später selbst zu einem brutalen Diktator entwickelt haben würde.

In Nicaraguas Nachbarländern Guatemala und El Salvador dauerte der Krieg an. Das waren grausame Bürgerkriege mit schlimmsten Massakern und Menschenrechtsverletzungen. Und nachdem in Nicaragua die Befreiungsbewegung gesiegt hatte, wandte sich die Militärregierung in El Salvador im Auftrag der Großgrundbesitzer mit unvorstellbarer Grausamkeit gegen die Bevölkerung. In dieser Zeit wurde der katholische Erzbischof Óscar Romero in der Kathedrale von San Salvador während eines Gottesdienstes am Altar erschossen. Der war kein Linker, sondern ein Konservativer, der sich aber für die Armen eingesetzt hatte. Dieser Mord wurde in der ganzen Welt wahrgenommen. Und lenkte noch mehr Aufmerksamkeit auf El Salvador. Wodurch die Kampagne >Waffen für El Salvador<, noch mal einen großen Schub erhielt. Für uns jedenfalls war klar, wir wollten mit diesen Kämpfen solidarisch sein. Und für mich persönlich, und auch für andere, ging es gleichzeitig um die Frage: Gibt es Situationen, in denen wir auch hier Waffengewalt gegen Unterdrücker anwenden müssen? Das wurde in allen linken Gruppen und auch im Café Klatsch breit diskutiert. Und wir wollten ganz klar zeigen, wir stehen auf der Seite des kämpfenden Volkes, so hieß das damals. Heute wird mir ja eher schlecht, wenn ich >Volk< höre. Es gibt ja auch berühmte linke Sprüche wie >Solidarität ist die Zärtlichkeit der Völker<. Das war für uns auch selbstverständlich, dass wir weltweit für die gleiche Sache kämpfen. Auch heute ist Solidarität oder internationale Solidarität eine dringende Notwendigkeit, nach wie vor. Doch ich denke, von Linken oder zumindest von anarchistischen Bewegungen wird heute genauer hingeschaut, mit welchen Bewegungen man solidarisch ist und mit welchen eher nicht.

Dass damals die Solidarität bis in weite Teile der Bevölkerung ging, zeigte der große finanzielle Erfolg der Kampagne. Insgesamt wurden 4.737.755,10 DM für die Guerilla El Salvadors gesammelt. Wenn man heute denkt, das war nur, weil der Erzbischof Romero ermordet wurde, dann stimmt das nicht. Erstens war er nicht der Einzige. Es wurden auch Nonnen grausam ermordet, und ein Jesuiten-Pater oder einmal in sehr kurzer Zeit 3.000 Bauern und Bäuerinnen. Die Repression richtete sich schlicht gegen alle, die der Kirche der Befreiung zugeordnet wurden oder ganz allgemein auf der Seite der armen Leute und der kämpfenden Landbevölkerung standen. Und es war schon für uns alle klar, dass Befreiung, dass Revolutionen nötig und möglich sind.

Trotzdem gab es erbitterte Auseinandersetzungen darüber, dass Geld für Waffen gesammelt wurde, und noch dazu per Zwangsaufschlag auf unsere Preise. Immerhin war damals auch die Friedensbewegung noch stark und im Klatsch wehrten sich einige unserer Stammgäste, die 10 % Aufschlag für Waffen zu bezahlen. Mit denen einigten wir uns nach einiger Zeit darauf, dass ihre Gelder in einer Extrakasse gesammelt wurden und in El Salvador für zivile Zwecke verwendet werden sollten. Aber dass die Kampagne explizit Geld für Waffen sammelte, sollte hier ja die Diskussionen anregen, und das tat sie.

Die *taz* ihrerseits hatte seit ihrer ersten Ausgabe im April 1979 den Befreiungskampf in Mittelamerika durch engagierte und ausführliche Berichterstattung begleitet. Angesichts der Situation in El Salvador entschied sich eine große Mehrheit in der *taz* 1980 dafür, mit dem Aufruf zur Geldsammlung für Waffen den Kampf der Guerilla zu unterstützen. Von Anfang an wurde den Befürwortern der Kampagne, sowohl in der *taz* als auch bei uns im Klatsch, Revolutionsromantik und eine blauäugige, kritiklose Unterstützung der Guerilla vorgeworfen. Doch bereits im Aufruf vom 3. November 1980 stand: ›Wenn wir nach langer und kontroverser Diskussion diesen Aufruf an Euch richten, so ist uns die politische Problematik bewusst. Die Entwicklung, die Widersprüche, auch das Scheitern oder die Perversion von Befreiungsbewegungen und Revolutionen, die in den letzten Jahrzehnten unsere Solidarität gefordert haben, muss die Linke sehr kritisch diskutieren. Aber wer in Deutschland im Warmen sitzt und sagt: *Wer gibt mir die Garantie, dass die salvadorianische Revolution nicht ebenso in bürokratischem Sozialismus oder in weiterem Blutvergießen endet wie andere zuvor?*, muss sich den Vorwurf gefallen lassen, das Recht der Völker auf Selbstbestimmung zu missachten – und zwar auch auf Selbstbestimmung über den Charakter der Revolution und auf die Bewältigung der Widersprüche in jeder Revolution.‹

Ob die in der BRD und bei uns im Klatsch gesammelten Gelder zum Überleben der Befreiungsbewegung und zum Zustandekommen der Friedensvereinbarungen zwischen ihr und der Regierung 1990 beigetragen haben oder ob sie zu zusätzlichem Blutvergießen geführt haben, ob und inwieweit die Gelder der Bevölkerung in El Salvador genutzt oder geschadet haben – darüber kann weiter gestritten werden. Die Guerillaführung hatte jedenfalls bald nach der ersten Geldübergabe erklärt: ›Für den Erwerb von Waffen wird das Geld am wenigsten benötigt. Die Waffen holen wir von den Soldaten der Armee. Die Unterstützung, die das deutsche Volk uns mit der Kampagne verschafft, ist für uns und den Erfolg unseres Kampfes gleichwohl unentbehrlich.‹«

Kapitel 8: Das Ende der Geschichte

Scheiß BRD

aus dem Song »Scheiß DDR« von Pisse.

Die linke Hoffnung, dass die Ausgebeuteten des globalen Südens sich nach der Befreiung vom Kolonialismus sozialistisch organisieren, ihre Produktivität so dem imperialistischen Zugriff des Westens entziehen, ihm dadurch die Grundlage seiner Macht entreißen und derartig schwächen, dass auch im Westen grundlegende Veränderungen möglich werden, bricht Anfang der 90er unter ihrem eigenen Gewicht zusammen. Und als selbst die demokratisch sozialistische Opposition im Osten scheitert, ist die historische Rolle der neuen, gesamtdeutschen Linken und mit ihr die Motive der neuen sozialen Bewegungen weitreichend infrage gestellt.

1989 erscheint in der konservativen US-Zeitschrift *The National Interest* ein einflussreicher Artikel des Politikwissenschaftlers Francis Fukuyama. Der Titel ist gleichsam seine Grundfrage: »Das Ende der Geschichte?« Seine Thesen werden heiß diskutiert, angegriffen, gehasst und gehuldigt. Drei Jahre lang erweitert Fukuyama den Artikel dann zu einem Buch, in dessen Titel er das Fragezeichen zugunsten eines Beiwerks streicht: »Das Ende der Geschichte und der letzte Mensch.« Der in der Zwischenzeit vollzogene Zusammenbruch der meisten sozialistischen Staaten hat ihn in seiner Analyse bestärkt: Der globale Siegeszug des Liberalismus, also der liberalen Demokratie in Eintracht mit Marktkapitalismus, sei im Zuge der zusammenbrechenden sozialistischen Staaten nur eine Frage von Grad und Zeit. Dies führe unaufhaltsam zum Erlahmen des eigentlichen Motors der Geschichte, den er als Kampf um politische Prinzipien versteht. So komme es schlussendlich und unweigerlich zum Ende der Geschichte selbst, weil es in einer solchen kommenden Welt »keinen weiteren Fortschritt in der Entwicklung grundlegender Prinzipien und Institutionen mehr geben würde, da alle wirklich großen Fragen endgültig geklärt wären«[1], schreibt Fukuyama.

Vor diesem Hintergrund wird auf dem Café Klatsch Plenum Anfang der 90er ein Vorschlag eingebracht, der unter dem sperrigen Namen »Transparent Antrag« im Protokoll notiert ist. Darunter, recht knapp, die Idee: »weil desolate Lage der Linken ein Transparent mit Text«. Der Text soll dabei wie folgt lauten: »Unsere Sehnsucht nach Veränderung hat nicht abgenommen, wir bleiben weiter auf den Spuren der Befreiung!«[2]

Über diesen Antrag bricht eine Diskussion über den Begriff Befreiung los. Befreiung sei nicht mehr wichtig, heißt es, »da sich in den letzten Jahren viel verändert«[3] habe. Überhaupt stelle sich doch die Frage »Von wem befreien?«[4] neu. Von den Amerikanern? Vom Kapitalismus? Befreiung sei ein Begriff der Geschichte, wird dann bemerkt, und bezöge sich stets auf Befreiungskämpfe. Jene etwa, von denen wir am Ende des vergangenen Kapitels gehört haben. Nicht das Transparent sei also wichtig, heißt es, »eher was an Veranstaltungen und Aktionen dazu stattfindet«[5], sprich, was man aus der Geschichte macht – und an dieser Stelle auch, ob und wie man überhaupt weiterkämpft.

Der Antragsteller fühlt sich offenbar missverstanden und »wehrt sich gegen die Ansicht, die viele vertreten, dass menschliche Gesellschaft angeblich am Endpunkt der Geschichte angelangt wäre. Dem möchte er entgegentreten.«[6] Hinsichtlich des vorgeschlagenen Spruchs bleibt er vehement: »Dieser Satz ist keine Antwort, sondern eine formulierte Frage.«[7]

Die Diagnose »Desolate Lage der Linken« bezieht sich auch auf Entwicklungen, denen wir erst noch begegnen werden – doch dass sich Konservative wie Francis Fukuyama ihrer Fragezeichen entledigen, während die Linke sie in ihre Aussagesätze hineinliest, scheint ein stimmiges Bild des Augenblicks zu zeichnen. Offenbar ist Anfang der 90er-Jahre alles, was wir einmal als Anliegen der Neuen Sozialen Bewegungen kennengelernt haben, in einem Strom unkontrollierbarer Ereignisse, die sich noch während sie geschehen, historisch anfühlen, infrage gestellt.

Für das Café Klatsch münden diese Entwicklungen jedoch nicht nur in inhaltliche Auseinandersetzungen wie der zitierten Befreiungsdiskussion. Schon seit Beginn der 90er finden sich immer wieder Bemerkungen wie:

>»Momentan ist der fact, daß viele eingeschränkt arbeiten die ›Neuen‹ noch nicht ›richtig‹ im Café sind und die Gruppe von Leuten, die sich organisiert ums Cafe kümmern immer kleiner wird. Die Gefahr besteht, dass sich eine ›In-Gruppe‹ bildet. WIE FINDEN WIR JUNGE ENGAGIERTE MENSCHEN?«[8]

Zeiten mit hohem Bedarf an politischer Auseinandersetzung gehen fast immer einher mit bedrohlichen betrieblichen Problemen. Zum ersten Mal seit der Krise rund um die Reaktorkatastrophe in Tschernobyl 1986 und dem anschließenden Milchboykott häufen sich Meldungen von historisch schlechten Umsätzen im Café Klatsch. Und damit steht das Café nicht allein. Auch andere selbstverwaltete Betriebe in Wiesbaden sehen sich Anfang der 90er tiefgreifenden Krisen ausgesetzt. Im Sommer 1990 wird also ein Treffen der verbliebenen Kollektivbetriebe anberaumt. Das Thema: »Zukunft der Kollektive in Wi – bzw. haben sie überhaupt noch eine?«[9]

Zu diesem, als »Rest-Kollektiv-Plenum« überschriebenen Termin im Café Klatsch erscheinen 15 Leute aus vier selbstverwalteten Betrieben: Dem Autoschrauber-Kollektiv Kolbenfresser, der Druckerei Schmierdruck, dem linken Buchladen Cassandra und dem Café Klatsch Kollektiv selbst. Am Ende steht: »Allgemeine Ratlosigkeit«[10]. Der Buchladen verkündet sein endgültiges Aus. »Stichtag ist der 1. Januar.«[11], notiert das Protokoll, und obwohl man die Räumlichkeiten gern an ein anderes Kollektiv weitergeben möchte, fehlen dazu schlichtweg die Leute: »Sie haben den Buchladen zum Verkauf ausgeschrieben – kollektiv nicht mehr um jeden Preis«[12], heißt es dazu im Protokoll.

Auch alle anderen haben nicht viel Hoffnungsstiftendes zu berichten – und so bleibt den Aufzeichnungen am Ende lediglich die Feststellung: »die Linke bröckelt ... Der Nachwuchs fehlt ... es gibt nicht mehr genug bewußte Unterstützer/innen für die linke übriggebliebene Scene«[13].

Findige Leser*innen werden an dieser Stelle vielleicht längst bemerkt haben, dass der Krisenmodus zur Normalität unserer Geschichte wird. Dabei ließen sich im Wiesbaden der frühen 90er auch hoffnungsvollere Geschichten erzählen – und das werden wir auch noch tun – leider führt unser Weg zunächst aber noch einmal tiefer in die Auseinandersetzungen hinein.

Am 2. August 1990 greift der Irak sein Nachbarland Kuwait an, besiegt es militärisch und annektiert es schließlich. Im Januar 1991 greift eine von den USA geführte Allianz in diesen, bald als zweiten Golfkrieg bezeichneten Konflikt ein – aufseiten Kuwaits. Der Irak unter Saddam Hussein steht so dem größten militärischen Bündnis seit Ende des Zweiten Weltkriegs gegenüber. In der antiimperialistischen Linken, weit über Wiesbaden hinaus, ist also klar, auf wessen Seite man steht. Um gegen den Krieg im Allgemeinen und gleichsam gegen den Imperialismus des Westens insgesamt zu demonstrieren, finden bald zahlreiche Kundgebungen, Demos und sonstige Proteste statt. In Wiesbaden wird schließlich die nahe des Café Klatsch gelegene Ringkirche besetzt und so zu einem Zentrum der hiesigen Anti-Golf-Krieg-Proteste.

Auch außerhalb der radikalen Linken finden sich alte Strukturen der Friedensbewegung neu zusammen – und organisieren vielfältigen Protest. Vielerorts stößt jene Mobilisierungswelle allerdings an empfindliche Punkte, die zu teils harschen Zerwürfnissen führen. Da ist zum einen die bereits erwähnte Rolle des frisch wiedervereinigten Deutschlands. Bis in linksliberale Kreise hinein ist ein so erstarktes *Land der Täter* mit der Angst vor alten, autoritären Reflexen verbunden. Nie wieder sollte doch von Deutschland eine Gefahr für den Frieden ausgehen. Besonders vor dem Hintergrund rechtsradikaler Gewalteskalation, vor allem in den neuen Bundesländern seit der Wiedervereinigung, auf die wir im kommenden Kapitel noch zu sprechen kommen werden, sehen viele Linke in dieser neuen BRD eine alte Gefahr.

Vor allem auch auf Druck der nach wie vor breit aufgestellten Friedensbewegung hin, nimmt die Bundesrepublik, wenngleich Mitglied der NATO, nicht aktiv am Golfkrieg teil – dennoch liefert sie massiv Rüstungsgüter und übernimmt mehr als 15 % der gesamten Kosten des von den USA geführten Bündnisses in diesem Krieg. Nicht nur für die antiimperialistische Linke ist das natürlich ein weiteres Indiz für die Verkommenheit deutscher Kriegstreiberei. Wie wir im Kapitel rund um Klaus Steinmetz gesehen haben, ist dieser Teil der linken Szene jedoch tief in Kritik und Neufindungsprozessen verhangen. Aber auch hinsichtlich der autonomen Bewegung finden sich in diesen Jahren zunehmend Anmerkungen wie:

>>Nach dem Fall der innerdeutschen Grenze Ende 1989 finden sich die Autonomen in der Defensive, an den Rand gedrängt, hilflos. Die alten Bewegungsrezepte laufen gegen die Wand: Skandalisieren, demonstrieren, zuspitzen, radikal linke Inhalte hochhalten – all das erweist sich als nutzlos im Angesicht der nationalistischen Vereinigungs-Offensive.<< [14]

Die Diskussionen um eine linke Position hinsichtlich der deutschen Rolle im Zweiten Golfkrieg greifen dahingehend ganz ursprüngliche Anliegen der Neuen Sozialen Bewegungen auf. Wie lässt sich unter den neuen Gegebenheiten eine Gesellschaft organisieren, die ihrer historischen Verpflichtung zu: *Nie wieder Krieg. Nie wieder Faschismus* nachkommt? Vor diesem Hintergrund formiert sich also eine Position, die die historische Rolle der westdeutschen Linken grundlegend anders auffasst.

Als Projektionsfläche für solche Fragen dient seit jeher das Verhältnis der deutschen Linken zum Staat Israel. Anfang der 1990er-Jahre umso mehr, als auch Israel droht, in den zweiten Golfkrieg hineingezogen zu werden. Zum einen ist die Gründung Israels als Schutzraum für jüdisches Leben untrennbar verbunden mit der Schuld des Nationalsozialismus, der Shoah, und – zumindest für deutsche Linke – mit der besonderen Verantwortung, dass so etwas nie wieder geschehen darf.

Gleichzeitig ist Israel als Staat von seiner Gründung an, und im Kontext des zweiten Golfkriegs im Speziellen, enger Verbündeter der USA, dem Inbegriff des modernen Imperialismus – und betreibt selbst eine brutale Repressionspolitik gegenüber der palästinensischen Bevölkerung. Deren antiimperialistische Befreiungskämpfe wiederum stehen revolutionären Bewegungen in Westdeutschland traditionell nahe – und werden von ihnen oft als antifaschistisch verstanden. Auch im Café Klatsch liegen Anfang der 90er-Jahre Infobroschüren darüber aus, warum Israel ein faschistischer Staat sei.

Dieser scheinbare Widerspruch steht einer historisch hergeleiteten antifaschistischen Theorie innerhalb der deutschen Linken immer schon im Weg. Im Kontext der beschriebenen Ängste um ein erstarkendes Deutschland nach der Wiedervereinigung, schwindender Deutungshoheit antiimperialistischer Positionen in diesem Augenblick und jener Mobilisierungsoffensive anlässlich des zweiten Golfkriegs werden diese Widersprüchlichkeiten allerdings zu einem Prüfstein linker Theoriefähigkeit im Allgemeinen.

In der Zeitung *analyse & kritik*, kurz *ak*, erscheint im Oktober 1991 ein Artikel mit dem Titel: »Linker Antisemitismus – Chronologie und Dokumentation einer Wiesbadener Kontroverse«. Der Autor, der unter dem Kürzel >sw< publiziert, gliedert seine Schilderungen in fünf Akte, samt Auftakt und Pause. Mit dem Versuch, die folgende Debatte als eine Art theatralischen Operettenabend zu schmähen, ist viel über den Stil des Textes gesagt.

Den Auftakt macht der Ausbruch des Golfkriegs 1990/91. In Wiesbaden gründet sich eine *Initiative gegen den Goldkrieg* als eher lockeres Bündnis unterschiedlicher Strömungen. Die besetzte Ringkirche kann sicher als ein Ausgangspunkt bezeichnet werden. Zu ersten Auseinandersetzungen kommt es bei der Formulierung von Flugblättern – ein Streitpunkt ist die Rolle Israels in jenem Krieg. >sw< schreibt in dem genannten *ak*-Artikel:

> »Einander gegenüber standen eine als selbstverständlich angesehene Bestätigung des Existenzrechts des israelischen Staates und eine prinzipielle Ablehnung dieses >kolonialistischen Siedlerstaates<, einhergehend mit dem erklärten Wunsch nach dessen Zerstörung. Vermittelnde Zwischenpositionen versuchten die Ablehnung Israels mit einer prinzipiellen Staatsablehnung zu begründen, sie forderten das >Recht< ein, >auch Israel kritisieren zu dürfen<, übten aber auch Kritik am nationalistischen Charakter der palästinensischen Befreiungsbewegung. Die Gegner dieser Positionen forderten, auch Israel als einen bürgerlich-kapitalistischen Staat zu begreifen, und ihm keine Sonderfunktionen zuzuschreiben, die Geschichte Israels kennenzulernen und sich einen Begriff von aktuellen Varianten des Antisemitismus zu machen.«[15]

Soweit der Auftakt.

Der erste Akt kreist um einen Artikel in der *Dichtung und Wahrheit*, einer Mainzer Szenezeitung, die laut >sw< im Februar 1990 in einer Auflage von 4.500 Stück erscheint. Aus dieser Februarausgabe, noch vor dem Golfkrieg also, zitiert >sw< einen recht grundsätzlichen Artikel über Israel – verfasst vom Intifada-Komitee Mainz/Wiesbaden – und wirft der antiimperialistischen Gruppe Antisemitismus vor. Sein Vorwurf gründet im Wesentlichen auf der sogenannten 3-D-Regel, nach der Israel-bezogener Antisemitismus hinsichtlich der Merkmale: Dämonisierung, Delegitimierung und Doppelstandards erkannt werden kann. Wissenschaftlich entwickelt – und benannt – wird diese Regel allerdings erst 2003. Ohne sie 1991 also begrifflich anwenden zu können, finden sich diese drei Ds jedoch indirekt in >sw< Argumentation wieder.

Delegitimierung etwa, in der auch sonst ganz offenkundig antisemitischen Behauptung des Intifada-Komitees, dass jüdische Menschen in den Ghettos, in die sie der Nationalsozialismus zusammenpferchte, »elende Gebräuche und Strukturen zum Überleben«[16] entwickelt hätten, »von denen die zionistische Bewegung behauptete, das wäre jüdische Kultur«[17]. Als zionistische Bewegung werden im Wesentlichen alle beschrieben, die einen jüdischen Staat Israel fordern. Doppelte Standards, ohne sie so zu nennen, begegnen >sw< in der Ansicht des Intifada-Komitees, dass »die Juden« bei der Gründung Israels keine gemeinsame Sprache gehabt hätten. Dazu schreibt er launisch in Richtung Antizionismus: »Die konsequente Forderung nach unverzüglicher Auflösung der Schweiz, der Vereinigten Staaten, diverser arabischer und afrikanischer Staaten usw. wegen erwiesener Mehrsprachigkeit bleibt leider aus.«[18] Etwas wie Dämonisierung klingt an, wenn >sw< aus dem *Dichtung und Wahrheit*-Artikel zitiert: »Das Ziel des Zionismus war nie das Wohlergehen der jüdischen Menschen und schon gar nicht das der Palästinenserinnen und Palästinenser.«[19]

Es folgt der zweite Akt: »Mit dem Artikel des Intifada-Komitees im Hinterkopf und zwei ausliegenden Papieren (einer thesenartigen Bekräftigung des selbstverständlichen Rechtes der Juden, als Staat Israel existieren zu dürfen, und einer Sammlung von antizionistischen Gedichten Erich Frieds) begab sich die Wiesbadener Szene in die große Schlammschlacht«[20], erklärt >sw<. Etwa 60 Menschen treffen sich zu einer allem Anschein nach katastrophalen Diskussionsrunde. Wieder prallen lediglich die beschriebenen Positionen unversöhnlich aufeinander. »Nach einiger Zeit der >Debatte< verließ die Pro-Israel-Partei gemeinsam mit einigen Entsetzten (entsetzt von der israelfeindlichen Wütigkeit der anti-zionistischen Kämpfer) den Ort des Geschehens.«[21]

Auf den zweiten Akt folgt die Pause. Eine Weile habe sich in der Diskussion wenig getan, schreibt >sw<. »Zwar wurde der benannte >Dichtung & Wahrheit<-Artikel in der Folgeausgabe der Zeitung in mehreren Beiträgen auseinandergenommen und als eindeutig antisemitisch entlarvt, dafür, so schien es, war die Kontroverse mit Ende des Golfkriegs beendet: Die Szene kehrte zum politischen Alltag zurück, eine Aufarbeitung möglicherweise gewonnener Erkenntnisse war nicht vorgesehen.«[22]

Der dritte Akt setzt mit dem traditionellen *Friedenshearing* der Stadt Wiesbaden ein, das 1991 unter dem Motto: »Die Bedeutung Deutschlands für Israel und die arabische Welt« stattfinden soll. Diese Veranstaltung steht der liberaleren, bisweilen institutionalisierten Friedensbewegung sehr viel näher als der vergleichsweise kleinen radikalen Linken. Entsprechend fühlt man sich dort von dem Motto provoziert und sieht sich herausgefordert, die als systemhörig und angepasst verstandenen Friedensforderungen mit eigenen Aktionen zu konterkarieren. Unter anderem soll eine Demo stattfinden, die sich bewusst gegen das Friedenshearing richtet.

Streitpunkt ist die Planung einer Route, wie >sw< beschreibt: »Als Ausgangspunkt wurde die ehemalige Synagoge vorgeschlagen (Symbol Opfer), von dort zum Headquarter der US-Army (Symbol Täter) und dann zum Rathaus mit seinem Friedenshearing (Symbol Kriegsgewinnler und Mörder).«[23] Dieser Vorschlag stammt offenkundig aus dem antizionistischen Lager. >sw< lässt es sich freilich nicht nehmen, ihn in der Folge abzukanzeln. Die »Judenvernichtung des Nationalsozialismus«[24] werde hier, ohne politischen Zusammenhang, dazu instrumentalisiert, jene angeblichen Täter zu kritisieren, die doch eigentlich die Vernichtungslager befreiten – und diese Kritik solle schließlich, laut >sw<, reichlich infam auf jene fortgeschrieben werden, die ihren Friedensbegriff von der militärischen und finanziellen Unterstützung dieses Imperialismus ableiten. Nicht, dass >sw< diesen letzten Punkt seinerseits auch kritisch sehen dürfte – die historischen Zusammenhänge, die diese Route impliziert, jedoch sehr wohl.

Akt vier beginnt, als sich die *Kommunistische Hilfe Wiesbaden* einschaltet. Sie schlägt vor, den »Anlaufpunkt Rathaus« aus der Route zu streichen, das heißt: Die Kritik an den USA zu erhalten, sie aber nicht weiter auf die »Kriegsgewinnler« im Rathaus und damit auf das Friedenshearing auszuweiten. Im Sinne dieses Kompromisses zeigt man sich bemüht um eine »Begründung für die linke Diskussion«. Gewohnt giftig wird auch dieses Papier von ›sw‹ auseinandergenommen. Der Antisemitismus, schreibt er etwa, erreiche hier seinen Höhepunkt, »mit der ›Kauft nicht bei Juden‹-Parole in Neu-Links-Deutsch: ›Boykott Israels – Waren – Kibuzzim – Strände‹«[25] – eine Kampagne, die als Vorläufer von etwas verstanden werden kann, das heute besser unter BDS bekannt ist.

Der fünfte und letzte Akt wird schließlich mit folgender Feststellung eingeleitet: »Der befürchtete ›antisemitische Volkslauf‹ anläßlich des städtischen Friedenshearings fand nicht statt.«[26] Ein Vorbereitungstreffen endete jedoch mal wieder in einer Spaltung.

> »Die Fraktion der ›Israel-Befürworter‹ konnte Schmeicheleien wie ›Kriegshetzer‹, ›Zionist‹, ›Rassist‹ und den Vorwurf der ›Verblendung‹ einheimsen. Die hard-core-Gemeinde des antizionistischen Kampfes zog ab, als sie feststellen mußte, daß zumindest einige der Anwesenden ihr Projekt prinzipiell ablehnten und einige andere sich doch die Mühe machen wollten, über Sinn und Inhalt derartiger Aktivitäten zu diskutieren. Doch blieb auch diese Diskussion weitgehend unerfreulich und von Unverständnis gegenüber den Anforderungen an einen Antifaschismus geprägt, der sich auch Symptomen eines strukturellen Antisemitismus innerhalb einer selbsternannten Linken annimmt«[27],

schreibt ›sw‹ deutlich und skizziert damit Wesenszüge einer Strömung, die man bald *antideutsch* oder heute auch, kurz *anti-D* nennen wird.

Kurz nach Erscheinen dieses Artikels in der *analyse & kritik* notiert das Plenumsprotokoll im Café Klatsch hinsichtlich der beschriebenen Verwerfungen: »Es kriselt in der Szene: Resignation im Café.«[28] Solche ideologischen Grundsatzfragen liegen dem undogmatischen Projekt nicht. Zu allen Zeiten sind hier sehr unterschiedliche Ansichten vertreten, mal mehr, mal weniger radikal, mal mehr, mal weniger dominierend. Doch im Kern ist es eher durch das Anliegen verbunden, linke Diskurse und Strömungen zu beheimaten, als zwingend zu einem eigenen, widerspruchsfreien politischen Grundkonsens zu gelangen.

Dennoch erreicht auch das Café Klatsch wenige Wochen später die schriftliche Einladung »zu einem schwierigen Versuch«[29]. Ausgehend von einer Einzelperson aus dem Arbeitskreis Umwelt, kurz AKU, einer Gruppe, die dem Café Klatsch seit jeher nahesteht, geht es darum, »nochmal einen Diskussionsversuch zu wagen«[30]. Diesmal mit »mehr Zeit und Verständnis füreinander«. Das vierseitige Schreiben schlägt einen weitaus versöhnlicheren Ton an als der ak-Artikel und bemüht sich erst einmal darum, Gemeinsamkeiten der Geladenen zu betonen. Die unvereinbar scheinenden Parteien hätten doch auch nach dem Streit noch gemeinsam Demos und Aktionen durchgeführt und niemandem ginge es doch ernsthaft um »linke Kriegsbefürwortung«, wird angemahnt. Dennoch: Für einen weiteren Gesprächsversuch seien drei Dinge unverzichtbar:

Die Einsicht, dass sich die Ausgangslage des »Konflikts um Palästina«[31] einfachen Lösungen entziehe. Zweitens, antisemitische Argumentationsmuster, wie im Artikel des Intifada-Komitees, ebenso »aus der linksradikalen Diskussion zu verbannen«[32] wie gleichsam drittens, das »Mitbasteln an der Relativierung der Shoa durch Vergleiche Israels mit Nationalsozialismus/Faschismus«[33]. Insofern ist der Aufruf unmissverständlich.

Als Diskussionsgrundlage werden verschiedene Texte vorgeschlagen, die unter anderem die Geschichte der BRD-Linken zu Israel aufarbeiten. Darunter auch ein Text von RAF Gefangenen, die sich ihrerseits kritisch mit der antiimperialistischen Haltung zu Israel beschäftigen, sowie ein älterer Text von Ulrike Meinhof. Man könnte diese Auswahl als Handreichung verstehen. Das Schreiben listet als weitere Diskussionsgrundlage daraufhin eine Reihe von Zitaten auf, die wie eine unausgesprochene Sammlung antisemitischer Äußerungen linker Gruppen in Wiesbaden daherkommt. Darunter einige Zitate des bereits besprochenen Intifada-Komitee-Artikels in der *Dichtung und Wahrheit*, aber auch aktuellere Flugblätter des Wiesbadener Infoladens, der Kommunistischen Hilfe sowie gleich fünf Zitate aus einem Positionspapier der »BesetzerInnen der Wiesbadener Ringkirche«. Dort heißt es etwa: »Für die Existenz eines Staates Israel gibt es für uns keine Rechtfertigung. Als Antifaschisten können wir nicht die Konsequenz ziehen, zu Rassismus und Völkermord ja zu sagen, nur weil die jetzigen Täter die ehemaligen Opfer sind.«[34] Auf die Zusammenstellung solcher Zitate folgt die eigentliche Einladung, inklusive eines recht detaillierten Fahrplans für die Diskussion. Schließlich wird um Anregung und Kritik dazu gebeten – beides folgt natürlich prompt.

Das Intifada-Komitee hält die Auswahl der Zitate für einseitig und fürchtet, dass das Treffen so auf ein »Tribunal« hinauslaufe. Von einer Frau aus dem Café-Klatsch-Kollektiv heißt es, es mache wenig Sinn, »zum x-ten Mal über alte Zitate zu diskutieren«[35] – dazu sei vielleicht angemerkt, dass die aktuellsten Zitate hier, zum Zeitpunkt der Einladung, keine drei Monate alt sind. Zu dieser eher grundlegenden Kritik gesellen sich Rückmeldungen, die sich mit Details des Ablaufs beschäftigen und allem Anschein nach auch ohne Bedenken umgesetzt worden wären – gäbe es da nicht noch einen Punkt, der die Gemüter erhitzt: Intifada-Komitee, Kommunistische Hilfe, Autonome Zusammenhänge und die Frau aus dem Klatsch-Kollektiv können sich eine Diskussion nur ohne *sw*, den ebenfalls geladenen Autor des Artikels in der *analyse & kritik*, vorstellen. Sie begründen dies ausdrücklich nicht mit dessen Position zu Israel, sondern mit dessen Diskussionsstil und damit, dass er Diffamierung und Ausgrenzung gegenüber linksradikalen Gruppen betreibe. Dem Verfasser der Einladung ist diese Haltung völlig unverständlich:

»Ätzende innerlinke Kritik, wie sie SW in AK geübt hat, sollte mit Auseinandersetzung beantwortet werden. Die Einladung wäre eine Möglichkeit dazu gewesen«[36], heißt es schließlich in einem weiteren Rundschreiben, das mit »Schwieriger Versuch gescheitert!« überschrieben ist. »Da für mich eine Ausgrenzung von SW nicht in Frage kommt und ich andererseits die Teilnahme der Menschen, die nicht mit SW diskutieren wollen, für unverzichtbar halte, ziehe ich hiermit die Einladung für den 1. Februar zurück«[37], heißt es zum Schluss.

Solche Verwerfungen sind weder ein regionales Phänomen noch folgenlose Scharmützel. Die Unfähigkeit, selbst innerhalb der schwachen radikalen Linken ein adäquates antifaschistisches Selbstverständnis zu entwickeln, trifft Anfang der 90er umso bedrückender auf die Notwendigkeit einer antifaschistischen Praxis im Angesicht nationalistischer und rechtsextremistischer Agitationen und Gewalteskalationen. Denn wenngleich die Linke ihre Geschichte nicht recht zu deuten weiß, fällt eines im ringsum stattfindenden Taumel der Tränen und Flaggen jener Wiedervereinigungsfeiereien unmittelbar ins Auge: Eine Nation, die ihren Triumph als Ende der Geschichte diskutiert, zieht mit einer bemerkenswerten Vergessenheit eben jener in ihre Gegenwart.

Kapitel 9: Der Schach Opa

Jene, die ihre Vergangenheit nicht erinnern,
sind dazu verdammt, sie zu wiederholen.

George Santayana

Jene, die die Geschichte begreifen,
sind dazu verdammt, dabei zuzusehen,
wie andere Idioten sie wiederholen.

Hakim Bey

Wo die Geschichte endet, beginnen die Baseballschlägerjahre. In der neuen Bundesrepublik kommt es immer häufiger zu rechtsradikalen Angriffen auf Geflüchtetenunterkünfte, direkt auf Geflüchtete, nicht-weiße oder queere Menschen, aber auch auf jene, die sich mit den Angegriffenen, Traumatisierten, Verletzten und Ermordeten solidarisieren. Häufig im Osten, aber längst nicht nur. Zur ersten Bundestagswahl des wiedervereinigten Deutschland gibt man sich im Café Klatsch noch kämpferisch. Für ein Transparent wird folgender Text diskutiert:

»Wenn Wahlen etwas verändern würden, wären sie verboten. Nehmt euer Leben selbst in die Hand
Kein Patriarchat – kein Vaterland«[1]

Auf einem Plenum 1991 klingen schon nachdenklichere Töne an:
»FASCHO-ANGRIFFE IN DER BRD
Was macht das Café dazu?
– Demo
– Vollversammlung im Café
– Besetzung
– Straßentheater
... oder was ...?«[2]

Einen tieferen Einblick gewährt das Protokoll eines Café-Klatsch-Seminars im Frühjahr 1991, das wohl eine spontan entstandene Diskussion zusammenfassen will:

> »Also letztlich reden wir über unsere Angst, die wir in verschiedenen Ebenen gliedern können. Zum einen ist da das Café: Unser Raum, unsere Freiräume sind bedroht. (Zweitens) Gesellschaftliche Vorgänge, die in einen staatlichen oder staatlich sanktionierten [gemeint ist vermutlich eher ›subventionierten‹, J.R.] Faschismus münden.«[3]

Weiter heißt es:

> »Das Dritte ist der persönliche Angriff, der für viele Frauen + Lesben sich aber auch schon jetzt durch die alltägliche Bedrohung auf der Straße manifestiert. Die Faschos sind hier der extremste Ausdruck der sexistischen Gesellschaftsstrukturen.«[4]

Es wird ein ganzer Maßnahmenkatalog für den Alltag beschlossen. Etwa, dass der wöchentliche Schichtplan, entgegen betriebswirtschaftlicher Vernunft, so verändert wird, dass nie jemand allein im Laden arbeitet. Wir erinnern uns, dass diese Zeit durchaus eine Zeit der knappen Kasse ist. In den nächsten Wochen häufen sich Sichtungen von Nazi-Sprüchen auf dem Klo und es gibt ständig Fascho-Alarm. Um die Geflüchtetenunterkünfte in Wiesbaden zu schützen, werden Fahrwachen organisiert. Es finden immer wieder Demonstrationen und andere Aktionen statt. Der rechtsradikale Terror nimmt derweil weiter zu. Wiesbaden ist in dieser Zeit sicherlich keine Hochburg rechter Angriffe. Dass eine vollständige Liste der bedrückenden Ereignisse allein für Wiesbaden an dieser Stelle den Rahmen sprengen würde, mag aber schon veranschaulichen: Anderswo ist es noch unerträglicher.

Vier Tage und Nächte lang greifen Hunderte Rechte 1992 die zentrale Aufnahmestelle für Asylbewerber und das sogenannte Sonnenblumenhaus, ein Wohnheim für ehemalige vietnamesische Vertragsarbeiter*innen in Rostock-Lichtenhagen an. Unter anderem mit Molotow-Cocktails und Hitlergrüßen. Schaulustige applaudieren, rufen rechtsextreme Parolen, die Polizei greift tagelang nicht ein. Es ist purer Zufall, dass es hier noch keine Toten gibt. In Wiesbaden findet daraufhin eine Demonstration mit dem Motto »Rostock: Wer schweigt, stimmt zu. Gegen

Rassismus und Faschismus« statt. In dem Entwurf eines Redebeitrags, der aus der antiimperialistischen Ecke der Wiesbadener radikalen linken Szene stammt, findet sich folgender, bemerkenswerter Absatz:

> »Wir sind schlecht vorbereitet, eine die Menschen und uns verändernde Humanität zu verkörpern und mit ihr neue Menschen zu gewinnen. Die Linke darf niemals Freude an splitternden Knochen – auch nicht im Hinblick auf Faschisten und Bullen – in ihren Reihen aufkommen lassen. Der Totenkopf der Piraten kann nicht ihr Symbol sein. Wir müssen rennen. Denn es ist eine Kälte über die Menschen gekommen, die sie zum Barbarischsten verleiten kann.«[5]

Allein zwischen 1990 und 1993 kommen in Deutschland 58 Menschen durch rechte Gewalt ums Leben. Rechtsradikale dringen außerdem überall und immer wieder in Jugendtreffs, linke Projekte oder migrantische Schutzräume ein und schlagen alle kurz und klein, die sich nicht zu wehren wissen. So entstehen Antifagruppen, die, wenn sie schlicht existieren wollen, gar nicht anders können, als sich auch auf gewalttätige Auseinandersetzungen vorzubereiten. Die Häufigkeit und Brutalität rechter Übergriffe wird allgegenwärtig, wie auch die häufig irritierende Tatenlosigkeit des Staates. In dem so entstehenden Milieu radikalisieren sich längst nicht nur jene Strukturen, die sich später als NSU und seine Unterstützer*innen organisieren werden.

Wie wir gesehen haben, fällt es der Linken dabei, weit über Wiesbaden hinaus, schwer, eine gemeinsame theoretische Position zu diesen Entwicklungen zu formulieren. Der Druck des Terrors im neuen Deutschland fordert jedoch eine Praxis, die dann zur Not halt ohne einheitliche Theorie auskommen muss. Immer deutlicher stellt sich die Frage nach konkreten Formen antifaschistischer Aktionen. In den einschlägigen Szenezeitungen überschlagen sich die Auseinandersetzungen über das *Wie* – und so zirkuliert bald auch ein Positionspapier im Café-Klatsch-Kontext mit dem Titel: »Zur Antifa-Organisationsdebatte in Wiesbaden ... und anderswo...« Darin stellen sich notizenhaft viele Fragen, etwa:

> »Welche Aufgaben wäre das Café / das Kollektiv oder Teile bereit zu übernehmen? Welche Möglichkeiten bietet das Café als öffentlicher Raum? Bei den bisherigen Treffen gab es einige Meinungsverschiedenheiten zu dem Wie und dem genauen Ziel einer solchen Organisation/Absprache. ›Offensive

Vorgehen‹ Was heißt das? Ist offensives Vorgehen gleich körperliche Gewalt. Ist es immer gleichzusetzen mit ›Militanz‹? Ist es nicht offensiver gegen den Nährboden/Hintergrund faschistischer Aktivitäten vorzugehen? Also in ›einschlägigen Vierteln‹ offen aufzutreten, zu informieren (Flugblätter/ Plakate ...)?«[6]

Gegen Ende des Papiers heißt es aber auch:

> »Inwieweit werden neue Hierarchien geschaffen, bzw. alte (schon ewig kritisierte, aber nie behobene) Strukturen weiter fortgeführt (z.B. Männer in vorderster Reihe bei körperlichen Auseinandersetzungen oder überhaupt: der ›Vorrang‹ von Kloppen vor anderen Mitteln + Wegen der Auseinandersetzung.«[7]

Die Antworten fallen individuell und je nach Gruppe natürlich unterschiedlich aus. Einige aus dem Café-Klatsch-Kollektiv beteiligen sich unter anderem an einer Blockadeaktion gegen ein Treffen der Partei *Die Republikaner*.

Längst hat die Progromstimmung der Rechtsradikalen jener Jahre einen parteipolitischen Ausdruck gefunden. Die Republikaner greifen dabei selbstredend nicht körperlich an, sondern versuchen, das Sagbare zu verschieben, die deutsche Geschichte zu relativieren und den parlamentarisch demokratischen Umgang zu schwächen. Und das nicht ohne Erfolg. Auch im Café Klatsch und seinem Umfeld beschließt man also, das erwähnte Treffen im Sommer 1993 in Wiesbaden-Biebrich zu verhindern. Am Rande dieser Aktion, die ihr Ziel erreichen wird, kommt es zu einer Begegnung, die ein erwähnenswertes Nachspiel hat. Das Plenumsprotokoll vom 21.6.93 hält fest: »Schach-Opa war bei dem Rep-Treffen, der, der angeblich bei der Weißen Rose war, der ›größte Widerständler‹ ... schwall ...«[8] Tatsächlich erkennt einer der Gründer des Café Klatsch, der zu dieser Zeit auch noch dort arbeitet, den »Schach-Opa« bei der besagten Aktion. Es ist nicht unüblich, dass Stammgäste intern solche Spitznamen haben. Der Klatschkollektivist spricht ihm noch während dieser Begegnung ein Hausverbot aus. Der »Schach-Opa« mag das allerdings nicht einfach so hinnehmen und bittet darum, dass man sich über Briefe nochmal zu der Sache auseinandersetzen möge. Bemerkenswerterweise findet diese Auseinandersetzung tatsächlich statt. Der Klatsch

Kollektivist und Gründer schreibt Hans Hirzel, wie der »Schach-Opa«
in Wirklichkeit heißt, am 22.6.93 einen Brief. Dieser beginnt, wie soll es
anders sein, mit einem Zögern:

>»Guten Tag, Herr Hirzel,
der Entschluß, Ihnen schreiben zu wollen, fiel sofort nach unserer Begegnung
an ›diesem‹ Freitag, aber die Anrede, jeder Brief beginnt mit einer Anrede
und mir gelingt keine geeignete mehr nach unserem Zusammentreffen, welches in dieser Art wirklich düster und verwirrend für mich gewesen ist. Wir
kennen uns seit einigen Jahren ausschließlich in den Rollen des Gastes und des
Gastgebenden in den Räumen des Cafe Klatsch, welches für mich seit seiner
Gründung als ein kleines Zeichen und ein Versuch einer kollektiven und
herrschaftsfreien Lebensform steht. Die vielen Versuche unsererseits, uns den
faschistischen und gewalttätigen gesellschaftlichen Strömen entgegenzustel-
len, sind Ihnen sicherlich bekannt. Nicht nur auf diesem Gebiet war uns die
Auseinandersetzung mit unseren Gästen schon immer wichtig gewesen und
zwar in einer kooperativen, nicht bedrohlichen Atmosphäre. Eine Bedrohung
geht für mich immer von gesellschaftlichen Gruppen aus, die Hierarchien
und Gewalt benötigen, um ihre Interessen der Diffamierung und Vernichtung
durchzusetzen. Die Republikaner gehören offenkundig zu dieser Gruppierung, da sie eine Politik der nationalen Hetze und Verleumdung betreiben.«[9]

Im Folgenden stellt der Klatsch-Kollektivist mehrere Fragen, darunter:
Ob es wahr sei, dass Hirzel Mitglied der Weißen Rose war und somit
Teil des antifaschistischen Widerstands – und was ihn bewegt habe, den
Republikanern beizutreten.

Am 24. Juni 93 schreibt Hirzel seine Antwort. Mit der Anrede habe
er keine Probleme gehabt, eröffnet er. Ganz oben steht ein zugeneigtes
»Lieber«[10]. Erstens – er nummeriert die gestellten Fragen und arbeitet
sie in Bezug auf diese Nummerierung ab – Ja, er sei bei der Weißen Rose
aktiv gewesen – und empfiehlt reichlich Lektüre. Tatsächlich war Hirzel
im Ulmer Kreis der Weißen Rose aktiv und beteiligte sich vor allem
am Druck antifaschistischer Flugblätter, einmal wohl auch an deren
Verbreitung. Sein Vater ist damals Gemeindepfarrer und Sympathisant
der widerständigen *Bekennenden Kirche*. So erhalten Hirzel und andere
Zugang zu Räumlichkeiten und Maschinen, die sie zur heimlichen Ver-
vielfältigung von Drucken nutzen können. 1943 wird Hirzel in einem

undurchsichtigen Prozess, zu dem es unterschiedliche Einschätzungen gibt, zu fünf Jahren Haft bzw. Zuchthaus verurteilt. Manche verstehen Hirzels damalige Aussagen als ein Zutun hinsichtlich der Verhaftung der Geschwister Scholl und gleichsam einen zentralen Beitrag zu deren Todesurteil und so das Ende der Weißen Rose als Ganzes. Das scheint jedoch eine, den glaubwürdigen Fakten nach, eher ideologisch motivierte Interpretation zu sein.

1945, nach Kriegsende, kommt Hirzel frei. Der US-Army kann er ein Schriftstück der SS vorzeigen, das ihn als politischen Gefangenen ausweist. In seinem Brief 1993 bezieht er sich auf diese biografischen Eckdaten wie folgt: »Ich trat den Republikanern wohlbedacht bei am 19. April dieses Jahres, auf den Tag genau 50 Jahre nach meiner Verurteilung durch den ›Volksgerichtshof‹. Öffentlich bekannt machte ich den Beitritt bei der schon erwähnten Tagung vom 26. Mai.«[11] Ich blättere irritiert zurück.

Eine Tagung wird vorher nicht erwähnt. Hirzel macht sich daher, gleich am nächsten Tag, für mich einige Seiten später, die akribische Mühe, einen weiteren Brief aufzusetzen, um dieses »Malheur«, wie er es nennt, zu korrigieren. Er bittet darum, die »missglückte Seite gegen die beiliegende berichtigte Seite auszuwechseln«[12]. Das nun beigelegte Blatt ist mit der alten Fassung weitgehend identisch. Nur die eben zitierte Stelle liest sich jetzt so: »Öffentlich bekannt machte ich den Beitritt am 26. Mai im Hessischen Landtag auf einer Fachtagung über Rechtsextremismus.«[13] Diese Genauigkeit, sowohl hinsichtlich seiner Form, als auch seiner Sprache, zieht sich durch alles, was er hier schreibt. Was er formuliert, ist mit Bedacht gewählt und wird notfalls demütig korrigiert. Das sollten wir im Hinterkopf behalten.

Unter 2.) – warum er der Partei der Republikaner beigetreten sei – erklärt er zunächst, ihm sei im Wahlkampf zu den hessischen Kommunalwahlen aufgefallen, dass ausschließlich Plakate der Republikaner abgerissen würden. Außerdem habe sein Interesse geweckt, dass in der Presse kaum etwas über deren Inhalte zu erfahren war. Dies alles habe ihn so neugierig gemacht, dass er sich Infomaterialien der Partei besorgte, Gespräche auf verschiedenen Ebenen führte, wie er sagt, und schließlich als Gast auf Mitgliederversammlungen ging. An dieser Stelle verkneift er es sich nicht zu erwähnen: »Adressen, die mir weiterhalfen, entnahm ich übrigens einer Antifa-Broschüre aus dem Café Klatsch.«[14]

Er beklagt, dass die Republikaner ständig verleumdet und in der Öffentlichkeit falsch dargestellt würden und unterstellt dabei die Anwendung einer bewussten Strategie. Inhaltlich gehe es ihm weniger darum, wofür die Republikaner stehen, als vielmehr darum, wie mit ihnen umgegangen werde. Er geht sogar so weit, dass der Umgang mit seiner Partei erst zu der Möglichkeit einer Radikalisierung derselben führen könne. In der Partei selbst sei das nicht angelegt. Das Gefühl, hier werde eine Meinung unterdrückt, habe ihn im Grunde zu den Republikanern geführt – hätte er nun schreiben können. Tut er aber nicht. Er formuliert es bewusst so: »Ähnliches habe ich bisher nur miterlebt in meiner Jugend bei der Behandlung der Juden (ehe man sie abholte und größtenteils umbrachte).«[15]

Er deutet also an, dass der Umgang mit ihm und den Republikanern im Grunde dem fabrikmäßigen Massenmord an sechs Millionen Menschen gleicht. Und dieser Satz ist kein »Malheur«. Im nächsten Brief wird Hirzel auf genau jenen Abschnitt Bezug nehmen. »Seite 1 unten und Seite 2, erste Hälfte«[16], wie er gewohnt präzise schreibt. »Besser sagen kann ich's nicht mehr.«[17] Das ist jener relativistische Absatz. Sein Gegenüber hatte nachgehakt, welche konkreten Ziele der Republikaner er teile.

Mit diesem deutlichen Bekenntnis im Hintergrund führt dieser dritte Brief schließlich in ein paar Absätze, in denen er über »das geschichtliche Schicksal« sinniert, »das die Menschen, die zusammen ein Kulturvolk bilden«[18], verbinde. Er warnt dabei vor Stimmen, wie die seines Adressaten, die eine multikulturelle Gesellschaft fordern. Und schreibt: »Sollten alle Gesellschaften auf dieser Erde dementsprechend umgeformt werden, dann wäre dies der größte kulturzerstörende Akt, der je stattfand.«[19] – Er ist sich sehr bewusst, zumindest gibt er sich alle Mühe, dass dies kaum anders gelesen werden kann als so: Eine multikulturelle Gesellschaft wäre noch zerstörerischer als der »Hitler-Unfall«, wie er den Nationalsozialismus nennt. Geringer kann man die Verbrechen der Nazis und vor allem die Würde deren Opfer kaum schätzen – und mustergültiger lässt sich die Ideologie der neuen Rechten gleichsam kaum in Worte fassen.

Es wäre an dieser Stelle müßig, die Widersprüchlichkeit seiner Biografie auflösen zu wollen. Vielmehr besteht das Abgründige vielleicht gerade darin, dass sie sich nicht auflösen lässt. Um aber damit umzugehen, lohnt sich vielleicht ein Blick in die 60er-Jahre.

Denn wie es diese Geschichte will, zieht Hirzel nach dem Zuchthaus, dem Krieg und einem Studium in Tübingen und Basel, nach Frankfurt, um dort zu arbeiten. Anfang der 60er tritt er eine Stelle am Institut für Sozialforschung an. Hier wird er schließlich auch wissenschaftlicher Mitarbeiter von Theodor Adorno, der als Marxist und Jude von den Nazis vertrieben, aus dem Exil zurückgekehrt ist, um das Institut wieder mit aufzubauen. 1964, dies müsste in Hirzels Tätigkeit dort fallen, gründet sich, kaum 20 Jahren nach dem Nationalsozialismus, die NPD. Sie vollzieht schnell eine Entwicklung hin zu einem immer offener auftretenden Rechtsradikalismus, zieht in sieben Landtage ein und droht auch in den Bundestag gewählt zu werden.

Adorno, Hirzels Chef, forscht sein Leben lang zum Faschismus und hält so auch 1967 einen Vortrag mit dem Titel »Aspekte des neuen Rechtsradikalismus«. Anlass ist das Erstarken der NPD. Natürlich ahnt er noch nichts von den Republikanern, beschreibt hinsichtlich der NPD aber etwas, was sich leicht auf ebendiese wie auch die *Neue Rechte* insgesamt beziehen lässt. Gegen Ende seiner Rede zitiert Adorno eine weitläufige Kritik am neuen Rechtsradikalismus. Dem Eindruck, dass sich Geschichte ganz schlicht wiederhole, quasi als Kopie, etwa der Weimarer Republik, tritt er jedoch entschieden entgegen. Dies sei eine »Art des Denkens, die solche Dinge von vorneherein ansieht wie Naturkatastrophen, über die man Voraussagen machen kann wie über Wirbelwinde oder über Wetterkatastrophen. Da steckt bereits eine Art von Resignation drin, durch die man sich selbst als politisches Subjekt eigentlich ausschaltet.«[20]

Hirzel allerdings empfindet die Geschichte ganz offenbar als etwas, das sich in Wiederholungen gegen alle und so auch ausgerechnet gegen ihn richten kann. Das erst ermöglicht ihm seine groteske Opferrolle. Zum anderen legt er durchgängig einen Fatalismus an den Tag, behauptet, dass alles den Bach runterginge, alles kaputt und am Ende sei. Alles sei ein »Scheißspiel«[21] schreibt er – und auch die Linke werde »geleimt«[22]. Er benutzt dies aber nicht als Argument für etwas, sondern stellt es mit irritierender Genugtuung einfach nur fest. In dem erwähnten Vortrag über den neuen Rechtsradikalismus wiederholt Adorno auch seine bereits zuvor geäußerte These, dass es ein Merkmal des Faschismus sei, sich »die Katastrophe« insgeheim »zu wünschen«[23]. Manchmal ist die Abwesenheit von Utopie Dystopie genug.

Es gibt also zwei Auffassungen von Geschichte. Eine, die ihrem Wesen nach gestaltbar und so zu jedem Zeitpunkt dauernder, transformativer Prozess ist – in der wir Menschen zu Subjekten der Geschichte werden und mitgestalten können. Von nichts anderem kann eine linke Position ausgehen. Doch es gibt auch jene andere Auffassung, nach der Geschichte wie ein eigener Protagonist auftritt und sich selbst-mächtig gegen alles und jeden wenden kann, wo »Hitler-Unfälle« eben passieren und groteske Opfervergleiche möglich werden. In ihr sind wir nur Objekte, hin und her geschubst von den Gezeiten der Macht. Kein Begriff von Widerstand, Protest oder Rebellion, der von dieser Prämisse ausgeht, kann emanzipatorisch sein. Und gegen diese zweite Auffassung hilft nur die erste.

1994 wird Hirzel Bundespräsidentschaftskandidat der Republikaner. Wohl vor allem deshalb, weil seine Widersprüchlichkeit die rechtsradikalen Positionen der Republikaner verschleiern kann – einer mit der Geschichte könne doch wohl kein Nazi sein. Selbstverständlich hat er keine realistische Chance auf das Amt, kann aber einen Achtungserfolg erzielen. Während die Republikaner mit 8 Mandaten in der Bundesversammlung vertreten sind, gelingt es Hirzel im ersten Wahlgang 12 Stimmen auf sich zu vereinen. Trotzdem – am Ende ist es kein wirklich großer Wurf. Er wird daraufhin Wiesbadener Stadtverordneter für die Republikaner. Ab 2001 parteilos, verhilft er einer knappen CDU/FDP-Koalition mit seiner Stimme zur Mehrheit. Gleichzeitig schreibt er weiterhin für rechte Zeitungen wie die *Junge Freiheit*. 2006 verstirbt er. Sein zuletzt zitierter Brief vom 5. Juli 1993 bleibt unbeantwortet. Stattdessen schreibt sein Gegenüber ein wenig später einen Brief an das Café-Klatsch-Kollektiv – und wenn wir uns erinnern, wie bewusst er Begrüßungsformen wählt, lässt schon der Anfang dieses Schreibens den Verlauf erahnen: »Liebe... es ist mir doch zuviel alle Namen zu nennen, wer weiß ob ich alle wüßte!«[24]

Er wird, auf einigen Seiten, seinen Austritt aus dem Kollektiv erklären. Im Gegensatz zu diesem Schreiben wirken seine Briefe an Hirzel lieblos und beiläufig. »Ich hätte nie gedacht, dass ich einmal in diesem Laden aufhören werde«, erinnert er sich heute. Wie immer im Leben habe eine solche Entscheidung vielschichtige Gründe. Ein Grund jedoch, sagt er, und deutet das auch in seinem Brief von >93 an, seien politische Differenzen. »Mit wem genau?«, frage ich. »Unter anderem mit Leuten, die Steinmetz überhaupt einstellen wollten. Da war ich immer anderer Meinung gewesen«, erklärt er mir. Er meint Klaus Steinmetz. Denn wie es diese Geschichte will, kommt es fünf Tage nach seinem ersten Brief an Hirzel und drei Tage nach dessen erster Antwort zu einem folgenschweren Einsatz der GSG9 im mecklenburgischen Bad Kleinen, der Steinmetz als V-Mann enttarnen und einen weiteren Einschnitt in unserer Geschichte bedeuten wird.

Kapitel 10:
In Wiesbaden fehlt ein Klaus

Am 02.01.1990, kaum sechs Monate nach der Besetzung des Infoladens durch autonome Frauen und knapp vier Monate nach dem großen 5-Jahre-Café-Klatsch Straßenfest, erscheint Klaus Steinmetz noch einmal auf dem Café-Klatsch-Plenum. Er tritt nun als Abgesandter des während des Fests besetzten Hauses in der Helenenstraße auf, berichtet von dortigen Plena und stellt die Lage im Haus als reichlich desolat dar. »Inwieweit besteht von Klatsch-Leuten Interesse, Initiative am bes. Haus?«[1], fragt er also. Doch bis auf eine finanzielle Spende ist dem Kollektiv nichts abzuringen. Erst auf Rückfrage, ganz beiläufig, erklärt Steinmetz nun auch offiziell sein Ausscheiden aus dem Café-Kollektiv.

Ob Steinmetz' Zeit im Café Klatsch in erster Linie von seiner Tätigkeit als V-Mann motiviert ist, wird Spekulation bleiben. Viele aus der damaligen Szene halten das heute für unwahrscheinlich. Das Café sei Ende der 80er ohnehin massiv überwacht worden, spätestens seit den Schüssen an der Startbahn, die Telefone, auch private, abgehört, das BKA in einer Wohnung gegenüber eingemietet, Zivi-Cops hätten immer wieder versucht, sich im Laden umzuhören – wozu da noch einen V-Mann einschleusen? Vor allem wenn Steinmetz, wie wir gesehen haben, in seiner Zeit im Café die relevanten Kontakte in Richtung RAF längst geknüpft hat.

Andere entgegnen, dass die Spur ins Café den Behörden anfangs durchaus vielversprechend erschienen sein dürfte, sich dann aber als Sackgasse entpuppte – was Steinmetz Nachlässigkeit und Priorität anderer Zusammenhänge erklären könnte. In diesem Sinne schreibt einer, der damals in der Szene aktiv war und Steinmetz zumindest flüchtig kannte: »Auch dem Verfassungsschutz muss schnell klar geworden sein, dass das Klatsch nicht der richtige Ort sein konnte, um Kontakte zur RAF aufzubauen. Er konzentrierte sich verstärkt auf Infoladen, Anti-Imps und deren Umfeld.«[2]

Für eine simple Chronik wäre es das also: Recht unspektakulär war's mit Klaus S. im Café Klatsch – doch wenn wir der zentralen Frage folgen wollen, wie es ihm möglich war, sich nicht nur jahrelang in revolutionären Zusammenhängen zu bewegen, sondern vor allem, wieso ausgerechnet ihm so viel Vertrauen entgegengebracht wird, um direkten, persönlichen Kontakt mit der RAF herstellen zu können, fehlen noch ein paar Puzzleteile.

Nicht nur das Magazin *Spiegel* zeigt sich dieser Tage irritiert, dass die RAF ihre Annäherungsversuche an eine breitere gesellschaftliche Linke im November 89 mit einem Mordanschlag auf den Chef der Deutschen Bank, Alfred Herrhausen, konterkariert. In einem Interview mit der aus der Wiesbadener Szene stammenden Birgit Hogefeld, die seit Mitte der 1980er-Jahre zentrale Figur der dritten RAF-Generation ist, wird folgerichtig angemerkt:

Spiegel: »Den Mord an Herrhausen, mitten hineinplaziert in eine historische Zeitenwende, konnte selbst die radikale Linke nicht nachvollziehen.«

Hogefeld: »Das weiß ich nicht, ob das niemand mehr verstehen konnte.«

Spiegel: »Wie ist die Gruppe mit dem Unverständnis umgegangen, das ihr auch aus der linken Szene nach diesem Attentat entgegenschlug?«

Hogefeld: »Ich will nicht ausweichen. Aber um diese Frage zu beantworten, muß man sich vergegenwärtigen, was Leben in der Illegalität bedeutet. Man nimmt die Gesellschaft nur noch in wohlgefilterten Ausschnitten wahr. Authentisches kommt nur noch indirekt, zum Beispiel über Kontaktpersonen, an einen heran – und deren Vorstellungen waren natürlich alles andere als repräsentativ, weder für die Gesellschaft noch für die Linke. Das hat sicher manche Fehleinschätzung erst möglich gemacht.«[3]

Für eine Neuaufstellung der Roten Armee Fraktion und ihrer Rolle im revolutionären Widerstand mangelt es anscheinend an authentischer Kommunikation mit der legalen Linken. Welche entscheidende Rolle dies für den Selbstreflexionsprozess spielte, beschreibt Hogefeld im weiteren Verlauf des zitierten Interviews so:

Spiegel: »Der letzte tödliche Anschlag der RAF traf 1991 den Chef der Treuhandanstalt Detlev Karsten Rohwedder. Warum gerade er?«

Hogefeld: »In unseren Diskussionen spielte damals eine Rolle, sich stärker als bisher auf reale Bewegungen in der Gesellschaft zu beziehen. Die Aktionen der siebziger und achtziger Jahre hatten ja praktisch nichts mit der legalen Linken zu tun, grenzten sich zum Teil sogar bewußt von ihr ab. Das sollte sich ändern. Es ging in dieser Zeit um die Annäherung an die legale Linke, aber noch nicht um den Verzicht auf Aktionen.«[4]

Steinmetz' Stunde schlägt in dieser Gemengelage des Umbruchs: Die RAF ist selbst in der radikalen Linken weitgehend isoliert, der Zusammenbruch der sozialistischen Welt tut sein Übriges. Ideologisch nahezu handlungsunfähig, sucht die späte dritte Generation nach Lösungswegen im Kontakt zur legalen Szene. Maßgebliche Akteur*innen stammen dabei aus Wiesbaden, genauer, aus der antiimperialistischen Bewegung – jener Szene also, in der sich Steinmetz über die Jahre Vertrauen, fraktionsübergreifende Kontakte und den Ruf eines Praktikers und progressiven Aufbrechers erarbeiten konnte. In diesem Augenblick muss er für eine Vermittlerrolle wie gemacht erschienen sein – fast schon ein wenig zu perfekt.

Birgit Hogefeld schreibt über die Zeit, in der sie Steinmetz kennenlernt:

>»Ich kann mich an viele Gespräche in unterschiedlichsten Zusammenhängen erinnern, wo wir darüber geredet haben, daß der angepeilte Neuaufbau einer breiten Bewegung für die Umwälzung der menschenfeindlichen Lebensbedingungen hier und weltweit der Gegenseite ganz neue Möglichkeiten für den Einsatz von V-Leuten oder sonstigen Spitzeln bietet, und natürlich, du kannst nicht einerseits sagen, daß du offen auf die verschiedensten Menschen und Gruppen zugehen willst, um rauszufinden, was zusammen möglich ist für den Aufbau einer ›Gegenmacht von unten‹, und gleichzeitig jedem Menschen, den du neu kennenlernst, zuallererst mit Mißtrauen begegnen.«[5]

Im April 1993 trifft sie ihn allem Anschein nach zum ersten Mal persönlich in Cochem an der Mosel. Im dortigen Schwimmbad treffen sie auch Wolfgang Grams, Birgit Hogefelds Lebenspartner und RAF-Genosse.

Über ein ausgemachtes Folgetreffen informiert Steinmetz seine Kontaktperson beim rheinland-pfälzischen Verfassungsschutz. Nach diesem wohl zweiten Treffen in Paris kann Steinmetz Hogefeld anhand vorgelegter Fotos eindeutig identifizieren und berichtet nun auch von einem weiteren geplanten Treffen mit ihr, das für den 24. Juni 1993 angesetzt ist. Jetzt erst informieren die Mainzer Verfassungsschützer*innen die Behörden im Bund darüber, dass sie einen V-Mann im Inneren der RAF platzieren konnten. Das BKA, keine 15 Gehminuten vom Café Klatsch in Wiesbaden entfernt, scheint von dieser Sensation vollkommen überrascht und entsendet nun Beamt*innen, um den von Steinmetz genannten Treffpunkt, einen kleinen Bahnhof im mecklenburgischen Bad Kleinen, zu inspizieren. Hogefeld soll hier, während des Treffens mit Klaus Steinmetz, verhaftet werden.

Doch der Einsatz von V-Leuten ist nicht der einzige Hebel, den die wiedervereinigte Bundesrepublik gegen die schwächelnde RAF ansetzt. Bundesinnenminister Kinkel, CDU, stellt aktiven Mitgliedern der RAF eine recht milde Strafverfolgung in Aussicht, wenn sie sich stellen – und aufgeben. Diese sogenannte Kinkel-Initiative, ab 1992, wird nicht dazu führen, dass sich die dritte Generation tatsächlich stellt, aber – vermutlich auch nicht gänzlich unbeabsichtigt –es wird ihr gelingen, die Gefangenen der RAF zu spalten. Auch ihnen gegenüber tritt Kinkel großzügig auf, etwa hinsichtlich der Zusammenlegung isolierter Gefangener, allerdings nur, falls die Aktiven außerhalb der Gefängnisse ihre Aktionen einstellen. Auch zu der Frage, inwiefern auf solche Angebote eingegangen werden solle, entstehen Spaltungen. In der Folge, sowie auch im Zuge der bereits beschriebenen Öffnungstendenzen zur legalen Linken, wird jene dritte Generation RAF ihre Taktik ändern. 1993 erklärt sie nunmehr, die Eskalation nicht weiter voranzutreiben – auch, keine Attentate auf Repräsentant*innen des Staates, des Militärs oder der Wirtschaft zu verüben, das heißt, keine Menschen mehr ins Visier zu nehmen.

Kinkel wähnt sich vermutlich im Aufwind, doch die RAF legt rasch nach – stellt klar, wie dieses Schreiben zu verstehen ist, oder besser: wie nicht. Im März '93 sprengt ein Kommando einen noch im Bau befindlichen Gefängniskomplex im hessischen Weiterstadt. Niemand wird verletzt und es gibt keine Toten. Die Aktion wird gezielt so angelegt, die Arbeitenden rechtzeitig informiert. Nur ein massiver Sachschaden und die Symbolik bleiben, und hallen in der radikalen Linken nach. Über die Rolle, die Klaus Steinmetz in der Vorbereitung dieses Anschlags gespielt haben soll, ließe sich ein eigenes Kapitel schreiben. Für den Moment – und vor dem Hintergrund, dass dies kein Buch über die RAF ist, sondern über den Einfluss jener auf den Mikrokosmos Café Klatsch – muss uns daher die Einschätzung genügen, dass er zumindest davon wusste. So wie er irgendwie immer von allem gewusst hat. Dass er aktiv an Planungen beteiligt war, scheint kaum wahrscheinlich. Dennoch weisen einige Indizien darauf hin, dass er in Vorbereitungen des Anschlags weitergehend involviert war, als etwa sein Motorrad an das Weiterstadt-Kommando zu verleihen.

Der Anschlag jedenfalls wird vielerorts, selbst hinein ins autonome Spektrum, als positives Signal wahrgenommen. Einer aus der damaligen Szene wird später dazu schreiben:

>»Im Klatsch wussten sich die meisten Kollektivist*innen von der RAF und ihren politischen Taten zu distanzieren. Vielleicht gab es unter den damaligen Gästen die eine oder die andere Sympathisantin, vielleicht entlockte der Sprengstoffanschlag gegen die JVA Weiterstadt am 22. März 1993 dem ein oder anderen Gast oder Kollektivisten auch ein leichtes Grinsen.«

Glauben wir der gängigen Ansicht, dass Steinmetz' Treffen mit Birgit Hogefeld in Bad Kleinen am 24 Juni 1993 auch dem Austausch über diesen Anschlag, also der vielgenannten Kommunikationsebene zwischen Guerilla und legaler Szene dienen sollte, könnten wir also davon ausgehen, dass Steinmetz gute Nachrichten im Gepäck gehabt hätte – wäre jenem Treffen nicht, auf seine Informationen hin, ein runder Tisch aus rheinland-pfälzischem Verfassungsschutz, Bundesverfassungsschutz, Bundesanwaltschaft, Bundeskriminalamt, samt GSG9, vorausgegangen, die alle endlich einen durchschlagenden Erfolg gegen den deutschen Linksterrorismus erzielen wollen.

Der verschlafene mecklenburgische Regionalbahnhof, an dem sich Hogefeld und Steinmetz treffen, ist entsprechend präpariert. Hinter Plakaten hängen Kameras, in Mülleimern sind Mikrofone platziert. Viele Dutzend Beamt*innen sind an verschiedenen Stellen zu Observationszwecken eingesetzt. Insgesamt sind rund 100 Beamt*innen in dem Einsatz eingesetzt. Auch Steinmetz trägt einen Sender und weiß entsprechend, dass das Treffen observiert wird. Sehr vieles deutet jedoch darauf hin, dass er selbst nicht über einen geplanten Zugriff informiert ist – ahnen muss er es freilich.

Die erwähnte Inspektion des Bahnhofs durch das BKA bzw. deren Einheit GSG9 war derweil im Vorfeld zu dem Entschluss gelangt, dass ein Zugriff hier am Bahnhof zu riskant sei. Also lässt man Hogefeld und Steinmetz ziehen. Sie mieten sich in eine Ferienwohnung in Wismar ein. Um die Observationen hier fortsetzen zu können, verkleiden sich einige BKA-Beamte als Fernsehteam der beliebten Rudi-Carell-Show und überraschen die Nachbarn der Ferienwohnung mit einer fingierten Urlaubsreise, die sie gewinnen können, wenn sie sie spontan antreten. In die so verlassene Wohnung nisten sich die Fahnder*innen ein.

So hören sie unter anderem, dass ihr V-Mann nebenan kaum noch um Vertrauen buhlt. Er wich politischen Diskussionen aus, erinnert sich Birgit Hogefeld später, redete überhaupt nur, wenn sie ein Gespräch anfing. Die Stimmung zwischen ihnen sei »fast von Anfang an ziemlich gespannt«[6] gewesen.

>»Nach eineinhalb Tagen hatte ich ein stark distanziertes Gefühl zu Klaus Steinmetz, und das hatte noch einen anderen Grund. Am Donnerstag liefen ja in vielen europäischen Ländern die Besetzungsaktionen der kurdischen Genossen, um den eskalierten Krieg gegen ihr Volk zu stoppen. Die Reaktionen von Klaus Steinmetz auf diese Initiative waren ziemlich exakt die Reaktionen rechter Zeitungen und des Kommentators des Bayerischen Rundfunks in dem Stil: sinnloses Kamikaze, sie verspielen ihre Sympathie, jetzt werden sie natürlich verboten und ausgewiesen – ich war ziemlich wütend, weil seine ganze Haltung total distanziert und unsolidarisch war. Außerdem hat's mir noch mal gezeigt, daß er überhaupt keinen Begriff der politischen Situation, in der wir uns alle heute bewegen und Initiativen bestimmen müssen, hat.«[7]

Hinsichtlich des wohl entscheidenden Grunds für den Kontakt zwischen Hogefeld und Steinmetz scheint ihr Treffen also wenig ergiebig zu verlaufen, zumindest, wenn wir Hogefeld glauben, die an anderer Stelle schreibt:

>»Am Freitagabend hatte ich mir überlegt, daß ich so mit Klaus Steinmetz nicht weitermachen kann. Immer wieder fange ich Gespräche mit ihm an und

habe dabei das Gefühl, es interessiert und betrifft ihn überhaupt nicht. Die Folge davon war, daß wir den ganzen Samstag über sehr wenig miteinander geredet haben.«[8]

Am folgenden Sonntagmorgen verlassen sie die Ferienwohnung vorzeitig. Den Ermittlern entgeht das natürlich nicht: Der Zugriff wird befohlen, beim Verlassen der Wohnung soll Hogefeld verhaftet werden. Die GSG9 setzt sich in einem Fahrzeug in Bewegung. Es ist eine Sache von Minuten. Beim gleichzeitigen Auschecken und Bezahlen der Ferienwohnung zeigt sich der Vermieter der Ferienwohnung jedoch verwundert über die abrupte Abreise. Hogefeld erklärt, dass man spontan noch Freunde treffen wolle. In der Wohnung nebenan wird man hellhörig. Eher Sekunden als Minuten vor dem Zugriff wird die GSG9 gestoppt, der Einsatz abgebrochen. Die Sicherheitsbehörden wittern die Gelegenheit, dass jene »Freunde« weitere Mitglieder der RAF sein könnten, womöglich Hogefelds Lebenspartner Wolfgang Grams – der ihnen so gleich mit ins Netz gehen könnte.

Spätestens an dieser Stelle trennen sich erste Theorien und Interpretationen der Ereignisse. Vor allem die offizielle Version der Staatsanwaltschaft und zeitgenössische linksradikale Recherche-Ergebnisse. Im Folgenden soll diejenige, die mir am wahrscheinlichsten erscheint, geschildert werden. Einen endgültigen Wahrheitsanspruch wird es in dieser Sache wohl nie geben.

Unbestritten allerdings ist, Hogefeld und Steinmetz machen sich auf den Weg zurück zum Bahnhof in Bad-Kleinen. Jenem Ort, der von der GSG9 für einen Zugriff ausgeschlossen wurde. Es ist Sonntag, sie setzen sich in eine der wenigen Gastronomien, die in der Kleinstadt geöffnet haben: ein Billardlokal im Bahnhofsgebäude. Dort treffen sie tatsächlich auf Wolfgang Grams, mit Hogefeld zusammen zentrale Figur der RAF in diesem Augenblick. Mit einer Regionalbahn kommt er am Bahnhof an, wird von Birgit Hogefeld in Empfang genommen und zu zweit kehren sie zum wartenden Steinmetz ins Billard Café zurück.

Heute räumen die an dem Einsatz beteiligten Sicherheitsbehörden ein, dass jenes Bahnhofslokal in Bad-Kleinen, anders als der Bahnhof selbst, für eine Verhaftungsaktion gar nicht so ungeeignet gewesen wäre. Ausschlaggebend, an dieser Stelle aber nicht zuzugreifen, sei vielmehr gewesen, dass dem V-Mann, Steinmetz, im Zuge des Eingriffs eine plausible Fluchtgeschichte ermöglicht werden sollte. Vor allem auf Druck des Mainzer Verfassungsschutzes hin – schließlich möchte man ihn danach weiter in der Wiesbadener Szene einsetzen.

Und so verlassen Steinmetz, Hogefeld und Grams das Lokal gegen 15:15 Uhr. Vieles spricht dafür, dass Steinmetz einen Zug gegen 15:30 nehmen soll, um so plausibel zu entwischen – und nach Wiesbaden zurückzukehren. Wie und wo anschließend die Verhaftung von Hogefeld und Grams vonstattengehen soll, ist nicht ganz klar. Doch es kommt ohnehin anders.

Etwa in dem Moment, als sie den Bahnhofstunnel Richtung Treppenaufgang zu den Gleisen betreten, sichten BKA-Leute verdächtige Fahrzeuge vor dem Bahnhof. Einer setzt daraufhin einen Funkspruch ab: »Wenn Eingriff erfolgt, Opel Kadett kontrollieren« – zumindest möchte er das sagen, bedient aber das Funkgerät falsch. Er drückt den Knopf, wartet aber nicht, wie nötig, einen Augenblick, sondern spricht sofort hinein. Bei dem Beamten, der die Gleise 3 und 4 überwacht, kommt so der zu Beginn abgeschnittene Funkspruch an: »Eingriff erfolgt. Opel Kadett kontrollieren.« Das Wort »wenn« wird verschluckt. Der Beamte geht entsprechend davon aus, dass die Verhaftung gelaufen ist und setzt sich in Bewegung. Unten im Tunnel trifft er so unerwartet auf Grams und Steinmetz. Hogefeld steht in diesem Augenblick etwas weiter weg und liest den Fahrplan. Der Beamte kann wohl seine Überraschung über dieses Zusammentreffen nicht ganz verstecken – Grams, der seit fast zehn Jahren im Untergrund lebt, dürfte für solche Reaktionen außerdem einen Sinn, eine Antenne, ausgebildet haben. Ein weiterer Beamter, der im Tunnel positioniert ist, beobachtete dieses Zusammentreffen und befiehlt jetzt tatsächlich den Zugriff. Hogefeld wird in Sekunden überwältigt und zu Boden gebracht. Steinmetz auch. Grams, mit jenem Augenblick mehr Reaktionszeit, hechtet die Treppen zu den nun unbewachten Gleisen 3 und 4 hinauf – und greift zur Waffe. Es kommt zu einer kurzen, heftigen Schießerei.

Grams trifft den GSG9-Beamten Michael Newrzella tödlich ins Herz – er stirbt noch am Tatort. Grams selbst wird fünf Mal getroffen und stürzt schließlich, oben an der Treppe angekommen, rücklings ins Gleisbett. Wahrscheinlich springen daraufhin zwei GSG9-Leute zu ihm herunter und finden ihn schwer verletzt, aber lebendig vor. Schüsse fallen in diesen Augenblicken keine mehr – bis etwa zehn Sekunden später Grams durch einen an der Schläfe aufgesetzten Kopfschuss getroffen wird. Dieser wird in einer Lübecker Klinik kurz darauf als Todesursache festgestellt.

Steinmetz wird, je nach Quelle, entweder noch im Bahnhofstunnel oder, sehr viel wahrscheinlicher, etwas später auf einer Raststätte freigelassen. Noch in der Nacht nach ihrer Verhaftung, jenem Sonntag, den 27. Juni '93, kann Birgit Hogefeld mit ihrer Mutter telefonieren. Ihr gegenüber erwähnt sie, dass »ein Klaus aus Wiesbaden« einen Anwalt brauche und bittet darum, sich darum zu bemühen. Hogefeld muss in diesem Augenblick davon ausgehen, dass Steinmetz ebenfalls verhaftet wurde.

Ihre Mutter ist freilich mit anderen Schocks beschäftigt und erinnert sich an keine Details zu diesem Klaus – informiert aber Vertraute in der Wiesbadener Szene. Natürlich wird nun auch an Steinmetz gedacht, doch hat der, nur kurz zuvor, das heißt, noch am Abend nach dem Einsatz in Bad Kleinen, mit seiner WG telefoniert und berichtet, dass es ihm gut gehe und dass er am nächsten Tag zu seiner Oma fahre, aber auch bald mal wieder nach Hause käme. Natürlich ist das gelogen, aber in Wiesbaden scheint alles, was ihn betrifft, normal und unaufgeregt, und so wird, auch nach weiteren Erkundungen, kein Klaus vermisst.

Die etwas schräge Formulierung *In Wiesbaden fehlt ein Klaus* macht nun die Runde. Es ist skurril, doch damals scheint tatsächlich einige Zeit unklar zu bleiben, welchen Klaus Birgit Hogefelds gegenüber ihrer Mutter gemeint haben soll. Das liegt zum einen an den äußerst konspirativen Umständen, aber nicht zuletzt auch daran, dass es in diesen Jahren einfach sehr viele Männer mit dem Namen Klaus in der betreffenden Szene gibt. In der Informationsschlacht, die längst entbrannt ist, spielt Steinmetz das ebenso in die Karten wie der Umstand, dass seine Verstrickung in die Ereignisse von Bad Kleinen von sämtlichen Behörden verschwiegen wird.

Kapitel 11:
Bekannt und beliebt aus Funk und
Fernsehen.

Und keiner weiß, was keiner wissen soll!

aus dem Song »Wolfgang Grams«
von Kapitulation B.o.n.n.

In den Medien schnell kursierende Gerüchte, nach denen Grams und Hogefeld durch Stasi-Akten enttarnt worden seien, kommentiert die erste Presseerklärung der Bundesanwaltschaft noch am Abend des Einsatzes in Bad Kleinen nicht. Sie spricht außerdem von lediglich zwei Zielpersonen am Tatort und verschweigt so die Anwesenheit des V-Mannes Steinmetz.

Hans-Ludwig Zachert, damals Präsident des BKA, sagt dazu 20 Jahre später gegenüber der ARD: »Wir hatten die strikte Weisung, dass der dritte Mann nicht erwähnt wird, denn der sollte ja wieder in die Szene rein.«[1] Justizministerin Leutheusser Schnarrenberger habe mit einem Verfahren wegen Geheimnisbruchs gedroht, sollte ihn jemand erwähnen. »Es war einfach eine Lüge«[2], sagt Zachert. Sein Kollege Winfried Ridder, damals Referatsleiter im Bundesamt für Verfassungsschutz, zuständig für den deutschen linksextremistischen Terrorismus, pflichtet ihm bei.[3]

Schon am ersten Morgen nach dem Einsatz sendet das ARD-Morgenmagazin ein Interview mit dem Kellner des Billard Cafés. Dieser berichtet, dass er neben Grams und Hogefeld noch eine dritte Person am selben Tisch bewirtet hat und diese dritte Person schließlich auch mit den beiden das Lokal verließ. In Kombination mit der in weiten Teilen falschen Pressemitteilung der Bundesanwaltschaft, nach der der Zugriff beim Verlassen der Gaststätte erfolgt sei, ergibt sich also die Frage, wer dieser ominöse Dritte am Tatort war – und warum er verschwiegen wird.

Die Vermutung, es sei ein V-Mann, macht in vielen Medien die Runde. Steinmetz telefoniert an diesem Tag mit zwei Freundinnen in Wiesbaden.

Wieder erwähnt er nichts Ungewöhnliches, mit einer Freundin spricht er über Computerprobleme, über die andere lässt er Grüße an verschiedene Leute ausrichten – er spielt weiter Normalität vor.

Steinmetz dürfte dabei nicht wissen, dass Birgit Hogefeld, die mittlerweile nach Karlsruhe geflogen wurde, weiter um einen Rechtsbeistand für ihn bemüht ist. Ihr Anwalt soll zunächst herausfinden, wo Steinmetz überhaupt in Haft ist. Entsprechende Abfragen ergeben jedoch: Er sitzt nirgendwo. Am Dienstag, Tag zwei nach dem Einsatz, wird in den Medien die Ansicht einhelliger, dass es sich bei dem unbekannten dritten Mann um einen V-Mann handeln soll. Am Mittwoch korrigiert die Bundesanwaltschaft ihre ursprüngliche Pressemitteilung hinsichtlich der längst durch die Presse widerlegten Unwahrheiten hin zu einer Version, die immer noch nicht stimmt, und verhängt daraufhin eine Nachrichtensperre. Die dritte Person wird weiterhin verschwiegen, es wird jedoch bekannt, dass nicht nach einer solchen Person gefahndet wird.

Damit sind im Grunde alle Puzzleteile im Umlauf, die Steinmetz als V-Mann enttarnen könnten: Ein Klaus aus Wiesbaden braucht infolge der Ereignisse von Bad Kleinen einen Anwalt. Er wurde jedoch nicht festgenommen. Am Tatort war ein ominöser Dritter, wohl ein V-Mann, der weder festgenommen wurde, noch zur Fahndung ausgeschrieben ist. Der entscheidende Punkt: Die Wiesbadener Szene hat die meisten dieser Informationen, vertraut ihnen aber nicht. Der Verfassungsschutz Rheinland-Pfalz kann Justizministerin Leutheusser dafür gewinnen, dass sämtliche Behörden die Existenz eines V-Mannes verschweigen und vertuschen, um Steinmetz weiter einsetzen zu können. Steinmetz selbst, der sich laut eigener Aussage allein auf einer Irrfahrt durch Deutschland und wohl punktuell auch im Ausland befindet, dürfte, glauben wir seiner Schilderung, nur wissen, was er der Presse entnehmen kann – die jedoch weiß noch nichts Handfestes von ihm.

Dennoch beschließt er, am darauffolgenden Tag seine Strategie zu ändern. Spätestens jetzt liegt die Vermutung nahe, dass er vom Verfassungsschutz zumindest informiert wird. Entsprechende Treffen gibt es in diesen Tagen sehr wahrscheinlich mehrere. In einem weiteren Telefonat nach Wiesbaden berichtet Steinmetz nun von seiner Vermutung, dass »sie« ihn suchen würden – er habe aber keinen Schimmer warum. Um seine Situation zu besprechen, bittet er um ein persönliches Gespräch.

So kommt es fünf Tage nach Bad Kleinen zu einem konspirativen Treffen zwischen Steinmetz und einer Person aus Wiesbaden. Die Unterhaltung findet zwar unter dem Verdacht statt, observiert zu werden, noch aber nicht mit der Vermutung, dass Steinmetz V-Mann sein könnte.

Auf sein Gegenüber macht Steinmetz »einen völlig verwirrten und fertigen Eindruck«. Er räumt nun ein, dass er Grams und Hogefeld getroffen hat und am Tatort in Bad Kleinen war.

Die Geschichte, die er nun auftischt, offenbart ein bereits angesprochenes Problem: Der letztendliche Verlauf des Zugriffs und was darüber, gegen den Willen der Behörden, durch die Presse bekannt ist, lässt ihm keinen Raum für eine plausible Fluchtgeschichte. Wie will jemand, der angeblich unter Verdacht steht, der RAF anzugehören, von der GSG9 festgenommen, am Boden liegend, aus einem umstellten Tunnel in einem umstellten Bahnhof entkommen sein?

Ganz einfach, weiß Steinmetz zu erklären: Kurz nach der Festnahme will er, als die Schießerei losging, von einem Beamten aus dem Schussfeld gezerrt worden sein. In diesem Augenblick sei ein Zug im Bahnhof eingetroffen, aus dem eine Traube Menschen in den Tunnel strömte. Das folgende, unübersichtliche Gedränge will Steinmetz genutzt haben, um zu entwischen. Er habe den Bahnhof schließlich in einem anderen Zug unerkannt Richtung Lübeck verlassen können.

Diese Version pokert vor allem darauf, dass der gesamte Einsatz nicht allzu genau in Augenschein genommen wird. Doch dass es den geschilderten Zug nicht gab und so auch keine Traube von Menschen im Tunnel und dass der Schusswechsel auf der Treppe zu den Gleisen stattfand, Steinmetz aber unten in der Unterführung lag, wird bald offenbar. Auch in anderen Details klingt seine Darstellung recht unschlüssig. Die Person, die sich allein mit Steinmetz trifft, ist allerdings »von der Situation überfordert und fragte an den kritischen Punkten, z.B. wie er aufgestanden sein will, wo denn dabei der festnehmende Beamte war, etc. nicht genauer nach«.[4] Für den Moment reicht es also. Es wird ein weiteres Treffen ausgemacht. Stattfinden wird es nicht.

Zur gleichen Zeit setzen sich andere, weitreichende Ereignisse in Gang. Am 1. Juli sendet das WDR-Politmagazin Monitor ein Interview mit der Betreiberin des Bahnhofskiosks in Bad Kleinen und erhält von ihr die eidesstattliche Erklärung, dass Grams von einem Beamten vorsätzlich und aus nächster Nähe in den Kopf geschossen worden sei – das habe sie von ihrem Kiosk aus sehen können. Tags drauf bestätigt die Staatsanwaltschaft Schwerin, die zu diesem Zeitpunkt die Ermittlungen leitet, dass es sich bei der Todesursache von Wolfgang Grams um einen absoluten Nahschuss handelt – nicht also um eine unmittelbare Verletzung aus dem Schussgefecht, wie es die erste Pressemitteilung der Bundesanwaltschaft nahelegte.

Wahrscheinlich am Vorabend des 4. Juli 93, sieben Tage nach dem Einsatz in Bad Kleinen, erhält Bundesinnenminister Rudolf Seiters, CDU, einen Vorabdruck der kommenden Ausgabe des *Spiegel*. Auf dem Titelblatt ist eine Fotomontage zu sehen: Das Fahndungsbild von Wolfgang Grams im Fadenkreuz, darunter die Schlagzeile: »Der Todeschuß – Versagen der Terrorfahnder«. Am nächsten Tag tritt Seiters völlig überraschend zurück. So wolle der Bundesminister die politische Verantwortung für Fehler übernehmen, die rund um den Einsatz in Bad-Kleinen passiert seien, erklärt er in einer spontanen Pressekonferenz vor dem Innenministerium. Welche Fehler er konkret meint, erklärt er nicht. Rückfragen von Journalist*innen werden nicht zugelassen.

Sein plötzlicher Rücktritt wird weithin als Zeichen dafür gedeutet, dass da etwas nicht stimmt, dass während des Einsatzes Dinge passiert sind, die die Öffentlichkeit noch nicht weiß – der Titel und die Enthüllungen im *Spiegel* bieten sich da natürlich an, dieses mysteriöse Vakuum zu füllen. In der Titelstory legt der Journalist Hans Leyendecker eindringlich den Schluss nahe, dass Grams vorsätzlich von der GSG9 hingerichtet wurde. Seine brisante Quelle: Ein »Antiterrorspezialist« des BKA, der den Todesschuss am Tatort während seines Einsatzes gesehen haben will. »Die Tötung des Herrn Grams gleicht einer Exekution«[5], wird er zitiert.

Dass am wiederum darauffolgenden Tag, dem 6. Juli, Generalbundesanwalt von Stahl, also der höchste Anwalt der Bundesrepublik, in den einstweiligen Ruhestand versetzt, also gekündigt wird, verhärtet diesen Eindruck. Besonders, da er auf einer Pressekonferenz am Vortag noch bemerkte, Wolfgang Grams habe sich »offenbar nicht selbst erschossen«. Bald wird außerdem bekannt, dass gegen zwei Beamte der GSG9 wegen vorsätzlicher Tötung ermittelt wird. – Was als Mythos in der radikalen Linken längst floriert, wächst sich nun zu einer veritablen Staatsaffäre aus. Haben deutsche Sicherheitsbehörden einen in diesem Augenblick wehrlosen Verdächtigen schlichtweg hingerichtet? Ohne Anklage, ohne rechtsstaatlichen Prozess oder Verteidigungsmöglichkeit? – Und verheimlichen das nun?

Bundeskanzler Helmut Kohl legt sich früh fest. Er fährt zum Hauptquartier der GSG9 und hält eine unmissverständliche Rede darüber, dass die Einheit so wichtig sei wie nie zuvor. Es ist eine Absolution. Aus mehreren Berichten geht hervor, dass die Arbeit der Presse bei diesem Besuch massiv eingeschränkt wurde. Gut 25 Jahre später, im Dezember 2018, tritt der *Spiegel* in eigener, zunächst mit unserer Geschichte hier nicht weiter verbundenen Sache an die Öffentlichkeit. Der Starreporter Claas Relotius hatte weite Teile seiner preisgekrönten Reportagen frei erfunden, auch im *Spiegel*. Ein Skandal, der die Presselandschaft erschüttert. Aufarbeitung wird gefordert und versprochen: Der *Spiegel* kündigt an, seine Historie auf mögliche weitere Täuschungen hin zu durchleuchten. Auch Ex-Generalbundesanwalt von Stahl wendet sich in diesem Augenblick, noch im Dezember 2018, an den *Spiegel* und fordert eine Überprüfung jener Todesschuss-Titelstory, die ihm, neben anderen Ursachen, damals den Job gekostet hat. Und so knüpft sich das Magazin genau diese gleich als Erstes vor.

Im abschließenden Bericht vom Oktober 2020 kommt die sogenannte *Relotius-Kommission* zu dem Ergebnis, »dass der SPIEGEL mit der Berichterstattung über die Abläufe in Bad Kleinen auf Basis einer mangelhaft geprüften und falschen Aussage einen journalistischen Fehler begangen hat«.[6] Der Antiterrorspezialist stellt sich als anonymer Anrufer heraus, dessen Identität, geschweige denn Anwesenheit in Bad-Kleinen nie geprüft wurde – zumindest kann Leyendecker nicht plausibel erklären, wie das je passiert sein soll. Von der Chefredaktion des *Spiegel* scheint eine solche Quellenprüfung überdies nicht nachdrücklich erwartet worden zu sein. Der Fall ist ohne Frage vielschichtig und liegt zum Zeitpunkt der Kommissionsarbeit Jahrzehnte zurück. Eine bewusste Täuschung kann man Leyendecker kaum unterstellen, vielleicht zu große Augen im Angesicht einer Topgeschichte, auf jeden Fall aber Fehler, für die er sich häufig entschuldigt.

Entlastend kommt hinzu, dass Leyendecker jener anonyme Anrufer damals wohl aus einem Dilemma hilft. Angeblich hat er schon länger

Kontakt mit einem anderen Insider, der eine Hinrichtung Grams ebenfalls bestätigt. Diesen Zeugen habe er jedoch aus Gründen des Quellenschutzes nicht für einen Artikel verwenden können, sagt Leyendecker später. Über den Kontakt zu dieser Quelle informiert er damals nur seinen Chefredakteur Hans Werner Kilz, wohl aus Misstrauen gegenüber Kolleg*innen und einer nicht sehr gesund wirkenden Firmenkultur im *Spiegel* dieser Tage. Von dieser zweiten Quelle gewusst zu haben, bestätigt Kilz auch gegenüber der Relotius-Kommission. Den anonymen Anrufer als einzigen Zeugen für eine solche Story zu verwenden, bleibt freilich ein Fehler. Auch Leyendecker selbst glaubt heute nicht mehr, dass seine Quellen zuverlässig waren.

Doch ist da ja auch noch die Kioskfrau, die dem Politmagazin *Monitor* gegenüber eidesstattlich erklärte, sehr Ähnliches gesehen zu haben. Zweifelsfrei hatte sie von ihrem Standort aus freie Sicht auf die Stelle, an der Grams im Gleisbett lag. Auch beinhalten ihre Aussagen sehr spezifische Details, etwa hinsichtlich des Klanges eines solchen, aufgesetzten Kopfschusses, die bei einer völlig fachfremden Person überraschen würden, hätte sie sich das nur ausgedacht. Es gibt außerdem kein überzeugendes Motiv, warum sie sich das ausdenken sollte, wenngleich sie für ihre Aussage gegenüber *Monitor* wohl eine geringfügige Geldsumme erhält. In teils stundenlangen, für ihre zermürbende Dauer oft kritisierten Vernehmungen durch die Staatsanwaltschaft verstrickt sich die Kioskbetreiberin allerdings bald in Widersprüche und wird schließlich darauf bestehen, nie davon gesprochen zu haben, einen Kopfschuss gesehen zu haben, auch nicht gegenüber dem Magazin *Monitor*. Sie habe die eidesstattliche Erklärung zu schnell unterschrieben und nicht hinreichend geprüft. In der Redaktion des Politmagazins erinnert man sich dazu anders. Dennoch: Die Zeug*innen, die die Presse anführen, werden von den Behörden schließlich als unglaubwürdig fallen gelassen. Es würde an dieser Stelle zu weit reichen, weitere Indizien dafür anzuführen, warum das zumindest vorschnell war. In den folgenden Ermittlungen zu den Todesumständen von Wolfgang Grams kommt es derweil zu immer mehr Ungereimtheiten. Zentrale Beweisstücke verschwinden spurlos oder werden derart unsachgemäß gelagert, dass sie nutzlos werden. Mögliche Spuren werden vernichtet – so werden Grams Hände beispielsweise gleich nach seinem Tod sorgfältig gewaschen, sodass sich keine Spuren mehr darauf finden, die Rückschlüsse auf seine Todesumstände erlauben könnten. Unabhängige Gutachten werden ignoriert, Aussagen von Beamt*innen entpuppen sich durch Rekonstruktionen am Tatort als schlicht unmöglich, und nicht zuletzt stützt sich die abschließende Erklärung der Staatsanwaltschaft, nach der Grams sich selbst erschossen habe, auf einen fragwürdigen Umstand: Keiner der Dutzenden am Einsatz beteiligten Beamt*innen, auch nicht der eigens für die Beobachtung des Ablaufs im Stellwerk des Bahnhofs platzierte Spezialist des BKA, wollen in jenen rund zehn Sekunden, die zwischen Grams Sturz ins Gleisbett und dem aufgesetzten Kopfschuss vergehen, irgendwas gesehen haben. Obwohl er noch Sekunden zuvor auf sie geschossen hat, nach wie vor bewaffnet ist – und folglich in diesem Augenblick eine erhebliche Gefahr darstellt – will keiner der Beamten die Waffe auf ihn gerichtet, ihn gar entwaffnet, festgenommen oder sonst wie beachtet haben – man habe ihn für 30 bis 60 Sekunden schlicht nicht mehr gesehen, heißt es in allen Vernehmungen einhellig. Rekonstruktionen am Tatort werden zeigen, dass das nicht möglich ist. Selbst der genannte Beamte im Stellwerk, dessen Aufgabe es war, den Einsatz zu überblicken, will in dieser Zeit nicht hingeschaut haben, weil ihn ein Funkspruch abgelenkt habe. Erst nach jenen 30 bis 60 Sekunden sollen sich Beamte Grams genähert haben. Da aber habe er sich schon längst selbst erschossen gehabt.

Diese Ausgangslage erzwingt es überhaupt erst, dass die Frage, ob es ein Suizid oder eine gezielte Tötung war, ausschließlich anhand von Gutachten, Indizien, Zeug*innen, Spuren und Rekonstruktionen diskutiert werden kann. Eine Sichtung eben jener führt allerdings zu keinem widerspruchsfreien Ergebnis. Vieles deutet darauf hin, dass mindestens ein Beamter Grams recht unmittelbar ins Gleisbett nachgestellt ist, ihm die Waffe aus der Hand drehen wollte, auf Gegenwehr stieß und Grams Waffe schließlich an dessen Kopf führte und ihn so aus nächster Nähe erschoss. Nicht nur ein unabhängiges Gutachten aus Zürich, das als Grundlage für die abschließende Erklärung der Staatsanwaltschaft dient, benennt das explizit als Möglichkeit – dieser Teil wird in der abschließenden Beurteilung jedoch nicht beachtet. Die offizielle Version eines Suizids enthält jedoch gleichsam Elemente, die einer gezielten Tötung in einigen Details widersprechen.

Die Eltern von Wolfgang Grams werden schließlich bis vor den Europäischen Gerichtshof für Menschenrechte ziehen, dessen Urteil das Dilemma treffend wiedergibt: Ein Mord der angeklagten Bundesrepublik kann nicht ausreichend bewiesen werden, ein Suizid von Grams hingegen auch nicht. Es wird vermutlich nie endgültig und widerspruchsfrei geklärt werden können, was in diesen zehn Sekunden wirklich geschah.

Dass dem so ist, liegt allerdings nicht in der Natur der Sache, sondern vor allem an einer vielfach von Expert*innen kritisierten langen Liste von Ermittlungsfehlern, sogenannten Pannen, die sich von den unglaubwürdigen Aussagen der beteiligten Beamt*innen über eine völlig unzureichende Spurensicherung am Tatort bis hin zu dem spurlosen Verschwinden von Beweisstücken zieht – und so den Eindruck hinterlässt, dass kaum nachdrückliches Interesse an einer Klärung der tatsächlichen Geschehnisse bestanden haben dürfte.

Am Samstag, dem 10.7.1993, findet in Wiesbaden eine Trauerdemonstration anlässlich des Todes von Wolfgang Grams statt. Etwa 2.000 Menschen demonstrieren friedlich. In den Redebeiträgen wird nahezu ausschließlich von einer gezielten Tötung ausgegangen.

Dies alles, vom zwielichtigen Verhalten der Behörden bis hin zum teils fragwürdigen Spiel der Presse, spielt eine wesentliche Rolle, als in Wiesbaden, am Freitag, den 16.7., kaum eine Woche nach der Trauerdemo, ein erster Brief von Klaus Steinmetz zugestellt wird.

Zunächst erklärt er darin hastig, warum er bei dem am Ende des ersten konspirativen Treffens ausgemachten Folgetermin nicht erschienen sei. Er nennt allerdings gleichsam ein falsches Datum für diese Verabredung. Dann wendet er sich an »alle, die noch an mich glauben, und an die, die es nicht (mehr) tun«[7]. Er behandelt die Frage, ob er ein V-Mann sei, als ungeklärten Streit in der Szene und deklariert diesen Streit als zersetzendes Manöver der Behörden, um von *der Exekution Wolfgang Grams* abzulenken. Er baut eine Argumentationskette auf, die zwei Dinge miteinander verknüpft: Wer glaubt, er sei ein Spitzel, falle derart auf die Lügen des *Schweinesystems* herein, dass dadurch auch Gerechtigkeit für Wolfgang Grams und die politische Sache unmöglich würde. Diese Auslegung ist gleichsam neu, verzweifelt und insofern interessant, als dass er beim Verfassen des Briefs offenkundig eine Sache nicht weiß: Auch in Wiesbaden versuchen längst Journalist*innen aller Couleur, an die verstrickte Szene heranzukommen, und zuweilen ergeben sich so auch Gespräche. Es ist schließlich Gerd Rosenkranz, der für das Politmagazin *Panorama* recherchiert, sowie eine nicht benannte Person des *Spiegel*, die der Wiesbadener Szene quasi zeitgleich stecken, dass der ominöse Dritte in der Tat ein V-Mann und vor allem, sicheren Quellen nach, Klaus Steinmetz sei. Noch am selben Abend, dem 15.7.93, wird dies auch in der entsprechenden *Panorama*-Ausgabe in der ARD öffentlich – das heißt: Am späten Abend vor der Postzustellung von Steinmetz' Brief, der diese Enthüllungen folglich nicht erwähnt.

Der rheinland-pfälzische Verfassungsschutz bestätigt nach und nach, dass es sich bei dem dritten Mann um einen ihrer V-Leute handelt, zunächst aber noch keine Details. Spätestens jetzt beginnt man aber offensichtlich damit, die Pläne für Steinmetz' Rückkehr nach Wiesbaden zu begraben. Dem dürfte nun dämmern, dass er sich in eine ausweglose Lage manövriert hat. Die Wiesbadener Szene aber, zumindest ein Teil der antiimperialistischen Richtung, will nach wie vor das Offenkundige nicht recht wahrhaben. Man möchte einen Genossen nicht aufgrund von Lügen fallen lassen: Doch wer lügt hier eigentlich? Und wer nicht? Der Groschen hat eine enorme politische Fallhöhe für die innere Solidarität der antiimperialistischen Szene – aber er fällt – wenn auch pfennigweise.

»Wir gehen mittlerweile stark davon aus, daß an K.S. Geschichten alles stinkt. Trotzdem haben wir immer noch Angst eine klare Entscheidung zu treffen, in die Richtung, daß er schon vorher ein Spitzel war. Aus der Möglichkeit, daß er vielleicht erst seit Bad Kleinen mit den Bullen zusammengearbeitet hat, wollen wir ihm einen Weg offenlassen«[8], heißt es rund um die Zusammenhänge, die eine Antwort auf Steinmetz' Brief diskutieren. Der Kreis, der an dieser Deutung festhält, gerät zunehmend unter Druck. Nicht nur aus anderen Städten dringt heftiges Unverständnis an die Wiesbadener Antiimps, längst schwindet auch der Rückhalt vor Ort.

Eine Antwort auf Steinmetz' Brief wird kontrovers diskutiert. Für das schließlich formulierte Schreiben setzt sich die Meinung durch, es am Samstag, dem 17.7. als offenen Brief in der *taz* zu veröffentlichen. Dort heißt es in Steinmetz' Richtung deutlich: »Wenn Du nicht mithilfst, Deine Rolle in dieser Scheiße aufzuklären, müssen wir davon ausgehen, daß die Liquidation von Wolfgang und die Verhaftung von Birgit auch durch Dich gelaufen sind. Das kann nur noch öffentlich stattfinden.«[9]

Noch am Tag der Veröffentlichung dieses offenen Briefs wird ein zweiter Brief von Steinmetz in Wiesbaden zugestellt – diesmal nicht per Post, sondern von einem Szene-Kurier unter einer Tür hindurchgeschoben. Darin erklärt er im Wesentlichen eine ganz ähnliche Geschichte, wie schon im konspirativen persönlichen Treffen einige Wochen zuvor: Er sei in Bad Kleinen gewesen, sei aber entkommen. Er sei natürlich kein V-Mann, würde den staatlichen »Mördersäuen« nicht einmal »ein Kochrezept verraten«[10] und man solle ihn doch bitte nicht anhand von Lügen fallen lassen.

Einigen Aussagen nach schreibt Steinmetz nun auch einen Brief ans Café Klatsch. Dieser ist jedoch nicht erhalten oder in Privatbesitz. Steinmetz möchte so seine damalige Partnerin erreichen, die ebenfalls dort gearbeitet hat. Über private Worte hinaus enthält dieser Brief allerdings wohl ohnehin nichts, was wir nicht schon gehört haben – er sei kein V-Mann, alles Verschwörung und so weiter. Fast zeitgleich wird dem Wiesbadener Café-Kollektiv jedoch ein weiteres, interessanteres Schreiben zugestellt, das die minutiösen Enthüllungen, Verwirrungen und Zweifel dieser Wochen – und auch das Misstrauen gegenüber Staat und Medien – veranschaulichen mag.

Ein ehemaliger Kollektivist, der kurz zuvor nach Hamburg gezogen ist, schreibt auf dünnem Briefpapier:

> »Ich weiß nicht wie der Stand in Wiesbaden ist, aber bei dem, was hier ankommt, ist es mir wirklich schlecht geworden. Ich kann überhaupt nicht richtig in Worte fassen, welche Wut, Trauer, Ungläubigkeit, Abscheu ich abwechselnd fühle und gleichzeitig anfange rumzuüberlegen, wann, warum, wieso der K. für den Staatsschutz gearbeitet hat. Ich versuche mir die ganze Zeit vorzustellen wie schizophren ein Mensch sein muß, um es auszuhalten, sein ganzes Leben, alle Freundinnen, Freunde, Genossinnen und Genossen, alle Zusammenhänge ständig zu belügen und zu verraten. Wieviel Macht hat der Staatsapparat und was haben die gemacht, um einen Menschen so umzudrehen, zu erpressen?«[11]

Unter dem Brief findet sich ein sichtlich später hinzugefügter Nachtrag.

»PS. hab' mittlerweile die taz gestern gelesen mit dem Brief an Klaus – finde ich sehr gut! Außerdem wurde gestern Nacht in den Tagesthemen gesagt, dass Klaus einen Brief geschrieben hat, in dem er sagt, dass er kein V-Mann ist – würde mich freuen wenn Ihr mir den schickt!«[12]

Er meint den unter der Tür hindurch geschobenen Brief, den der betreffende Teil der Szene in einem Anflug von Handlungsunfähigkeit an das *Komitee zur Aufklärung des Todes von Wolfgang Grams* weitergibt. Mit der Bitte um Veröffentlichung. Doch auch das wird man bald als Fehler ansehen und einräumen:

> »In dieser Situation haben wir den Kopf vollends verloren. Wir waren nicht mehr in der Lage, unsere Gefühle, die Halbwahrheiten, die teilweise schlüssigen Tatsachen und falschen Informationen auseinander zu halten, um zu einer klaren politischen Einschätzung zu kommen.«[13]

Über das genannte Komitee gelangt der Brief von Steinmetz also an die Öffentlichkeit. Und so ist dem mehrmals geöffnet und verschlossen und schließlich mit Tesafilm verklebten Brief des Hamburger Ex-Kollektivisten weiterhin eine nachträglich hinzugefügte Postkarte beigelegt. Und darauf die Nachricht:

> »Hab den Brief nochmal aufgemacht, weil ich inzwischen Radio gehört habe, wo aus K's Brief zitiert wurde. Jetzt weiß ich gar nix mehr, hoffe, dass er die Wahrheit schreibt und merke, wie abhängig ich von Medien bin und wie sehr ich doch diesem Scheiß-Staat traue, wenn die irgendwas an die Öffentlichkeit geben, weil ich immer denke, sooo sehr können die gar nicht lügen. Tun sie aber!«[14]

Diesen Medien entgeht natürlich nicht, dass Steinmetz auch im Café Klatsch gearbeitet hat. »Ein gefundenes Fressen«, sei das gewesen, und von da an habe jene Presse »täglich über die radikalen Linken im Klatsch und ihre Verbindungen zur RAF« berichtet. »Endlich was Vorzeigbares! >Auf dieser Couch hat Steinmetz gesessen, auf diesem Klo geschissen und an dieser Bar sein Bier getrunken<, so muss es den Journalist*innen durch den Kopf gewabbert sein«[15], wird man sich später erinnern. Das Kräftemessen zwischen einigen Medien und dem Staat hat längst eine Eigendynamik entwickelt, in der es auch um die Macht der Bilder geht. Nur entzieht sich die Thematik verdeckter Strukturen und geheimdienstlicher Aktivitäten weitgehend einer visuellen Darstellung. Die Sichtbarkeit und Öffentlichkeit des Café Klatsch wird so zur Projektionsfläche. Tagelang befindet es sich in einer Art Belagerungszustand. Fernsehkameras filmen aus allen Richtungen, ständig werden die Schichtarbeitenden angesprochen und um Informationen gebeten: Wie das denn war mit Steinmetz, auch mit Bargeld soll gewedelt worden sein. Doch man schweigt. Oder besser: Kommentiert das Geschehen auf die eigene Weise. Es werden T-Shirts mit der Aufschrift: »Café Klatsch – bekannt und beliebt aus Funk und Fernsehen« gedruckt. Dieser Humor funktioniert freilich nur, wenn man sich ohnehin fernab der hysterischen Debatten wähnt – nötigt dem Betreiber-Kollektiv schließlich aber doch noch ein ironiefreies Statement ab. In einer Presserklärung »zur Enttarnung des Verfassungsschutzmannes Klaus Steinmetz« heißt es:

»Da uns in den letzten Tagen Presse- und Fernsehen bedrängt haben, seitdem bekannt wurde, dass Klaus S. ein Spitzel des Verfassungsschutzes ist und mit Klaus Steinmetz aus Wiesbaden identisch ist, sehen wir uns genötigt, eine kurze Stellungnahme abzugeben.

Klaus Steinmetz hat, wie schon in der Presse berichtet, tatsächlich im Café Klatsch gejobbt in der Zeit von Ende 88 bis Mitte 89. Nach diesem Jahr musste Klaus die Arbeit im Café Klatsch auf Grund persönlicher und politischer Differenzen wieder aufgeben. In dieser Zeit stellte sich heraus, dass Klaus S. kein Interesse an Konzept und kollektiver Arbeit hatte, sondern lediglich einen Job suchte, um Geld zu verdienen. Unser Interesse aber war und ist die Verwirklichung des Projekts einer Café Kneipe als Kollektiv ohne Chef/Chefin zu betreiben, selbstbestimmt zu arbeiten, ein offenes Stadtteilcafé zu sein. Alle Gäste, unsere Nachbar/Innen, kurz alle, die uns kennen, wissen von unseren vielfältigen politischen, kulturellen und sozialen Aktivitäten. Darunter Veranstaltungen und Initiativen zu Themen wie: Autofreie Innenstadt, Kindernachmittage, Mieterinitiativen, Arbeiterkämpfe (Streiks), Arbeit zu politischen Gefangenen, Musik und Theater, Frauen-Lesbenkneipe, Situationsberichte aus anderen Ländern, § 218, Antimilitarismus, Antifaschismus u.v.m.

In diesem Zusammenhang das Café Klatsch – wie in manchen Medien geschehen – pauschal auf RAF-Umfeld zu reduzieren, verstehen wir als Versuch der Hetze und Kriminalisierung von uns und jeglichem linken Ansatz und Gruppierungen, die auf der Suche nach gesellschaftlichen Alternativen sind. Genauere Informationen über die Person Klaus Steinmetz, ihre Anwerbung und Zusammenarbeit mit dem Verfassungsschutz müssen auch bei dieser Institution und nirgendwo sonst eingeholt werden.«[16]

Am 20.07.93, einige Tage zuvor, hatte der rheinland-pfälzische Innenminister Zuber eingeräumt, dass im Rhein-Main-Gebiet seit zehn Jahren ein V-Mann für den Verfassungsschutz Rheinland-Pfalz arbeitet und dass auf dessen Hinwirken das Treffen und der Einsatz in Bad Kleinen zustande kam. Zwei Tage später meldet sich schließlich auch Birgit Hogefeld in einem offenen Brief zu Wort. In dem ebenfalls in der *taz* veröffentlichten Schreiben stellt sie klar, dass Steinmetz dieser *Polizeispitzel* ist, und wirft dahingehend auch bohrende Fragen in Richtung ihrer Genoss*innen in der Wiesbadener linken Szene auf. Doch ihre Adressatin ist nun kaum noch ansprechbar.

Keiner der Zusammenhänge, in denen sich Steinmetz über die Jahre bewegte, aktivistisch wie persönlich, freundschaftlich oder intim – weder die autonomen noch die antiimperialistischen – können jetzt noch überblicken, was über sie ausgesagt wird, und werden so weitgehend politisch handlungsunfähig. Steinmetz dritter und letzter dokumentierter Brief vom 3. August 93 enthält die verzweifelte Formel: »Spätestens, wenn niemand von mir verraten wurde, es keinen Kronzeugen gibt, werden auch alle anderen merken, dass es keinen Verrat gab, dass ich falsch verdächtigt wurde.«[17] Auf seine Aussagen als Kronzeuge hin kommt es in den folgenden Jahren zu zahlreichen Vorladungen, Prozessen und sonstigen Repressionen gegen seine ehemaligen Genoss*innen.

Eine Wiesbadener Recherchegruppe rund um den *Infoladen* – der am Ende noch drei Personen angehören – kommt zu dem Fazit:

>»Von der Bezugsgruppe der Friedensbewegung in Kaiserslautern bis zu den verdeckten Strukturen, die KS die Fahrkarte nach Bad Kleinen aushändigen, baut sich eine Kette unzureichender Verantwortlichkeit gegenüber der politischen Sache und in der Anforderung an die beteiligten Menschen. Für Wolfgang Grams endete das tödlich.«[18]

Birgit Hogefeld schließt einen späteren Text über ihren Kontakt mit Klaus Steinmetz mit einem Schlussstrich unter die gesamte Geschichte der RAF, die nach Bad Kleinen keine politischen Aktionen im engeren Sinne mehr durchführen wird und sich schließlich ganz auflöst:

> »Eine der Erfahrungen, die aus der Geschichte der RAF gezogen werden kann, ist die, daß mit Zusammenhängen, in denen eigenständiges Denken und das Aufwerfen von unbequemen Fragen unerwünscht ist und in denen politische Engstirnigkeit und Dogmatismus herrschen, keine revolutionäre Entwicklung erkämpft werden kann. Wir werden eine Kraft, die diesem System aus Unmenschlichkeit und Zerstörung Grenzen setzen kann, nur aufbauen können, wenn wir endlich lernen, emanzipatorische Entwicklungen in unseren eigenen Reihen in Gang zu setzen – wenn wir zum zentralen Bestandteil unseres Kampfes machen, daß alle und nicht nur einige wenige von uns, all ihre intellektuellen und schöpferischen Fähigkeiten entfalten können und zu freien und selbstbewußten Menschen werden.«[19]

Das klingt zum einen, zumindest in Teilen, stark wie jene Einsichten nach den tödlichen Schüssen an der Startbahn 1987. Zum anderen taugt dieses Fazit in bemerkenswerter Weise beinahe als verklausuliertes Selbstverständnis undogmatischer Projekte, wie sie uns vielfach in den Neuen Sozialen Bewegungen begegnen – bis hinein ins Café Klatsch. Und so sind manche Enden der Geschichte irgendwie auch verirrte Echos ihrer Ursprünge.

Erste Schritte in der alten Bierfestung Barbarossa,1984

Das Café entsteht, 1984

Café-
KLATSCH

Es läßt sich nicht mehr verhindern!

WIR ERÖFFNEN:

SAMSTAG 15.9.84

8⁰⁰ - 1⁰⁰ Uhr (Sa bis 2⁰⁰)
Sonntags 10⁰⁰ - 1⁰⁰ Uhr
Montags Ruhetag

Caféhaus Cumulus GmbH
Marcobrunner Str. 9, 6200 Wiesbaden
Telefon : 06121 / 44 02 66

Flugblatt zur Eröffnung, 1984

Die ersten Wochen, 1984

Feuer und Flamme für politische Kultur, 1984/85

V-Mann

Seminar in Gangloff, der Zusatz V-Mann wurde anonym hinzugefügt, 1989

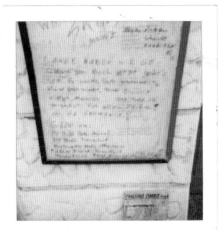

Nazi Schmierereien am Café, circa 1992

Alltag mit Eis und T-Shirt: Bekannt und beliebt aus Funk und Fernsehen, 1994

TEIL 2
Das Klatsch

Kapitel 1: Kleine geile Firmen

Und wenn mich die Jugend fragen würde:
Was sollen wir tun?
Würde ich antworten:
Baut kleine geile Firmen auf!
Baut kleine geile Firmen auf!
Baut kleine geile Firmen auf!

Funny Van Dannen, ironisch
in dem Song *Kleine geile Firmen*

»Unsere Sehnsucht nach Veränderung hat nicht abgenommen, wir bleiben weiter auf den Spuren der Befreiung.«[1] Vielleicht erinnern wir uns an diesen »Transparent-Antrag« im Café Klatsch, die Diagnose »Desolate Lage der Linken« und die folgende Diskussion darüber, was Befreiung 1993 eigentlich noch meint. Das alles fällt in die Wochen unmittelbar nach Bad Kleinen.

Das Seminar, auf das der ausufernde Punkt schließlich vertagt wird, kann jedoch keine Neubestimmung des Befreiungsbegriffs leisten – vielmehr wird ein eindringlicher Beitrag der Finanzgruppe des Café-Kollektivs jenes Wochenende bestimmen: »Umsätze sind stark zurückgegangen, gab noch nie so schlechte Umsätze in 9 Jahren, unser finanzieller Spielraum wird enger«[2], notiert das Protokoll gleich zu Beginn.

Ein ganzer Reigen von Sparmaßnahmen wird beschlossen und eine Liste möglicher Gründe zusammengetragen. Über zwei der Punkte haben wir nun einiges gehört: »linke Strukturen, Bewegungen sind zerfallen (z.B. Anti-AKW, Startbahn ...)«[3], oder auch »Kontaktängste gegenüber Café (z.B. >RAF<-Umfeld)«[4]. Tatsächlich ist der Ruf des Café Klatsch für längere Zeit untrennbar mit dem Stigma *RAF-Unterstützer-Szene* verbunden. Wie wir gesehen haben, weitgehend unberechtigterweise. An erster Stelle jener Liste an Gründen für die finanzielle Schieflage findet sich allerdings der Punkt »Atmosphäre im Café« – untrennbar verbunden mit dem Ausdruck »Hippiehöhle«[5].

Einer, der Mitte, Ende der 90er jung im Café Klatsch anfängt, erinnert sich: »Alles wirkte altbacken, miefig, voll 80er eben. Schon die Raufasertapete, gelb getüncht mit Kartoffeldrucktechnik, war ein Zeichen von verlorener Innovation, fehlender Kreativität und vergangenen Chics.« Nur einen klaren Konsens habe es gegeben: »Sich nicht an die Neuzeit anzupassen, sich nicht zu ergeben, den Firlefanz der Gegenwart abzulehnen, die linke Ideologie nicht zu verraten. Wir fühlten uns wohl, hatten uns eingerichtet in unserem alternativen Zeitloch. Niemand sollte uns das madig machen.«[6]

Wie das nach außen wirken kann, lässt sich in einem satirischen Kneipenführer namens *Wo die Nacht den Doppelkorn umarmt* erfahren, in dem es dieser Tage über das Café Klatsch heißt:

> »Eingeschlafenes Kollektiv von Öko-Verfechtern und Politikverdrossenen. Die Macher haben ihre Ecken und Kanten scheinbar gegen Frust und Ohnmacht eingetauscht. *Wieso eigentlich?* Genau so schlurfen Birkenstocks über das Parkett vom Tresen zum Tisch und genauso ›schnell‹ wieder zurück.«[7]

In diese Zeit fällt auch eine gern erzählte Anekdote. Ein Gast habe sich darüber beschwert, dass seine gerade erhaltene heiße Schokolade viel zu kalt sei. Die Bedienung soll daraufhin einen Finger in die gemeinte Tasse gehalten, für einen Augenblick hineingefühlt und dann zu jenem Gast gesagt haben: »Ich find', is' warm genug«. Anschließend soll der nasse Finger in der Luft kurz trocken gewedelt worden und die Bedienung unbeirrt weiter ihrer Arbeit nachgegangen sein.

Zur »Hippiehöhle« gesellen sich entsprechend Gründe wie: schlechter Service, schlechtes Essen, aber auch steigende Lebenshaltungskosten für Mitarbeitende und Gäste, interner Alkoholismus – und die allgemeine Ansicht, das Café habe sich schlicht »überlebt«. In dieser Dichte liest sich das alles ausgesprochen düster. Und so scheint der anstehende zehnte Geburtstag des Betriebs im September 94 bei Weitem nicht der einzige Anlass zum Nachdenken zu sein. Doch wie eigentlich immer, hängt die Geschichte des Café Klatsch auch nicht im luftleeren Raum.

Ebenfalls seit 1984, also ziemlich genauso lange, wie es das Café Klatsch gibt, erscheint auch die *Contraste – Zeitung für Selbstorganisa-*

tion. Auch sie nimmt ihre Zehn-Jahre-Jubiläumsausgabe von 1994 zum Anlass, über den Zustand der Selbstverwaltungsbewegung nachzudenken. Maria Icking vom *netz*, dem *Verband der selbstverwalteten Betriebe in Hessen*, dem auch das Café Klatsch angehört, widmet ihren Beitrag unter anderem dem »Träger der Bewegung« – leiht sich dafür den Begriff *Homo Alternativicus* – und charakterisiert diesen so:

> »Er/Sie wurde politisch sozialisiert in den Initiativen und Aktionen der neuen sozialen Bewegungen. Er/sie entstammt häufig Selbstständigen-Familien oder kleinbürgerlichen Mittelschichten. Die sozialliberale Bildungsreform ermöglichte vielen ein Studium, aber keine Garantie mehr für den gesellschaftlichen Aufstieg in akademische Berufe. So entsteht diese unverwechselbare Gemengelage aus Selbsthilfe angesichts drohender Perspektivlosigkeit auf dem Arbeitsmarkt, verbunden mit dem politisch-kulturellen Milieu der neuen sozialen Bewegungen, dass es durchaus gerechtfertigt erscheinen lässt, von einem Ein-Generationen-Phänomen zu sprechen.«[8]

Sind die beschriebenen Krisen und Zersetzungserscheinungen der Neuen Sozialen Bewegungen tatsächlich ein Prozess mit generationenbedingtem Haltbarkeitsdatum? Denn in der Tat, nicht nur individual-biografisch – und nicht nur im Café Klatsch – drängt es diese Gründungsgeneration längst wieder aus den selbstverwalteten Betrieben heraus. Auch für die Betriebe der Frauenbewegung werden in dieser Zeit sehr ähnliche Entwicklungen beschrieben. Auffallend häufig drängt es den *Homo Alternativicus* dabei in selbstständige Arbeitsverhältnisse. Vielleicht als eine Art Kompromiss zwischen den teils lähmenden Erfahrungen im Kollektiv und einem fortwährenden Streben nach Autonomie.

Doch mit ihnen als Träger*innen verflüchtigen sich in den verbliebenen Projekten zunehmend die historischen ›Bewegungsmotive‹, wie es in der Literatur oft heißt –, also die konkreten persönlichen und kollektiven Erfahrungen, aus denen die Praxis der sozialen Bewegungen entstand. Im Café Klatsch und anderswo ist dieser angedeutete Generationenwechsel spürbar mit der unterschwelligen Frage verbunden, ob sich die Selbstverwaltung überhaupt aus ihren Gründungszusammenhängen herauslösen lässt, ohne fatalen Schaden zu nehmen. Und wenn ja, ob sich Bewegungsmotive übertragen lassen oder ob sie durch eigene, unmittelbare Erfahrung immerzu neu erlebt werden müssen.

»10 Jahre Café Klatsch, wie lange noch und wozu?«[9], fragt so schließlich, etwas sarkastisch, ein Positionspapier des Café-Kollektivs um 1994. Fast wie in einer Antwort auf die Befreiungsdebatte ein Jahr zuvor heißt es hier:

> »Möglich, dass gesellschaftliche Veränderung bis hin zu radikaler Umgestaltung auch patriarchaler Gewaltverhältnisse, Worte und Analogien dafür waren, was ›Linke/Innen‹ [sic!] mal für sich verwirklichen/anstreben/ wichtig finden wollten. Jetzt könnte es auch heißen: Wenn WIR überleben, werden wir Teil der Veränderung der Gesellschaft bleiben! Ein brauchbares Überlebenskonzept nicht nur im Bücherschrank oder auf Diskette zu haben, angesichts weltweiter Zerstörungs- und Vernutzungsstrategien, bedeutet sicherlich etwas anderes, als *irgendwie über die Runden zu kommen.*«[10]

In dem Papier folgt darauf eine hastige Ideensammlung, um schlichtweg mehr Gewinn zu erzielen. Hauptsächlich, indem die Café-Kneipe baulich und konzeptionell in ein Restaurant verwandelt werden soll. Das große Kinderzimmer soll zur Küche werden. Was aus der kleinen Küche werden soll, bleibt unklar, scheinbar soll aber ein Durchbruch zu den Toiletten entstehen. Entschlossenheit wird deutlich: Es soll, es muss Veränderungen geben, gerne auch ganz grundsätzliche. In diesem Aufbruch werden aber nicht nur physisch tragende Wände hinsichtlich eines möglichen Abrisses abgeklopft: Das Café Klatsch sei ein »stinknormaler Betrieb (im kapit. System)«, heißt es auf einem der folgenden Plena 1994, »hier muss gut gearbeitet werden, um rentabel zu sein«, »mensch muss nicht mit allen Kollektivistinnen zu tun haben/sich verstehen« und »es muss Hierarchien geben«[11] – vor allem hinsichtlich der Finanzen.

Nun, vollkommen falsch ist das vermutlich gar nicht, und ein gewisses Maß an Alarmismus steckt wohl in jeder Krisenreaktion, mag hin und wieder sogar hilfreich sein – es drängt sich aber auch die Frage auf, welche Ideen hier noch Überlebensstrategien sind und welche schon Kapitulation. Ist das noch Neubestimmung der Bewegungsmotive oder schon Scheitern beim Übertragen der alten? Man müsse »realistisch sein«, heißt es nun oft. Doch wie viel Realismus verträgt eine Utopie?

Diese Frage ist so alt wie die Selbstverwaltungsbewegung selbst. Rund 113 Jahre, bevor es im Café Klatsch den Rosa Luxem-Burger geben wird, mit Pommes für 8,90, beschreibt die Namensstifterin ganz ähnliche

Prozesse hinsichtlich der damaligen Produktionsgenossenschaften – einer Art Selbstverwaltung der damaligen Arbeiter*innenbewegung. Für solche Betriebe beschreibt Luxemburg die widersprüchliche Notwendigkeit »sich selbst mit dem ganzen erforderlichen Absolutismus zu regieren, sich selbst gegenüber die Rolle des kapitalistischen Unternehmers zu spielen«.[12] In diesem Geiste formuliert auch Franz Oppenheimer 1896 sein vielbeachtetes Transformationsgesetz. Demnach sei die Arbeiter*innenselbstverwaltung, auch hier in Form von Genossenschaften, systematisch zum Scheitern verurteilt. Sowohl wirtschaftlicher Misserfolg als auch – interessanterweise – Erfolg würden solche Betriebe dazu zwingen, konventionelle betriebliche Strukturen zu entwickeln – und sich so unweigerlich in kapitalistische Unternehmen zu transformieren. Doch ist das wirklich ein allgemeingültiges Gesetz?

»Tragfähige empirische Belege suchte man bislang vergebens«[13], entgegnet ein Team von Wissenschaftler*innen 1996, ziemlich genau 100 Jahre später. Sie präsentieren einen zweiten Teil der *Hessenstudie*. Zehn Jahre nach der ersten wird die aufwendige Befragung von rund 200 selbstverwalteten Betrieben in Hessen zwar etwas angepasst, aber im Wesentlichen wiederholt. So werden erstmals vergleichbare Daten zu diesem Thema erhoben – nicht zuletzt mit dem Ziel, Oppenheimers Transformationsgesetz erstmals anhand empirischer Daten zu überprüfen. Auch das Café Klatsch nimmt wieder daran teil. Das Ergebnis ist durchwachsen, jedoch mit optimistischer Tendenz. Die viel beschriebene Krise hat freilich Spuren hinterlassen. 38 der im ersten Teil befragten Betriebe gibt es 1996 nicht mehr. In 108 der verbliebenen 210 Unternehmen, also in etwa der Hälfte, hat in den zehn Jahren eine »Transformation zu einem normalen Unternehmen stattgefunden«[14]. Das mag zunächst ernüchternd klingen, doch ein Gesetz, das nur in 51 % der Fälle eintritt, ist keines. Und auch die ermittelten Gründe für die Transformation lesen sich anders als in Oppenheimers Theorie.

Zwar führten Anpassungen an Markterfordernisse, Professionalisierung und Ökonomisierung häufig zu Spannungen und Konflikten, doch nur bei 31 der 108 transformierten Betriebe waren dies auch wirklich Gründe für die Aufgabe selbstverwalteter Strukturen. Weitaus schwerer wog hier der angesprochene Generationenumbruch: Für 77 der 108 transformierten Betriebe verlief die Transformation schleichend – sie fanden einfach immer weniger neue Leute, die abseits klassischer Anstellungsverhältnisse arbeiten wollten, sodass Entscheidungen und ökonomische Teilhabe de facto in die Hände weniger Verbliebener fielen, die so eine Form von Geschäftsführung innehatten. So zumindest ein gängiges Beispiel.

Hinsichtlich der befragten Unternehmen, die 1996 nach wie vor selbstverwaltet arbeiten, kommt die Studie zu einem ähnlichen Ergebnis, nur gewissermaßen umgekehrt. Diese Hälfte unterscheide sich von jener, die die Selbstverwaltung aufgegeben hat, nicht wesentlich dadurch, dass sie erfolgreicher oder weniger erfolgreich wirtschaftete – ausschlaggebend für eine hohe »Selbstverwaltungs-Stabilität« seien vielmehr das Vorhandensein »relativ homogener Gruppen« und »der politisch-ideologische Hintergrund«[15], bilanziert die Studie. Wobei zu gelten scheint: Je größer die Bedeutung der politischen Dimension im Betrieb, etwa in Verlagen, Buchläden oder Frauenhäusern, desto geringer die Wahrscheinlichkeit einer Transformation in konventionelle Strukturen.

Für den Moment scheinen das Transformationsgesetz und die darin benannten Mechanismen eher ein Faktor als ein Gesetz zu sein. Natürlich kann wirtschaftlicher Misserfolg selbstverwaltete Betriebe in ihrer Existenz bedrohen. Es zeigt sich jedoch, wie schon in der ersten *Hessenstudie*, dass selbstverwaltete Betriebe nicht anfälliger für betriebswirtschaftliche Probleme sind als konventionelle. Im Gegensatz zu diesen kann zu hohe Anpassung an äußere Zwänge zwar schon zum Scheitern führen – jedoch nicht zwingend, und überdies sind andere Faktoren deutlich relevanter. Die Frage, wie viel Realismus eine Utopie verträgt, lässt sich also nicht in absoluter Form beantworten. Es scheint eher eine Grauzone zu geben, einen Bereich zwischen zu viel und zu wenig Anpassung, der laut der Studie in etwa der Hälfte der Fälle getroffen wird. Soweit, so hoffnungsvoll, eigentlich.

Hinsichtlich eines anderen Anliegens der Bewegung zeigt sich die zweite *Hessenstudie* weniger optimistisch. In selbstverwalteten Betrieben mögliche Wegbereiter*innen einer neuen Wirtschaftskultur zu sehen, sei eine maßlose Überschätzung ihrer Bedeutung. »Die Rede von und das Reden über alternative Ökonomie in diesem Sinne ist ausgesprochen irreführend und spiegelt nur realitätsferne Wunschbilder der jeweiligen AutorInnen wider«[16], heißt es im Fazit deutlich. Keine Graswurzel

Bewegung also? Möglich. Doch gleichsam finden sich in der Fachliteratur häufig auch Hinweise auf einen andersartigen Einfluss der Selbstverwaltungsbewegung auf eine »neue Wirtschaftskultur«, die sich Mitte, Ende der 90er auch in Deutschland durchsetzen wird: Die neoliberale *New Economy*. Als Einstieg dazu mag uns die Biografie von Matthias Horx dienen.

Matthias Horx stammt aus der westdeutschen Alternativbewegung, ein klassischer »Homo Alternativicus« also. Er hat in verschiedenen Kollektiven gearbeitet, in Kommunen gelebt, gegen Aufrüstung und AKWs protestiert und unter anderem die Frankfurter autonome Zeitung *Pflasterstrand* mitgegründet. Darin, und auch an anderer Stelle, fängt er im Laufe der 80er-Jahre an, erst spöttisch, später in einer Mischung aus Hassliebe und Ablehnung, die gesellschaftlichen Alternativen und das selbstverwaltete Arbeiten im Speziellen zu kritisieren.

Googelt man Matthias Horx heute, erscheint zunächst ein bezahlter Werbelink, der ihn als »Zukunftsoptimist und Visionär« ausweist. Klickt man darauf, erfährt man weiterhin, dass er »Experte für Megatrends« sei. Einem solchen Megatrend ist er schon 1988 in seinem ersten Sachbuch *Das Ende der Alternativen* auf der Spur, wenn er zum Beispiel schreibt:

> »Vielleicht muss sich der alternative Grundgedanke mit einer Art ›Modernismus‹ verbinden, um nicht in der marginalisierten Ecke zu verstauben. Vielleicht kann sich der Siegeszug der Alternativbewegung nur in der Entstehung einer innovativen ›unternehmerischen‹ Schicht fortsetzen.«[17]

In seinem nächsten Buch, *Die wilden 80er*, nimmt der von ihm gespottete Trend Konturen an:

> »Wir sind nicht Pioniere einer anderen Lebensform oder einer anderen Gesellschaft – wir sind es niemals gewesen. Aber wir sind die ›Pioniere unseres Selbst‹, und dieses Pionier-Dasein ist nicht an Orte, Stile, Verhaltensnormen und ›Bewegungen‹ gebunden. Wir sind Teilhaber an dem fragilen, historischen Projekt ›Individualisierung‹.«[18]

Endgültig klar, welchem Megatrend Horx hier auf der Spur ist, wird uns letztlich, als er auf den von ihm selbst ausgerufenen Trend aufspringt. 1993 co-gründet er die Unternehmensberatungsfirma *Trendbüro*, zu deren Kunden schnell Konzerne wie *Unilever, Beiersdorf* und *Philip Morris* gehören. Ausgerechnet die berät er nun darin, was sich aus der alternativen Ökonomie lernen lässt.

»Horx war nun endgültig zum Wegbereiter neoliberaler Managementkonzepte geworden«, bemerkt der Historiker Arndt Neumann in seinem Buch *Kleine geile Firmen* und stellt weiterhin fest: »Zunächst erscheint Horx' Lebenslauf als außergewöhnlich. Doch bei genauerem Hinsehen zeigt sich, dass seine Biografie zumindest im europäischen Kontext keine Ausnahme darstellt.«[19]

Während die selbstverwalteten Betriebe also mit der Frage konfrontiert sind, welche marktwirtschaftlichen Strategien sie sich aneignen können, ohne daran zugrunde zu gehen, adaptiert gleichzeitig die aufkommende, neoliberale *New Economy* um sie herum, eine ganze Reihe von Elementen, die eigentlich ihr *Markenkern* sind. Eine Art Osmose als Symptom der Krise also. Diese ›Parallelität‹ finden wir in bitterböser Form auch bei Maria Icking in der *Contraste*-Jubiläumsausgabe 1994, wenn sie schreibt:

> »In einer psychologisch-betriebswirtschaftlichen Untersuchung der Uni München werden Homogenität, Suche nach völligem Konsens, keine formellen Abstimmungen und ein Höchstmaß an Verantwortungsdiffusion als potentielle Fehlerquellen in Entscheidungsgremien genannt. Untersuchungsgegenstand sind aber nicht etwa selbstverwaltete Betriebe, sondern der Vorstand der Deutschen Bank.«[20]

Ach du scheiße – aber Moment. Könnte das nicht auch eine gute Nachricht sein? Besonders, wenn wir bei Icking weiterlesen, dass die »Utopien und Ideale der neuen sozialen Bewegungen, die ja das Fundament und den Hintergrund der Selbstverwaltungsbewegung bildeten, als Modernisierungsimpulse und Innovationspotentiale in die gesamtgesellschaftlichen Strukturen und ihre Ökonomie integriert worden sind«?[21] Und sie schließlich auch hinsichtlich des »Homo Alternativicus« zu der Feststellung gelangt, er*sie lebe »schon seit Jahren eine Lebens- und Berufsbiografie, die heute schon fast zum gesellschaftlichen Leitbild geworden ist«?[22] War es nicht eines der Ziele der Selbstverwaltungsbewegung, und jenes *Homo Alternativicus*, in die gesamtgesellschaftliche Ökonomie vorbildhaft hineinzuwirken? Lugt hier vielleicht der erste, zugegeben, schwache Halm aus der vielbeschworenen Graswurzel in den Kapitalismus hinein? Die zweite *Hessenstudie* hält das, wie wir gesehen haben, für »maßlose Überschätzung« und »realitätsferne Wunschbilder«. Doch heißt das im Umkehrschluss nicht dann, die Selbstverwaltung entfaltet ihre größte Wirkung dort, wo sie es am wenigsten möchte – als Herzschrittmacher des Neoliberalismus?

In *Kleine geile Firmen* legt Arndt Neumann detailliert dar, wie die Ideen der alternativen Ökonomie überhaupt an klassisch marktwirtschaftlichen Betriebe anschlussfähig werden. Dies gelinge nur dann, analysiert er, wenn die kollektive Teilhabe und somit demokratische Entscheidungsfindung von anderen, oberflächlicheren Merkmalen getrennt würden.

Doch die ins Private reichende Identifikation mit dem Betrieb, die jetzt auch gegenüber Angestellten formulierte Anforderung, stets unternehmerisch, also vom Kapital aus zu denken, die flexibleren Arbeitszeiten, die flachen Hierarchien, inklusive Duzen, selbst der After-Work-Drink, in dem Freizeit und Arbeit zuweilen rauschhaft verschwimmen, sind in der Selbstverwaltungsbewegung niemals nur Selbstzweck gewesen. Sie ergeben sich aus den *Bewegungsmotiven*: Der Wiedergewinnung von Selbstbestimmung in allen Lebensbereichen, der Aufhebung fremdbestimmter Widersprüche zwischen Lohnarbeit und Freizeit, dem Bekenntnis zu echter ökonomischer Mitbestimmung im Betrieb und so schließlich der Stärkung der Autonomie des Einzelnen in einem kollektiven emanzipatorischen Prozess. Ob das in den Alternativbetrieben wirklich gelingt, mag eine offene Frage sein.

Klar aber ist: Die *New Economy* und der Neoliberalismus als Ganzes teilen diese Grundanliegen nicht. Die Einlassung auf amputierte Elemente, ohne die strukturelle Möglichkeit echter, demokratischer Mitbestimmung der eigenen Arbeitsbedingungen, so wie auch der Besitzverhältnisse im Betrieb und den Entscheidungsprozessen, machen diese Elemente hinsichtlich ihrer emanzipatorischen Potenziale gewollt nutzlos und stumpf. Oder kehren sie gar ins Gegenteil:

»Innerhalb von wenigen Jahrzehnten ist Autonomie von einem Ausgangspunkt der Revolte zu einem Mittel der Ausbeutung geworden«[23], heißt es schließlich im Fazit von Arndt Neumann. Doch weder seien Autonomie und Kapitalismus nun identisch geworden, noch sei das Bedürfnis nach Autonomie verschwunden, heißt es weiter. Vor diesem Hintergrund blieben die von der Alternativbewegung aufgeworfenen Fragen aktuell. Hinsichtlich ihrer Antworten auf diese Fragen allerdings, biete »die Alternativbewegung in ihrer historischen Form keine Perspektive für Gegenwart und Zukunft. Autonomie und Selbstbestimmung steht heute vor allem die unsichtbare und omnipräsente Hand des Marktes gegenüber. Und gerade an diesem Punkt ist die Alternativbewegung gescheitert«[24], meint Neumann.

Zu diesen Themen, der gewünschten Vorbildfunktion selbstverwalteter Betriebe oder der angestrebten Graswurzelbewegung, kommt Neumann also zu einem sehr ähnlichen Ergebnis wie die zweite *Hessenstudie*. Wenngleich, könnte man sagen, vom gegenüberliegenden Standpunkt her argumentierend. In der Studie von 1996 findet sich in diesem Sinne eine interessante Bemerkung: »Bei der Transformation der selbstverwalteten Betriebe (Anm.: in konventionelle) bleibt offensichtlich ›nur‹ eine angenehme Betriebsatmosphäre übrig, gewissermaßen Selbstverwaltung als kulturelle Hülle.«[25] Im Grunde also: *Kleine geile Firmen* – auch hier – praktisch als Ergebnis auf beiden Seiten der osmotischen Prozesse des Neoliberalismus.

Das Restaurantprojekt im Café Klatsch wird keinen Konsens finden. Auch viele andere Ideen, die im Sinne der beschriebenen Prozesse zu sehr in Richtung kleine geile Firma gehen könnten, werden nicht umgesetzt. Und doch: Während eine Tanz-in-den-Mai Party 1997 noch unter dem selbstironischen Motto »Tanz auf der Titanik« stattfindet, kommt das Plenum kurze Zeit später zu dem Zwischenfazit: »*Wir müßen das Klatsch nochmal von Grund auf neu aufbauen*«[26]. Es wird vorgeschlagen eine »Reformgruppe« ins Leben zu rufen. Sie soll sich Zeit nehmen, vielleicht zwei, drei Tage wegfahren, und etwas erarbeiten, das als Grundlage für ein neues Selbstverständnis taugt.

Interessanterweise taucht in diesem Augenblick ein in den Protokollen selten so eindringlich festgehaltenes Verlangen danach auf, sich mit der Geschichte des eigenen Betriebs auseinanderzusetzen. Vor allem neue Leute fragen nach der »ursprünglichen Idee des Cafés«. »Für die Selbstdarstellung ist es wichtig, etwas über die Geschichte des Cafés zu erfahren«, heißt es, oder: »Die Entstehung des Cafès hat bestimmte Utopien und Ansprüche in einer bestimmten Zeit, das Wissen darüber soll an alle weitergegeben werden.«[27] Es ist ausgerechnet der einzige aus den Anfangstagen Verbliebene, der letzte *Homo Alternativicus* der Runde, der hier, obwohl nicht gerade für Konfliktfreude bekannt, entschieden Einspruch erhebt: »*Finde es falsch etwas aufzubauen auf der Café-Geschichte. Das Früher ist vorbei, es sind komplett andere Leute. Wir müssen es selbst klarkriegen.*«[28]

Für die Reformgruppe, beziehungsweise die »Durchforstung von Café-System und Tradition«, wie das Vorhaben schließlich genannt wird, will sich dementsprechend so recht kein Konsens finden lassen. Das liegt nicht in erster Linie daran, dass ein solches, umfangreiches Anliegen auch finanzieren werden muss – und wir haben gehört, wie knapp die Kasse dieser Tage ist. In den sich über Wochen hinziehenden Gesprächen drängt vielmehr eine Fassette ins Zentrum der Diskussion, die sich langsam und unterschwellig aufgebaut hat. Vier Leute verkünden auf ein und demselben Plenum, dass sie das Kollektiv verlassen möchten. Ein Grund, den sie alle teilen, ist Frust »über theoretische Diskussionen über Kollektivität usw.«[29]. In der darauffolgenden Woche schließt sich ein weiterer Kollektivist an – laut denkt auch er über eine Kündigung nach und nennt sehr ähnliche Gründe. Es müssen also Lösungen her.

Kapitel 2: Dichtung und Wahrheit

Dass Eliten informell sind,
heißt nicht, sie seien unsichtbar

Jo Freeman

Es gehört zu den harten Fakten dieser Geschichte, dass Mainz nicht in Hessen liegt. Der an seinen besten Tagen smaragdgrüne Rhein trennt die hessische Landeshauptstadt von der rheinland-pfälzischen. Doch auch da drüben, auf der *ebsch Seit'*, wie man sagt, gibt es selbstverwaltete Betriebe – etwa das Café Nixda. Hinsichtlich Größe und innerer Struktur, bis hin zur Konzeption der Speise- und Getränkekarte ist es dem Café Klatsch sehr ähnlich. Und das nicht zufällig – das ältere Wiesbadener Pedant hilft bei der Gründung und auch darüber hinaus bleiben die beiden Betriebe im Austausch und beeinflussen sich gegenseitig.

Auch das Café Nixda ist Mitte der 1990er-Jahre in mancher Hinsicht mit jenen Krisen konfrontiert, die wir im vergangenen Kapitel kennengelernt haben. Anders als das Café Klatsch, wird das Nixda diese Krise jedoch nicht überleben. 1996 gibt das Projekt sein Ende bekannt. Die Mainzer Szene-Zeitung *Dichtung und Wahrheit*, der wir Anfang der 90er bereits begegnet sind, nimmt dies zum Anlass, ein ausführliches Gespräch mit einigen aus dem Nixda Kollektiv zu führen. In diesem Interview finden sich viele uns nun bekannte Themen.

Da ist zum einen das Schrumpfen der linken Szene, auch in Mainz. Ein »Stückchen Endphase« habe einer der Befragten noch erlebt, berichtet er, »wo es noch eine Szene gab«[1]. Mittwochs habe es im Nixda immer einen Billigbierabend gegeben. Der ganze Laden sei dann voller Punks gewesen. So etwas habe den Laden auch wirtschaftlich getragen – doch das sei »irgendwie total den Bach runtergegangen, weil es keine Szene mehr gab«[2].

Auch tauchen immer wieder Diskussionen um die Wirtschaftlichkeit des Nixda auf. Zum Beispiel wenn es heißt: »Wenn du für 8 Mark ein Essen bestellt hattest, danach warst du aber auch pappsatt – und dann war auch noch viel über. Das gehört auch zu den Problemen, so Schwund, was da mit Lebensmitteln gemacht worden ist, die mal teuer eingekauft worden sind. Wenn ich dazu im Gegensatz das Café Klatsch sehe, die nicht so Portionen haben: Wir haben überhaupt nicht wirtschaftlich gewirtschaftet, Null.«[3], lautet ein ernüchterndes Fazit.

»Du würdest also stärker Preise und Mengen kalkulieren?«[4], fragt die *Dichtung und Wahrheit* folgerichtig und erhält eine vielsagende Antwort: »Ne, ich fand das ok, dass es so fette Portionen gab, fand ich auch richtig.«[5]

Der wirtschaftliche Ruin mag dem Nixda schließlich das Genick brechen, doch während des Interviews ergeben sich immer wieder Momente, die auf eine tiefere Ebene, auf strukturelle Fragen blicken lassen. Am Anfang noch vage: »Da hat sich nach und nach so eine Nebenstruktur entwickelt, sowas Informelles«[6], umschreibt es einer. Im weiteren Verlauf wird deutlicher, welche Strukturen hier gemeint sein könnten: »Was ich gehört hab, war, dass man vorher wählerischer war, wer ins Kollektiv kommt, und dass man neben dem Nixda auch miteinander persönlichen Kontakt hatte. Und bei uns war's zum Schluss so, dass sich einzelne Gruppen gebildet hatten, die miteinander konnten, aber mit anderen wieder nicht«[7], berichtet eine der Befragten. Ein anderer antwortet: »Der wesentliche Fehler ist, dass wir uns auch keine Lösung gesucht haben für die strukturellen Probleme, die zwischenmenschlich gelaufen sind. Wir haben nicht versucht, eine Struktur zu schaffen, die das auffangen kann.«[8]

Von den beschriebenen Problemen bis hin zur verwendeten Sprache lohnt sich an dieser Stelle der Blick auf einen Text, der in solchen Debatten gerne zurate gezogen wird. Anfang der 70er, also gut 25 Jahre vor unserem Interview hier, fremdelt die US-amerikanische Feministin Jo Freeman mit der Organisationsform der politischen Gruppen, in denen sie sich bewegt. Aus der radikalen Abkehr von patriarchalen Herrschaftsverhältnissen möchte die Frauenbewegung eine Ablehnung von jeglicher Hierarchie praktisch umsetzen. Folglich lehnt ein Teil gleich jede Form von strukturierter Organisation ab – droht diese doch immer wieder in die erlernten, patriarchalen Muster zu verfallen.

In ihrem Aufsatz »Die Tyrannei der Strukturlosigkeit« beschreibt Freeman 1972 ihre Erfahrungen mit diesem Ansatz und kritisiert die angestrebte Strukturlosigkeit. Ihre Argumentation beruht dabei auf folgender Feststellung: »Die Idee der ›Strukturlosigkeit‹ verhindert nur die Bildung einer formalen Struktur, nicht die einer informellen.«[9] Informelle Strukturen seien aber schwer durchschaubar und somit kaum sachlich und überzeugend zu kritisieren. Die Folge seien gewissermaßen unsichtbare Hierarchien, die weder demokratisch legitimiert, noch demokratisch änderbar seien: also Tyrannei.

Die politisch motivierte Ablehnung fester Strukturen findet sich freilich nicht nur in Freemans Zeit und nicht ausschließlich in der Frauenbewegung, sondern gängigerweise in hierarchie-kritischen Gruppen in der gesamten Linken – zu jeder Zeit. Welche Ängste dabei mit jener Strukturbildung einhergehen, finden wir auch sehr deutlich im Nixda-Interview. Fast schon, als antworte man auf Freemans Text, heißt es an einer Stelle: »Aber wenn du sagt, die Leute sollen Strukturen befolgen, mehr oder weniger nach dem Gehorsamsprinzip, dann sind das doch schon total kaputte Strukturen.«[10] Es scheint, als gäbe es nur zwei Optionen: Gehorsam oder Strukturlosigkeit, wobei Gehorsam selbstverständlich abgelehnt wird. In diesem Sinne stellt eine andere der Interviewten klar:

> »Das Gehorsamsprinzip gab es bei uns doch überhaupt nicht. Es ist auch Blödsinn sowas einzufordern, weil das wollte ja niemand. Es gibt bestimmte Notwendigkeiten, wenn du so ’nen Betrieb führst: Du brauchst allein schon das Geld, um die Miete zu bezahlen. Und dass dafür gewisse Tätigkeiten ausgeführt werden müssen, das war manchen Leuten nicht ganz klar. Dann hast du nämlich ganz schnell auch einen Konflikt, der daraus entsteht, dass nicht klar ist, was zum normalen Arbeitsablauf gehört. Und so kamen immer mehr Leute dazu, die sahen: Es steht ihnen ja völlig offen, sich zu verhalten, wie’s ihnen grad passt. Das hat dann das Kollektiv auch immer mehr auseinandergetrieben.«[11]

Es sind solche Beobachtungen, abzüglich der sicher vorhandenen patriarchalen Elemente, von denen Freemans Kritik an der Strukturlosigkeit ausgeht. Die Abwesenheit von Herrschaft soll ja nicht bedeuten, dass keine koordinierte Zusammenarbeit mehr erfolgen kann. Im Gegenteil – die beschriebenen Gruppenbildungen und der Verlust nachvollziehbarer Entscheidungsprozesse, bis hin zu dem Gefühl von Machtlosigkeit, seien laut Freeman die Folge zu starker informeller Strukturen, das heißt: ein Mangel sinnvoller, demokratischer, formeller Strukturen. Sie schreibt entsprechend:

> »Solange die Struktur einer Gruppe informell ist, kennen nur einige wenige die Regeln, nach denen Entscheidungen gefällt werden, und das Bewußtsein von Macht ist beschränkt auf diejenigen, die die Regeln kennen. Diejenigen, die die Regeln nicht kennen und für die Initiation nicht auserwählt sind, müssen verwirrt zurückbleiben oder unter der Wahnvorstellung leiden, daß irgendetwas geschieht, von dem sie irgendwie nichts wissen.«[12]

Anscheinend kam das Café Nixda an einen Punkt, an dem in Folge von Fluktuation kaum jemand mehr die Regeln kannte – und sie folglich auch nicht mehr galten. Womöglich ist an einem solchen Punkt auch keine Kraft mehr da für einen Rückweg in funktionale Strukturen – wobei Gehorsam oder Strafe ebenso wenig gemeint sind wie ein Weg zurück in die fragile Strukturlosigkeit, sondern Struktur im Sinne Freemans. Doch wie kann diese in der Praxis aussehen?

»Was würdet ihr anders machen, wenn ihr das nächste Mal so etwas aufziehen würdet?«[13], fragt schließlich die *Dichtung und Wahrheit* jene Kollektivist*innen des Café Nixda. Die Spannweite der Antworten spricht Bände: »Alles!«, heißt es von einer Seite – und von der anderen: »Ich würd's nicht mehr machen.«[14]

Kaum zwei Jahre später wird auch die *Dichtung und Wahrheit* ihr Ende verkünden. Überwiegend aufgrund der vielfach beschriebenen Krisen, Geld- und Personalmangel. Für ihre letzte Ausgabe, mit dem Titel »Aus die Maus«, beschließt sie nun, im Café Klatsch »einmal nach den Gründen für dieses erfolgreiche Überleben«[15] zu fragen. Auch in diesem Interview nehmen strukturelle Fragen viel Raum ein.

Eine der Interviewten schildert:

> »Wir hatten anfangs immer großes Plenum, d.h. alle Leute haben daran teilgenommen. Und irgendwann haben wir überlegt, die Strukturen oder die Ergebnisse zu verbessern. Und dann haben wir vier Kleingruppen gebildet, die sich zu bestimmten Themen unterhalten haben.«[16]

Ein anderer nimmt diesen Faden auf:

»Es gibt ja auch Bereiche, wo jeder Mensch unterschiedliche Fähigkeiten hat und in denen auch besonders kreativ ist, sei es Küche, sei es irgendwelche Renovierungen und Neuerungen, sei es Veranstaltungen, oder auch Leute, die mit Zahlen jonglieren können. Da sind die Kleingruppen eine gute Idee.«[17]

Ein Dritter gibt ein anschauliches Beispiel:

»Es hat ja hier schon einige Innenraumrenovierungen gegeben. Und das war dann so, dass sich dann dieses Plenum mit 17 Leuten zusammengesetzt hat und fing an über Farben, Tongebung zu diskutieren, zu streiten und es wurde immer hitziger und immer hitziger, bis mal 'ne neue Farbe an der Wand war – und die Hälfte war dann immer noch unzufrieden. Und jetzt ist es so, dass in einer Kleingruppe das Ganze vorbereitet wird. Es werden Entwürfe gemacht und die werden dann praktisch vorgelegt. Und insofern ist das eher eine Arbeitsteilung. Dann haben wir auch gesagt, dass den Gruppen ein bestimmter Etat zur Verfügung steht, d.h. Einkäufe bis zum bestimmten Level können selbstständig getätigt werden. Das ist ein Wechselspiel: Wo Leute merken, dass es wichtig ist, dass die Meinung aller zählt, wird die Diskussion ins Plenum getragen.«[18]

Der Interviewer fasst also zusammen: »Mit vielen Kleingruppen, die quasi ein dezentrales Muster bilden, ist das vielleicht ein Grund dafür, dass das funktioniert, dass sich keine Chefriege bildet, in der 2 bis 3 Leute letztlich doch die Fäden in der Hand halten.«[19] Ja, das scheint im Wesentlichen die Idee zu sein. Ganz Ähnliches findet sich bereits in Freemans Liste von Praxisvorschlägen:

»Streuung von Autorität unter so viele Leute, wie vernünftigerweise möglich ist. Dies verhindert eine Monopolisierung der Macht und zwingt diejenigen, die Führungspositionen einnehmen, viele andere Mitglieder zu konsultieren. Außerdem wird dadurch vielen Gelegenheit gegeben, für spezifische Aufgaben die Verantwortung zu übernehmen und dadurch verschiedene Fähigkeiten zu erlernen.«[20]

Mit einer solchen Struktur knüpft das Café Klatsch nicht zuletzt an die ursprüngliche Struktur der *ersten Elf* an. Auch sie organisierten das Café Klatsch, wie wir uns vielleicht erinnern, in Arbeitsgruppen.

An anderer Stelle beschreibt Jo Freeman einen weiteren Aspekt, der sowohl im großen Plenum als auch in den Kleingruppen eine entscheidende Rolle spielt:

»Bei jedem Treffen einer kleinen Gruppe kann dir jeder, der ein scharfes Auge und gespitzte Ohren hat, sagen, wer wen beeinflußt. Mitglieder einer Gruppe von Freunden werden mehr aufeinander Bezug nehmen als auf andere Leute. Sie hören aufmerksamer zu und unterbrechen weniger; sie wiederholen gegenseitig ihre Kernpunkte und geben freundlich nach; sie ignorieren oder bekämpfen die ›outs‹, deren Billigung für eine Entscheidung nicht notwendig ist.«[21]

Ganz Ähnliches beschreibt einer der 1998 interviewten Kollektivist*innen auch hinsichtlich des Café Klatsch:

»Gerade in Krisensituationen tauchen Leute auf, die zueinander mehr Draht haben und sich dann extern getroffen haben und mit bestimmten Rettungskonzepten vormarschieren wollten. Und dies Kleingruppenkonzept soll in meinem Verständnis das immer wieder aufbrechen.«[22]

Ob damit das Positionspapier rund um das Restaurantprojekt gemeint ist?

Seine Kollegin wendet ein:

»Aber ich seh das nicht so, dass die Kleingruppen vorrangig dazu dienen, dass Hierarchien verhindert werden. Sondern für mich haben sie ausschließlich den Sinn, dass Themen vorgeredet werden, so dass es nicht so zeitraubend ist auf dem großen Plenum. Es ist teilweise auch schon andersrum passiert, dass wegen der Kleingruppen so eine Hierarchie entstanden ist.«[23]

Diese Möglichkeit räumt auch Freeman ein. Eine klare formelle Struktur besiege informelle Strukturen niemals restlos. Sie nehme ihnen lediglich »ein Stück ihrer vorherrschenden Kontrolle« und schaffe vor allem »einige Mittel zu ihrer Bekämpfung«[24]. Sie streift dabei auch einen weiteren, interessanten Punkt. Denn der strukturlose Ansatz hat, wie wir sehen, in allen Gruppen ungeheuer ähnliche Effekte, offenbar selbst über die Jahrzehnte hinweg. Eine klare Struktur, sofern sie demokratisch legitimiert ist, besitzt hingegen die Eigenschaft, auf die Bedürfnisse und Problemlagen einer Gruppe abgestimmt werden zu können. Seit jeher chronische Hauptquelle für Hierarchien, im Café Klatsch zumindest, ist die Finanzgruppe. Egal, ob jemand ein Plakat entwerfen, eine Maronensuppe kochen oder sich für einen hochwertigeren Staubsauger einsetzen möchte, alles kostet am Ende Geld. Wer also weiß, wie es um die Finanzen steht, oder zumindest den Eindruck vermitteln kann, es zu wissen, kann größeren Einfluss auf die Belange des Betriebs nehmen als andere.

Wir haben gehört, dass ein Etat für jede Kleingruppe, durch das große Plenum basisdemokratisch beschlossen, diesem Mechanismus entgegenwirken kann. Das Café-Klatsch-Kollektiv geht gegen Ende der 90er jedoch offenkundig weiter, wie einer der Interviewten erzählt: »Wir sind zu zweit jetzt reingegangen in diese Finanzgruppe. Und wir haben keine andere Aufgabe außer der, zu koordinieren und die Informationen aus diesen einzelnen Bereichen wieder ins Plenum zu bringen.«[25] Solche kommunikativ-koordinierenden Schnittstellen, die das basisdemokratische Moment in der Struktur erhalten, sind unverzichtbar. Werden die Aktivitäten der Gruppen nicht von einer solchen Meta-Gruppe begleitet, deren Diskussionen unabhängig ins Großplenum getragen und mögliche Baustellen der Koordination und Kommunikation zwischen den Gruppen abgearbeitet, droht die formelle Struktur immerzu in informelle Muster zurückzufallen. Zumindest ist das die Erfahrung im Café Klatsch und auch bei Freeman ein zentraler Punkt ihrer Praxisvorschläge: »Informationsverbreitung an alle so oft wie möglich. Information ist Macht. Zugang zu Information erhöht die Macht«[26], heißt es zum Beispiel.

Darin liegt – etwas versteckt, aber doch klar – eine starke Position hinsichtlich einer der Grundfragen selbstverwalteter Arbeit. Wenn es das Ziel gesunder basisdemokratischer Strukturen ist, die Macht aller zu erhöhen, um die Gleichberechtigung stabil zu halten, muss sich die betreffende Gruppe wohl von dem Spruch »Wir haben keine*n Chef*in« verabschieden. »Wir sind hier alle Chef*in«, ist dann die aufrichtigere Formulierung – und funktionalere Grundlage konzeptioneller Entscheidungen und Selbstbilder.

Auch das Thema der Fluktuation taucht schließlich im Café-Klatsch-Interview auf – wenn auch in einer anderen Konnotation als im späten Café Nixda: »Ich denke, ein weiterer Grund, dass so eine informelle Hierarchie im Café nicht entstanden ist, beruht zum Teil auf Fluktuation«[27], bemerkt einer der Klatsch-Kollektivisten und zeigt sich zuversichtlich:

»Die Struktur schafft es über einen beachtlichen Zeitraum, sich immer wieder zu reproduzieren, dass auch immer wieder neue Leute Ansprüche von Selbstverwaltung hereingetragen haben und auch an die Arbeit im

Kollektiv.«[28] Seine Kollegin pflichtet ihm bei. Sie empfinde es als angenehm, » dass da permanent neue Einflüsse reinkommen und frischer Wind, sonst wäre das Café vielleicht wie damals und total verkrustet. Das ist >ne Anforderung an beide, an die alten wie an die neuen, sich irgendwo auf der Mitte zu treffen und Dinge gemeinsam zu lösen und einen Konsens zu finden.«[29]

In diesem Augenblick scheinen viele der in den vergangenen Kapiteln angesprochenen Probleme, zumindest hinsichtlich existenzieller Bedrohungen, im Griff – das Ruder, das dem Nixda aus der Hand geglitten war, herumgerissen. Noch im Sommer 1997, kaum ein halbes Jahr nach dessen Ende, bewerben sich einige aus dem Café-Nixda-Kollektiv im Café Klatsch – und tragen so auch zur Schließung der Lücken bei, die durch jene, von theoretischen Diskursen ermüdeten Ausgestiegenen entstanden sind. Die neue Gruppenstruktur, die sich bald als recht stabil erweist, lenkt auch die quälenden, abstrakten Auseinandersetzungen um Selbstverwaltung, Kollektivarbeit und Co. in erträgliche Bahnen – zumindest vorübergehend. Und so beginnt sich in diesen Prozessen auch der vielbeschworene Generationenwechsel zu vollziehen. Zumindest im Café Klatsch.

Kapitel 3: Bambule

Ich weiß noch wie es früher war
Als ich der Anti-Ami war in der Antifa
Damals warfen wir musikalische Pflastersteine
Jetzt sind wir Gustav Gänse ganz oben, ganz alleine

aus »Danke« von den Beginnern

Es gäbe auch hoffnungsvollere Geschichten aus den frühen 90er-Jahren zu erzählen, wurde versprochen. Also: Im Zuge der späten 80er- und frühen 90er-Jahre haben wir von einigen Hausbesetzungen gehört. Da war das Haus in der Helenenstraße und die Geschichte am Rande des 5-Jahre-Café-Klatsch-Geburtstagsfest oder die Ringkirche infolge der Proteste gegen den Zweiten Golfkrieg.

Ab 1992 organisiert sich aus der Wiesbadener linken Szene heraus außerdem eine Kampagne gegen Leerstand, aus der ein *Verein für kollektive Wohnformen* entstehen wird. In der Rathausstraße, der Knaussstraße, der Gartenfeldstraße und gleich zweimal in der Webergasse werden Häuser oder Wohnungen besetzt und Öffentlichkeit hinsichtlich Wohnraum und Leerstand erzeugt. Es kommt in diesem Zuge zu Verhandlungen mit der Stadt, doch die besetzten Häuser können nicht gehalten werden. Lediglich eine Wohnung wird aus dieser Offensive erhalten bleiben. Auch einige Kollektivist*innen aus dem Café Klatsch werden hier verhältnismäßig günstig und mit dem Anspruch von kollektivem Zusammenleben wohnen – später wird hier für lange Jahre auch das Büro des Cafés einziehen.

In diesem Kapitel soll es allerdings nicht um Besetzungen im engeren Sinne gehen. Vielmehr entsteht aus jener Hausbesetzer*innen-Szene ein neuer selbstverwalteter Betrieb, dessen Geschichte und Beziehung zum Café Klatsch uns hoffentlich den ein oder anderen Gedanken zu den praktischen Bedingungen des selbstverwalteten Arbeitens ermöglichen.

Von einem ähnlichen Dunstkreis der Wiesbadener linken Szene, wenngleich im Ganzen wohl eher antiimperialistisch geprägt, als der *Verein für kollektive Wohnformen*, wird ebenfalls Anfang der 90er das ehemalige Filmtheater *Scala* besetzt. Zumindest wird davon immer die Rede sein. Das Kino selbst war streng genommen allerdings schon um 1970 geschlossen worden. Im Anschluss eröffnete in den Räumlichkeiten in der Dotzheimerstraße der schon einmal erwähnte *Western Saloon* – ein Nachtclub, der vor allem von Soldaten der US-Army besucht wird – und aus dem 1985 der GI Edward Pimental zunächst von Birgit Hogefeld herausgelockt und schließlich im nahegelegenen Stadtwald durch ein gemeinsames Kommando von RAF und *Action directe* erschossen wurde, um an seinen Dienstausweis zu gelangen.

Auch infolge der abnehmenden Bedeutung US-amerikanischer Streitkräfte im Rhein-Main-Gebiet nach dem Zusammenbruch des sozialistischen Ostblocks muss der *Western Saloon in den frühen 90ern schließen*. Unter den Leuten, die sich aufmachen, das nun leerstehende Gebäude zu besetzen, gehört, wenngleich am Rande, auch Klaus Steinmetz an. Anders als bei der beschriebenen Kampagne gegen Leerstand geht es in dieser Aktion offenkundig nicht um Wohnraum – diese Gruppe streitet für ein linkes Kulturzentrum in Wiesbaden.

Der besetzte *Western Saloon* wird jedoch schnell geräumt. Schon zuvor war die Besetzung eines vor sich hin modernden Schlosses auf dem Wiesbadener Freudenberg und des ringsum liegenden Parks gescheitert – wenngleich hieraus dennoch ein Bauwagenplatz rund um den Verein *Alternatives Wohnen und Leben* entsteht.

Doch seit geraumer Zeit rückt ein anderes Gelände in den Fokus jener Gruppe, die sich trotz Rückschlägen hartnäckig für ein Kulturzentrum in Wiesbaden einsetzt. Nachdem im Jahr 1990 der Betrieb des städtischen Schlacht- und Viehhofs eingestellt wird, steht in unmittelbarer Nähe des Wiesbadener Hauptbahnhofs ein riesiges Gelände mit vielen Dutzend Gebäuden leer, inklusive einer ebenfalls verlassenen Ölmühle und bald auch einer Spedition und ihrer Lagerflächen. Es sind jedoch nicht nur jene linken Zusammenhänge im engeren Sinne, die sich diesen Ort mehr und mehr aneignen: Auch eher jugendkulturelle Akteur*innen, Sprayer*innen, Street-Art-Künstler*innen, Skater*innen, Musiker*innen, Punks und sonstige Subkulturen drängen, zunächst weitgehend illegal, auf das Gelände.

In diesem Labyrinth leerstehender Hallen, Brachen und unterkellerten Schlachthäuser finden bald erste Untergrundpartys und Konzerte statt, etwa in *Sabines Wurstfabrik* oder im *Silo*, einem Club in einem alten Silo. Künstler*innen finden in den zahllosen Gebäuden Werkstätten und Ateliers, Bands organisieren ein selbstverwaltetes Probehaus und mit der Zeit, auch vor dem Hintergrund von Ausstellungen unter dem Namen »Gut abgehangen«, entsteht auf dem Gelände die zu diesem Zeitpunkt wohl größte »Wall of Fame« Europas – wie man zusammenhängende Graffiti- und Street-Art-Flächen nennt. Eine Zeit lang gibt es mit dem *Swamp Circus* gar einen Zirkus auf dem Gelände und vieles mehr. Kurzum: Ehe sich die Behördenstadt Wiesbaden versieht, entsteht in ihr eine der aufregendsten und subversivsten urbanen Räume Europas.

Und während sich die radikale Linke zu Diskussionen über Golfkrieg, Antifaschismus, Israel und Palästina verabredet und dann wieder absagt, trifft sich ihr aufgeschlossenerer Teil seit 1991 regelmäßig im Dietrich-Bonhoeffer-Haus. Über die Hausbesetzer*innen-Szene hinaus finden sich hier auch Antifas, liberalere Linke, Visionäre, Freaks, Alternative und kirchliche Gruppen ein – selbst die junge Union ist zeitweise dabei. Als die Pläne für das Kulturzentrum auf dem Freudenberg endgültig begraben werden, konzentriert man sich längst auf das alte Schlachthofgelände. »Kein Tag mehr ohne Kulturzentrum – Schlachthof jetzt! Das Zentrum existiert in unserer Vorstellung. Für die Verwirklichung brauchen wir Phantasie und Kreativität«, heißt es auf einem frühen Flugblatt.

In der Stadtpolitik Wiesbadens sehen selbst die Grünen einer weiteren Nutzung des alten Schlachthofs skeptisch entgegen. Sie bevorzugen einen Abriss der Gebäude, da sich diese inmitten einer wichtigen Lufteinzugsschneise der Stadt Wiesbaden befinden. Auch die anderen Parteien der Stadtpolitik ergreift das Unbehagen angesichts der eher als windig empfundenen Akteure vor Ort. Und doch es ist ausgerechnet der CDU-Kulturdezernent Peter Riedle, der sich auf die bunte Truppe einlässt. Ein bemerkenswertes Vertrauensverhältnis entsteht – *aus der Verantwortung zum Risiko heraus*, wie man Riedle seither gerne zitiert. Der längst gegründete KuK in Wiesbaden e.V. erhält 1993 einen Nutzungsvertrag für den Vorbau einer der Hallen und 230.000 DM. »Rinder(Wahnsinn) raus – KuK rein (Wahnsinn)«, heißt es nun. KuK steht dabei für *Kultur- und Kommunikationszentrum*, dem nun auch das von circa 200

Musiker*innen verwaltete Probehaus angehört, um in diesem Verbund besser für den bedrohten Erhalt streiten zu können.

In dem genannten Vorbau eröffnet 1994 die *Räucherkammer*, eine kleine, wilde Konzertlocation mit Punk und Feuertonne. Doch gleich im Anschluss wird auch die große Halle nebenan leer geräumt und mit einem Schloss verriegelt. Man möchte auch für diese Halle eine Nutzungsgenehmigung erstreiten, indem Tatsachen geschaffen werden. Die Strategie, immerzu gleichsam vor Ort die Bereitschaft zur Aneignung praktisch anzuzeigen, aber dennoch vorrangig mit den politischen Institutionen in Verhandlung zu stehen, stellt sich als sehr erfolgreich heraus. Die damit einhergehenden Kompromisse enttäuschen jedoch auch Teile der radikaleren linken Polit-Szene. Einige ziehen sich daraufhin aus dem Projekt zurück. Der *KuK e.V.* kann schließlich einen Nutzungsvertrag für die große Halle verhandeln. Das noch immer in den Abläufen klebende Blut erschwert das Betonieren. Aus der wie plötzlich verlassenen Enthaarungsmaschine ragen noch während des Umbaus Fellreste. Bei den umfangreichen Arbeiten gibt es auch Unterstützung einer französischen Performancegruppe und rund 20 Jugendlichen des sozialen Projekts *Bauhaus*. 1996 kann so die große Veranstaltungshalle eröffnen. Ab 1997 wird aus der erwähnten Reihe von Graffitiausstellungen unter dem Namen »Gut abgegangen« außerdem das »Wallstreet-Meeting«, ein Graffiti- und Street-Art-Festival, das bald internationale Künstler*innen und Tausende von Besucher*innen auf das Gelände bringt.

Jene Projekte, die auf dem Gelände feste Strukturen entwickeln, sind nach wie vor stark geprägt von den Strukturdebatten der links-alternativen Szene – wenngleich die radikalen Teile personell oder in ihren Positionen zunehmend zurücktreten. Viele der Engagierten sind gleichsam in den Antifa-Strukturen der frühen 90ern aktiv, und nicht zuletzt gibt es sowohl ideologische als auch personelle Überschneidungen mit dem Café-Klatsch-Kollektiv. Das Café bietet zumindest einigen einen Job und so ein Einkommen, das es ihnen ermöglicht, nach der Schicht runter zum *Schlachthof* zu fahren und sich dort einzubringen. In einem Buch über den *Schlachthof* wäre das vermutlich eher eine Randnotiz – in einem über das Selbstverständnis des Café Klatsch ist das zentral: Jene Eigenschaft, Menschen, die sich linkspolitisch einbringen möchten, eine ökonomische Grundlage dafür zu bieten, spielt eine erhebliche Rolle.

In diesem Sinne von aktualisierten Motiven der Neuen Sozialen Bewegungen abgeleitet, organisieren sich die vielfältigen Projekte auf dem Schlachthofgelände meist basisdemokratisch. Oft werden solche urbanen Bewegungen als eigene, vergleichsweise junge Neue Soziale Bewegung beschrieben. Darauf werden wir noch einmal zurückkommen, doch an dieser Stelle, in diesem Mikrokosmos von einer klaren Trennschärfe auszugehen, würde gleichsam den zweifelhaften Schluss nahelegen, dass hier Altes und Neues getrennt voneinander agiert. Doch wie auch hier Vernetzungen und Synergien zwischen Bewegungen eine Rolle spielen, mag ein Anti-Atomkraft-Graffiti anzeigen, das auf dem Gelände von Polit-Leuten gesprüht wird – und seinen Mangel an künstlerischer Raffinesse durch schiere Größe wettmacht. Dennoch wird es erstaunlich lange nicht übersprüht.

Der *Kuk e.V.* entwickelt sich mehr und mehr zu einem selbstverwalteten Betrieb – oder trug dieses Anliegen schon immer in sich. Spätestens als 1996 auch die große Halle mit einer Kapazität von rund 2.000 Gästen eröffnet wird, ist der *Kuk e.V.* kein subversives Untergrundprojekt mehr. Erstaunlich lange funktioniert das alles auf ehrenamtlicher Basis, doch es gerät ein Punkt in Sichtweite, der professionalisierte betriebliche Abläufe erzwingt.

Für Januar 1999 bucht man die Münchener Rap Combo: *Main Concept* als vergleichsweise kleinen Act in der Räucherkammer. Als Support dabei: *Absolute Beginner* – in diesem Augenblick vollkommen unbekannt. Im November 1998, also zwei Monate vor dem geplanten Konzert, erscheint jedoch deren Album *Bambule* und geht durch die Decke. Es ist Deutschrap mit Punk-Attitüde. Die zuweilen eher selbstreferenzielle Sprachspielerei des deutschen Hip-Hop mischt sich mit klaren Botschaften und so Jugendkultur mit alten Motiven der Neuen Sozialen Bewegungen. Wollte man einen Soundtrack für das Schlachthofgelände Ende der 90er schreiben, käme man vermutlich auf ziemlich genau diesen Sound. Das geplante Konzert wird in Folge des großen Erfolgs von *Bambule* in die große Halle verlegt – und diese schließlich zum ersten Mal ausverkauft. Spätestens aus dieser Erfahrung lassen sich auf vielen Ebenen kaum andere Schlüsse ziehen, als dass eine Professionalisierung des Betriebs unumgänglich ist. Nicht zuletzt hinsichtlich der Sicherheit der Gäste. Doch einige der Entscheidungen, die der

KuK e.V. in dieser Zeit trifft, führen dabei auch zu Irritation – auch im Café-Klatsch-Kollektiv.

Im Dezember desselben Jahres, 1999, trifft man sich also zu einer Aussprache. Anlass ist eine Veranstaltung im zurückliegenden Sommer: Immer am letzten Schultag vor den Sommerferien findet auf dem Schlachthofgelände eine Veranstaltung namens *School's Out* statt. Vor allem Schüler*innen sollen hier einen freien Sommer feiern können. Neben Tanz, Musik und Ausgelassenheit gibt es jedoch auch Infostände zu diversen Themen: Das Café Klatsch ist stets mit einem Stand vertreten. Es möchte die etwas älteren jungen Menschen, jene etwa, die die Schule beenden, in Fragen rund um ihre berufliche Zukunft über die Möglichkeiten selbstverwalteter Arbeit informieren. Zunehmend tummeln sich aber auch andere Akteur*innen mit Ständen auf dem *School's Out* – 1999 etwa das Arbeitsamt oder die Nassauische Sparkasse, die gleichsam als Sponsor der ganzen Veranstaltung auftritt und entsprechend mit Werbematerialien weithin sichtbar ist.

Das sei nun wirklich »keine Gegenkultur mehr«[1] wird seitens Café Klatsch auf dem genannten Treffen mit dem KuK am Nikolaustag 1999 angemerkt. Im Café Klatsch herrscht seit jeher Einigkeit darüber, dass es kein Sponsoring, keine Verträge mit Brauereien oder Zigarettenmarken, keine Mindestabnahmen oder sonstige vertragliche Verbindlichkeiten gibt – auch wenn sich dadurch teilweise Einkaufspreise senken ließen. Es ist mal wieder so ein klassischer Fall, in dem der ideelle Wert der Autonomie im Konflikt mit betriebswirtschaftlicher Effizienz steht.

Aus dieser Überzeugung heraus gäbe es auch keinen Konsens, weiterhin beim *School's Out* mitzuwirken, heißt es auf dem erwähnten Treffen mit dem Kuk. In Teilen wird gar infrage gestellt, inwiefern man sich überhaupt noch auf dem Gelände engagieren möchte. Einem völligen Boykott, etwa auch des *Wall Street Meeting*s, wird jedoch selbst Café-Klatsch-intern harsch widersprochen. Einig ist man sich hingegen darüber, auch aufseiten des KuK, dass etwas ins Rutschen geraten sei, man sich entfremdet habe. Der Betreiber des *Schlachthofs* »empfindet den Kontakt im Moment als nicht vorhanden«[2], heißt es im Protokoll des Treffens in Richtung Café Klatsch, und auch dort bemerkt man, dass ihrerseits zuweilen der »Bezug zum Schlachthof fehlt«[3]. Man fragt nach einer »Perspektive/Entwicklung von beiden Kollektiven. Wo treffen wir uns?«[4] Dabei wird von Klatsch-Kollektivist*innen diplomatisch angemerkt, dass nun die Sparkasse vielleicht gar nicht die schlimmstmögliche Teilnehmerin, man aber doch sehr irritiert darüber sei, wo dieser vom KuK eingeschlagene Weg hinführen solle.

In diesem Sinne herrsche vor allem Unklarheit darüber, ob der gehegte Wunsch nach mehr politischen Inhalten auf dem Gelände mit Akteur*innen wie dem Arbeitsamt oder Banken überhaupt möglich sei. Im KuK hält man dagegen: Keine der Genannten, auch nicht die Sparkasse als Sponsorin, hätten irgendwelchen Einfluss auf die Gestaltung der Veranstaltungen. Als Grund für Stände von offenkundig außerhalb des linken Spektrums liegenden Organisationen wird nicht zuletzt auch darauf verwiesen, dass es kaum noch linke Aktivität in der Region gebe. Wen also einladen?

Um dies zu vertiefen, wird ein Planungstreffen für das *School's Out* im kommenden Jahr 2000 vorgeschlagen, in dem sich das Café Klatsch einbringen könne. Auf Nachfrage wird allerdings seitens des KuK deutlich gemacht, dass es ausschließlich um gemeinsame Diskussionen gehe und um die Möglichkeit, Vorschläge einzubringen – die schlussendliche Entscheidung »in Bezug auf Aktivitäten«[5] läge beim KuK. Basta. Das kommt nicht allzu gut an. Zwar einigt man sich darauf, alle bekannten linken Gruppen in der Region anzuschreiben, um sie womöglich für einen Stand zu gewinnen, hinsichtlich der grundsätzlichen Meinungsverschiedenheiten zwischen KuK und Klatsch findet man jedoch nicht so recht zusammen. Eher wird das Thema gewechselt. Schließlich geht es um die Zusammenarbeit beim vergangenen 15-Jahre-Café-Klatsch-Straßenfest, die offenkundig seitens des Café-Kollektivs recht unzuverlässig verlief. Es geht um die Leihgabe der Musikanlage. Doch auch hier wird lediglich bemängelt, dass man sich entfernt habe, Kommunikationswege nicht mehr funktionierten und seit einiger Zeit der Wurm drin sei. Eine konkrete Lösung findet sich nicht.

Mit dem *Schlachthof* ist für das Café Klatsch ohne Zweifel einer der wichtigsten Partner und Verbündeten außerhalb der klassischen Polit-Szene entstanden. Gleichsam aber auch eine rar gewordene Projektionsfläche. Denn die Tendenz, die wir im Kapitel »*Das Ende der Geschichte*« gehört haben, wird sich im Laufe der 90er-Jahre erhärten: Es gibt immer weniger selbstverwaltete Betriebe in Wiesbaden. Und nicht nur dort. In den groben Linien der Bewegungsgeschichte gründet sich der *Schlachthof* ausgesprochen spät und wird dabei gleichsam ungewöhnlich schnell ungewöhnlich groß. In der zweiten *Hessenstudie* haben wir gesehen, dass auch ökonomischer Erfolg selbstverwaltete Betriebe in ihren Motiven bedrohen kann – ein Vorwurf, der dem *Schlachthof* ein ums andere Mal gemacht werden wird. Für die Geschichte des Café Klatsch weit interessanter scheint aber ein anderer Aspekt: Zählte der *KuK e.V.* über das Jahr 1997 noch 32.000 Besucher*innen, werden es 2007, zehn Jahre später, schon 175.000 sein. Weit mehr als das Fünffache also.

Anders als der *Schlachthof* ist das Café Klatsch hinsichtlich solcher Wachstumsmöglichkeiten schon konzeptionell verschlossen: Der Raum des Café Klatsch ist so groß, wie er eben ist. Es wird immer wieder Diskussionen darum geben, ob und wie sich mehr Tische oder Stühle darin unterbringen lassen, aber im Großen und Ganzen ist die Anzahl möglicher Gäste recht klar eingegrenzt. Auch die Küche ist limitiert. Die Anzahl der Mitarbeitenden hat sich für lange Jahre auf 15 bis 20 eingependelt. Gastronomie, vor allem eine mit einem ernstgemeinten sozialen Anspruch, ist Ende der 90er keine Goldgrube mehr, wie noch Mitte der 80er. Außerdem hat eine Woche nur zwei Tage, oder besser: Nächte am Wochenende, in denen freilich der beste Umsatz generiert wird. Aus diesen Gegebenheiten muss das Café Klatsch schöpfen. Es wird kaum eine große Halle nebenan erschließen, die Taktung der Öffnungszeiten relevant erhöhen oder wesentlich anspruchsvollere Produktionen im betrieblichen Ablauf organisieren können.

Darüber hinaus möchte das Café Klatsch so niedrigschwellig wie möglich sein. Wir haben gehört, dass eine hohe Spezialisierung eher abgelehnt wird. Alle sollen, zumindest als theoretische Zielvorgabe, alle Aufgaben im Betrieb übernehmen können. In der Praxis lässt sich eine Arbeitsteilung freilich nicht vollkommen ausschließen, es macht etwa wenig Sinn, rund 20 Leute in die Buchhaltung einzuarbeiten und zum Beispiel rotierend alle zehn Wochen daran arbeiten lassen, ohne dass es je zu Routinen kommt. Allein die dafür notwendigen kommunikativen Übergabeprozesse dürften derart überfordernd sein, dass ein einziges Chaos entstehen würde. Doch darüber hinaus bedeutet ein gastronomischer Betrieb, auf dem Niveau des Café Klatsch, dass kaum spezialisierte Ausbildung oder vorausgesetztes Fachwissen vonnöten ist, um hier zu arbeiten. Und ja, das ist auch irgendwie ideologisch begründet, doch gleichsam aus dem Betrieb heraus nicht änderbar. Für den Schlachthof bzw. den KuK gilt das in einem wesentlichen Maße nicht. Ihre Branche, vor allem das Veranstalten von Konzerten auf dem durch die Kapazität der Halle vordefinierten Niveau, erfordert durchaus Arbeit, die niemand ohne Vorbildung in drei oder vier Einarbeitungsschichten lernen kann. Und darüber hinaus gibt es verschiedene solche Bereiche, sodass es kaum möglich ist, Menschen einzustellen, die in allen ausgebildet genug sind, um nicht auch auf die spezialisierte Meinung der Fachpersonen aus den anderen Bereichen angewiesen zu sein. Selbstverständlich erfordert das auch ein ökonomisches Niveau, auf das das Café Klatsch konzeptionell nicht angewiesen ist.

Einige der Kritikpunkte, die in dem zitierten Treffen im Dezember 1999 anklingen, sind, so gesehen, also leicht zu formulieren. Denn wie die Struktur im Café Klatsch auf Herausforderungen reagieren würde, vor denen der *KuK e.V.* Ende der 90er-, Anfang der 2000er-Jahre steht, ist reine Spekulation. Beziehungsweise: Es ist gar nicht die Struktur, sondern die Branche, die hier wesentlich ist. Und das ist Fluch und Segen gleichermaßen. Für die Selbstverwaltung im Café Klatsch ist die kaum relevante Spezialisierung ohne Zweifel ein Aspekt, der zur Stabilität beiträgt. Für die Möglichkeit, eine langfristige Perspektive zu bieten, etwa durch wesentlich höhere Löhne als in konventionellen Betrieben, auch um die Gefahren der Selbstausbeutung einzuhegen, ist die weitgehende Unmöglichkeit zu wachsen hingegen ein zentraler Hemmfaktor.

Auch das erzeugt Fluktuation, die, wie wir bereits gehört haben, wiederum Fluch und Segen darstellen kann. Dass Professionalisierung und notwendige Anpassung an eine weiter neoliberalisierte Gesellschaft rund um die Jahrtausendwende jedoch auch im Café Klatsch alles andere als unbekannt sind, haben wir gleichsam gesehen. Die Auseinandersetzung mit dem *Schlachthof* ist insofern, zumindest in einigen Zwischentönen, auch eine Auseinandersetzung mit sich selbst und dem Zustand der Selbstverwaltungsbewegung in diesem Augenblick.

Kapitel 4: Café Knacks

> Es gibt eine Zeit, da man die eigenen Verluste auf die
> Außenwelt projiziert und politisch wird.
> Es kommt eine andere Zeit, in der man souverän wird und
> weiß, dass Politik, auf die man Einfluss hat, keine ist.
>
> Roger Willemsen in *Der Knacks*

Irgendwann um die Jahrtausendwende vollzieht sich im Café Klatsch etwas Subtiles. Unauffällig und unaufdringlich, vielleicht von einer Art, für die Roger Willemsen einmal den Begriff »Knacks« vorschlug. Ein *Knacks* sei ein Zeugnis komprimierter Zeit, das jedoch nicht auf ein bestimmtes Ereignis, kein Trauma, nicht einmal auf einen genauen Zeitpunkt zurückzuführen sei – und doch prägt und Spuren hinterlässt. Anders als ein Bruch, dessen Spur, bildlich gesprochen, wie eine Narbe sei, sei die des *Knacks* vielmehr mit einer Falte vergleichbar: Irgendwann ist sie da, und bezeugt etwas, das nicht mehr so ist, wie es einmal war. Anders als bei einer Narbe wiederum, lässt sich bei einer Falte nicht klar sagen, wann sie begann und was ihr Auslöser war.

Wo für das Café Klatsch die Brüche liegen, und die Narben, haben wir hoffentlich gesehen: Die Schüsse an der Startbahn und die anschließenden Repressionen, die Realisierung des Projekts in Rauenthal, der Zusammenbruch der sozialistischen Welt und dessen Folgen, auch für die postkolonialistische Welt, das Fiasko von Bad Kleinen, die Rolle von Klaus Steinmetz und der Medien, der Neoliberalismus, die Balance zwischen Wirtschaftlichkeit und Utopie, zwischen Struktur und Freiheit, Altem und Neuem, zwischen den Generationen, und so weiter und so fort. Geschichte ist in der Regel eine Reihe solcher Brüche. Und doch gelangen wir in diesem zweiten Teil immer weiter in Sphären hinein, die zu gegenwärtig sind, um sie in geschichtlichen Kategorien zu fassen. Warum also nicht mal erkunden, was so ein *Knacks* im Café Klatsch bedeuten könnte, und worin, bildlich gesprochen, nicht immer nur die Narben, sondern vielleicht auch, hier und da, die Falten bestehen?

Hört man zum Beispiel genau hin, lässt sich bis heute mit erstaunlicher Genauigkeit vernehmen, ob jemand deutlich vor der Jahrtausendwende im Café Klatsch gearbeitet hat – oder deutlich danach. Erzählen die Leute der 80er- und 90er-Jahre über ihre Zeit im Café Klatsch, über das Kollektiv und seine Geschichten, sprechen sie fast ausnahmslos vom »Café«. Seit irgendwann, es ist einem *Knacks* eben eigen, dass man nicht weiß, wann genau er geschieht, sagt man: »Das Klatsch«. Ich werde also entweder gefragt, wie es denn laufe mit dem Buch über »das Café« – oder wie es denn laufe mit dem Buch über »das Klatsch«. Und weiß schon daher, von den echten Falten mal abgesehen, grob, wann die Person zeitlich einzuordnen ist.

Es gab nie einen Anlass dafür, es wurde nie darüber gesprochen, nie entschieden, das Ganze nun aktiv oder offiziell anders zu nennen – und doch gibt es unter den Hunderten nur sehr wenige Ausnahmen. »Das Café« scheint ein Projekt zu sein, das sich begrifflich eher von anderen Projekten unterscheiden musste – dem *Projekt*, das auch Zusammenwohnen beinhaltet, anderen Betrieben, wie den Autoschraubern, dem kollektiven Buchladen, den selbstverwalteten Zeitungen oder Politgruppen. Vielleicht bleibt es im Sprachgebrauch deshalb eher namenlos, weil es weniger Zustand, eher Bewegung ist, sich erst entwickelt, sich vielleicht gar nicht festlegen mag, wie es ein fester Name nahelegen könnte. »Das Klatsch« hingegen grenzt sich längst nicht mehr in erster Linie von anderen Projekten ab – die gibt es ja kaum noch –, sondern viel mehr von anderen, konventionellen Cafés, betont das Außenstehende in einer andersartigen Umgebung. Ein Eigenname verweist auf ein Eigenleben, das eine Geschichte hat, im besten Falle als Erbe vorgefunden und weitergesponnen wird, im schlechtesten Falle als verklärter Mythos immer neben sich selbst steht und nervt. »Das Klatsch« ist mehr und mehr zu einem definierten Zustand geworden, auch zu einer Marke – muss sich darstellen, durch Abgrenzung schützen und erhalten. Das Klatsch entsteht vielleicht da, wo das Kultige am Café ins Erwartbare kippt. Wenn das Ungewöhnliche daran sich andauernd wiederholt, kann selbst Irritation zur Institution werden. Damit vollzieht es vermutlich einen Prozess, der sich in der ein oder anderen Weise in jeder Neuen Sozialen Bewegung findet.

Eine Institution wird das Café Klatsch zum ersten Mal, zumindest aktenkundig, 1999 genannt. Zunächst noch zart und in Anführungszeichen: »Eine »Institution« feiert ihren 15. Geburtstag«[1], heißt es in der Überschrift eines lokalen Presseberichts – doch die Behutsamkeit der Gänsefüßchen wird schon im zweiten Absatz des Artikels fallen. Seitdem scheint fast jeder Artikel über das Café Klatsch aus einem wohltemperierten Dreiklang komponiert: Dem Ursprung an der Startbahn und wahlweise ein, zwei weiteren Neuen Sozialen Bewegungen, dem obligatorischen Absatz über Klaus Steinmetz, Bad Kleinen und die RAF – und dem Begriff »Institution«.

Welche Entwicklung zwischen diesen drei Meilensteinen zu liegen scheint, erahnen wir vielleicht in einem Grußschreiben aus dem Jahr 2006. Darin heißt es rühmend:

> »Am Anfang stand eine Idee – Impulse geben, Unbequem sein, Aufrütteln, Bewegen, Querdenken, Sprachrohr sein. Heute, nach 22 Jahren, ist das Café Klatsch zu einer über die Rheingauviertelgrenzen weit hinaus bekannten Institution geworden, die nicht mehr wegzudenken ist und eine unglaubliche Bereicherung darstellt.«[2]

Die Gratulantin stellt sich als niemand Geringeres als die frisch gewählte Jamaika-Koalition im Ortsbeirat des Wiesbadener Rheingauviertels vor. Ach du schwarz-gelb-grüne Neune. Wenn CDU und Grüne loben, was dem Café Klatsch umfänglich gelungen sei, schlummert darin nicht unweigerlich die Erkenntnis des Nichtgelingens all dessen, was sie bisher vom Gratulieren abgehalten hat?

Das Schreiben findet seinen Weg ins Archiv sicher nicht, weil man sich davon geschmeichelt fühlt. Doch finden sich in diesen Tagen einige Bemerkungen, die aufhorchen lassen. Etwa, wenn der Wiesbadener Kurier schon 2004 formuliert:

> »Vielen Wiesbadenern war die Eröffnung des Café Klatsch 1984 suspekt. Sie befürchteten, dass eine ›Keimzelle des Widerstands‹ entsteht. Und heute? Die Linksradikalen von einst sind zahm geworden. Mit der Revolution hat es nie so richtig geklappt.«[3]

Oder wenn im selben Jahr die Frankfurter Rundschau, gleich nach dem Pflichtabsatz über die wilden Startbahnzeiten konstatiert:

> »Diese Szene ist heute nicht mehr existent, die politischen Gruppen von einst haben sich aufgelöst. Der kämpferische Elan ist passé. Doch das Café gibt es immer noch.«[4]

Besonders eindringlich wird es, wenn ausgerechnet die linke, selbstverwaltete Zeitung *Jungle World* noch tiefer in die Wunde sticht – nach dem obligatorischen Teil über Klaus Steinmetz, Bad Kleinen und die RAF, heißt es dort: Wenngleich im Café Klatsch längst keine linksradikale Politik mehr gemacht werde, »halten Plakate, Flugblätter und Broschüren den Schein aufrecht«[5].

Oh je. Ist alles nur noch ein aufrechterhaltener Schein? Vielleicht kann Frank Heider dahingehend weiterhelfen. Er ist unter anderem Mitautor der beiden *Hessenstudien* und schreibt in einer Zusammenfassung der Geschichte der Selbstverwaltungsbewegung, dass jene womöglich gar nicht als eigene soziale Bewegung zu verstehen sei: Die vorliegenden Studien sprächen vielmehr dafür, »selbstverwaltete Betriebe zur Infrastruktur von verschiedenen sozialen Bewegungen zu zählen«[6]. Vor allem hinsichtlich dessen, was zu welcher Zeit als alternativ gilt, seien nicht die Betriebe selbstbestimmend, sondern würden dies in der Regel aus den Bewegungen in ihrer Umgebung aufnehmen. Ihre Funktion für die Suche nach gesellschaftlichen Formen sei demnach eine andere:

> »Sie stellen Bewegungsmotive auf Dauer und sorgen womöglich dafür, dass Bewegungsziele auch Phasen der Latenz, das heißt der geringen Sichtbarkeit von Protestmobilisierung überdauern können.«[7]

Vor diesem Hintergrund könnte der »Schein«, der laut *Jungle World* im Café Klatsch aufrecht erhalten wird, nicht bloß als unehrliche Hülle verstanden werden, sondern seiner Funktion nach als Beitrag zur Kontinuität sozialer Bewegungen. Gerade in Krisenzeiten. Laut Heider geht das Beschriebene allerdings nicht nur mit Chancen, sondern auch mit Gefahren einher. So könne es für die Bewegungsmotive destruktiv wirken, wenn selbstverwaltete Betriebe in jenen Phasen geringerer Protestmobilisierung Anpassungen vornähmen, die »zum Verlust bewegter Gesellschaftskritik führen, wie sie in der Geschichte der Institutionalisierung sozialer Bewegungen immer wieder beschrieben wurde«[8]. Es bestehe demnach die Gefahr einer leeren Hülle durch Institutionalisierung, jedoch keineswegs eine Zwangsläufigkeit. Einige Beispiele solcher »Sogwirkungen«[9], wie Heider es nennt, lassen sich in den Debatten der vergangenen Kapitel finden. Sowohl im Beispiel Café Klatsch als auch im Beispiel *Schlachthof.*

Hinsichtlich der Institutionalisierung von sozialen Bewegungen kommen wir um die Jahrtausendwende jedoch nicht umhin, auch auf die Entwicklung der bereits erwähnten Partei *Bündnis 90/Die Grünen* einzugehen. Natürlich auch weit über die Rheingauviertelgrenzen hinaus ist ihre Geschichte untrennbar mit den Neuen Sozialen Bewegungen verbunden. Spätestens seit sie 1998 bundesweite Regierungsverantwortung übernimmt, wendet sie sich jedoch von einigen, zentralen Bewegungsmotiven ab. In Koalition mit der SPD beschließen die Grünen etwa den ersten Kriegseinsatz deutscher Soldat*innen nach dem Zweiten Weltkrieg. Als Bundesaußenminister rechtfertigt Joschka Fischer diese Entscheidung, auch in Richtung der sozialen Bewegungen, mit den Worten: »Wir haben immer gesagt: ›Nie wieder Krieg‹, aber wir haben auch immer gesagt: ›Nie wieder Auschwitz!‹«[10] So als müsste man sich da entscheiden.

Und noch hält man in der Friedensbewegung die Füße tatsächlich weitestgehend still, trotz Kosovo-Einsatz. Das Ende der 1990er-Jahre gehört in Deutschland nicht nur hinsichtlich dieses Beispiels zu den genannten Phasen geringer Sichtbarkeit von Protestmobilisierung.

Mit neueren Debatten sei, laut Heider, trotz allem die Erwartung verbunden, »dass es gelingen könne, durch selbstverwaltete Betriebe und Projekte Bewegungsmotive zu institutionalisieren, das heißt auf Dauer zu stellen«[11]. Vielleicht liegt darin jener eingangs beschriebene *Knacks* begründet: Sich infolge des Verlustes allzu kämpferischer Motive die Aufgabe des weniger aufgeregten Stabilisierens anzueignen – eine Verschiebung des eigenen Selbstbilds weg von der Rolle der Kämpfenden, hin zu einer als konservativ verschrienen Rolle der Bewahrenden zu erahnen. Die sichtbare Spur, die bildlich gesprochene Falte eines so verstandenen *Knacks* kann offenbar leicht mit einem aufrecht erhaltenen Schein verwechselt werden. Doch weiß man bei einer Falte eben nie genau, ob sie aus Reife oder aus Stress entsteht.

Auch der schon einmal erwähnte satirische Kneipenführer *Wo die Nacht den Doppelkorn umarmt* kommt nach der eher unwirschen ersten Betrachtung des Café Klatsch Mitte der 90er, vielleicht erinnern wir uns an die schlurfenden Birkenstocks, in einem zweiten Anlauf, Ende der 90er, zu neuen Eindrücken. Die Stimmung im Café hinsichtlich der Grünen und des Bundeswehreinsatzes im Kosovo beschreibt er anhand eines Bildes von Joschka Fischer, das dieser Tage an der Eingangstür des Kollektivbetriebs hängt und ein unmissverständliches Hausverbot gegenüber dem Abgebildeten ausspricht: »Josef Fischer, der grüne Kriegshetzer, bekam längst die schwarz-rote Karte verpaßt und kriegt hier in diesem Leben kein Bein mehr auf den Boden. Es blüht die zarte Pflanze der Autonomie. Bastion gehalten.«[12] Na also. Läuft doch mit dem Aufrechterhalten der Bewegungsmotive. Weiter heißt es:

> »Von jedem Platz aus können Sie den Blick schweifen lassen bis in die äußerste Ecke, wo Marias WG gerade ihren Wochenplan macht. Die Kreise sind durchlässiger geworden, die Szene ist offener, Kontaktsperre aus ideologischen Gründen – olle Kamellen. Publikum wie Personal sind international. Typische Szene-Freaks kommen ungeniert wie Köfferchen-Träger und Handymen rein. Niemand wird schräg angemacht. Alle fühlen sich wohl. Eine Institution, die sich die zeitgeistige Rolle rückwärts versagt.«[13]

Und da ist sie auch schon wieder, die Institution. Weithin sichtbar ist dieser Begriff nun offenkundig auch eine der Falten im Gesicht des Café Knacks geworden.

Der zu Beginn des Kapitels *Kleine geile Firmen* zitierte Kollektivist, Feind des gelb getünchten Kartoffeldrucks und Diagnostiker eines linken Zeitlochs im Café Klatsch Mitte der 90er-Jahre, wird die späteren Jahre dieses Jahrzehnts so erinnern:

> »Ich glaube zur Jahrtausendwende übernahm eine neue Generation zunehmend die Verantwortung im Klatsch. Vielleicht aufgeschlossener, interessierter an der gegenwärtigen Situation. Leute, die Städte bereist und dort Clubs, Kneipen und linke Szene-Plätze aufgesucht hatten. Die zum Entschluss kamen: Es geht auch anders! Links geht auch stylischer! Leute, für die eine 60er Retro-Tapete eben kein Yuppiequatsch war, sondern eine Möglichkeit, die Atmosphäre in einem Laden zu verschönern. Das Klatsch wurde bunter, vielleicht etwas großstädtischer. Auch die Musik erneuerte sich, moderne Stile eroberten den Café-Alltag. Noch im Jahr 94, als sich ein DJ von außerhalb wagte, Jungle (Drum & Bass) aufzulegen, formierte sich eine Front von Barfüßigen in Latzhosen auf der Tanzfläche, die lautstark skandierte: ›Techno raus! Techno raus!‹
> Die Neuen standen den verschiedenen jugendlichen Subkulturen näher, eben nicht nur den eigenen linken Traditionen. Die Älteren, die weiterhin im Kollektiv blieben, schienen sich auch zu öffnen oder waren schon immer etwas

offener. Sie wurden Teil der Klatsch-Reformen oder empfanden sie nicht als störend. Und doch sind wir nicht auf jeden Zug aufgesprungen. Neues und Tradition hielten sich die Waage.«[14]

Die außerparlamentarische Linke wäre aber nicht die außerparlamentarische Linke, wenn »bewahren« nicht auch bewahren alter Motive und ewig ungeklärter Debatten hieße. Als am 11.09.2001 die Türme des World Trade Centers in Manhattan vom islamistischen Terror getroffen werden, brennen und einstürzen, beginnt das neue Jahrtausend auch historisch. Zunächst fallen dabei deutliche Parallelen zum Anfang der 1990er ins Auge. Präsident Bush erklärt den »Schurkenstaaten« im Mittleren Osten den Krieg. Erst den Taliban in Afghanistan, dann, wieder, Saddam Hussein im Irak. Selbst Francis Fukuyama wird in diesem Zuge einräumen, dass seine Theorie vom Ende der Geschichte nicht eingetroffen ist. Es gibt sie noch, die Auseinandersetzungen um politische Prinzipien.

Im Café Klatsch hängt bald ein Transpi mit der Aufschrift: »NEIN zu Militäraktionen, gegen die Eskalation des Terror, für eine gerechte Welt!« – und im Angesicht des Krieges regt sich auch wieder etwas in der Friedensbewegung – spätestens als Deutschland sich anschickt, aktiv am Kriegsgeschehen in Afghanistan teilzunehmen. Freilich bedeutet Krieg des Westens im Mittleren Osten vor allem für die radikale Linke immer auch ein Aufflammen der Diskussionen um die Rolle Israels in der Region, um Palästina, Antiimps und Antideutsche – und das natürlich auch im Klatsch und seinem Umfeld.

Der Bedeutungsverlust der radikalen Wiesbadener Szene scheint für das Klatsch jedoch auch in dieser Diskussion nicht nur Öffnung nach außen zu bedeuten, sondern im gleichen Atemzug auch Bindungskräfte nach innen zu festigen. Natürlich wird gestritten, diskutiert und die Pole der Strömungen bleiben politisch unüberbrückbar, doch stärker als früher stößt man danach an, geht am nächsten Morgen gemeinsam in die Schicht, vielleicht entschuldigt man sich für den ein oder anderen Spruch oder zu scharfen Ausdruck – doch die Gemeinsamkeiten überwiegen. Zum Teil mag auch das daran liegen, dass die Szene zusammengeschrumpft ist und man sich gröbere Spaltungen, wie Anfang der 1990er-Jahre nicht mehr erlauben kann. Gleichzeitig dürfte mindestens eine Ahnung davon hineinspielen, dass sich die historische Rolle der gesellschaftlichen Linken im Wandel befindet. Im Café Klatsch heißt das wie immer auch, dass sich der Alltag wandelt.

Schaut man sich Fotos aus dem Kollektiv der frühen 2000er-Jahren an, fällt eines unmittelbar ins Auge: Sie zeigen sehr viel stärker spaßige, zuweilen alberne Situationen. Dies mag auch mit der Digitalisierung des Fotografierens zusammenhängen – gleicht man diese Form der Erinnerung jedoch mit den Geschichten und Anekdoten der verschiedenen Generationen ab, ergibt sich ein ähnliches Bild: Im Klatsch wird der Anspruch, einen herzlichen und angenehmen Alltag zu gestalten, zu einem viel zentraleren Anspruch, als genuin politische Motive in den Vordergrund zu rücken. So taucht zum Beispiel Bernd im Café Klatsch auf. Bernd ist ein gelber Bär mit recht frivolem Lebenswandel. Für eine Zeit findet die Frühschicht immerzu Bernd vor, der allein im Café Klatsch durchgefeiert hat. Zwischen liebevoll arrangierten leeren Flaschen und vollen Aschenbechern hockt er da – oder wird von einem *Kommando Cumulus* entführt im Keller eingesperrt vorgefunden.

Auch in der visuellen Gestaltung des Ladens drängen mehr und mehr ironisch humoristische und popkulturelle Bezüge, bunte Farben und Formen neben explizit politische Inhalte. Wobei diese natürlich dadurch nicht verschwinden. Es scheint zunehmend zu einem Wesenszug und nicht mehr nur zu einem Beiprodukt zu werden, Menschen mit dem Herzen am linken Fleck eine persönliche Ausdrucksmöglichkeit zu bieten. Zunehmend auch für Menschen, die neu in Wiesbaden sind.

Das alles scheint etwas abgeschlossener als früher. Nach außen mag das zuweilen gar ein wenig verschworen wirken. Das Klatsch ist an und für sich schon etwas, auch ohne Außen, und stellt an sich selbst zuallererst den Anspruch einer guten, gemeinsamen Zeit. Vielleicht lässt sich, sehr knapp, sagen: Wenn für das Café die Utopie bedeutet, dass das Private politisch sei, gilt für das Klatsch zunehmend, dass das Politische privat wird. Dabei sind das keineswegs zwei Gegenteile, es findet kein Bruch statt, es ist aber eben auch nicht genau das gleiche und wird so vielleicht auch ein wichtiger Aspekt dessen, was hier als *Knacks* gemeint ist.

Kapitel 5. Läuft.

TOP 5, TOP 6, TOP 7, TOP 8
Plenum ist wichtig für die Revolution
Das dauert wohl wieder bis Mitternacht
Wir trinken Mate für die Konzentration

Aus dem Song *Plenum*
von *Revolte Springen*

»Weiß ich nicht«, grummelt es mir weniger verkopft entgegen, als ich einem der Gründer des Café Klatsch die Grundgedanken des vergangenen Kapitels vorstelle. »Das Café war halt ein Café, das Klatsch ist eher eine Kneipe, das kann man dann ja schlecht Café nennen«, meint er trocken. Und ich muss zugeben: Das ist entwaffnend.

Eine Anekdote besagt, dass das Kollektiv eines Tages, um 2006, entscheidet, »als Anpassung an die anhaltende Vormittags-Flaute«, seine Öffnungszeiten zu verändern: Von 9 Uhr unter der Woche auf mittags um 12. Unnötig zu erwähnen, dass dies eine Einschränkung weiter Teile des Frühstücks- und klassischen Café-Angebots bedeutet. Als dieser Affront in die verbliebene Szene durchsickert, formiert sich Widerstand. Ein aufgebrachter Mob der alten Garde stellt umgehend eine spontane Demo auf die Beine. Oder genauer: eine »Demmo«, wie sie sagen – mit kurzem »e«. Zur Anklage wird sich auf der Kreuzung vorm »Café« versammelt – angeblich mit eigens gebastelten Schildern und pointierten Sprüchen gegen das schreiende Unrecht.

Der intuitive Reflex, bei allem gleich eine ›Demmo‹ anzuzetteln, scheint tief in der DNA der ›Café‹-Leute zu schlummern. Hinsichtlich dieses Stranges ist das ›Klatsch‹ weitgehend mutiert. Aus dem Inneren des Ladens blickt man, wie durch einen Spalt zwischen den Rollläden, recht irritiert auf die ebenso entschiedene, wie überschaubare »Dehmo« da draußen, mit langem »e«, wie man hier drinnen eher sagt. Irgendwie knackst es also schon in dieser Zeit. Die Generationen unterscheiden sich dabei längst nicht mehr nur hinsichtlich Auffassung von linker Kultur, Szene oder Ästhetik – in dieser Zeit arbeiten im Café Klatsch auch Menschen, deren Eltern bereits dort gearbeitet haben. Von nun an wird das, mit Unterbrechungen, immer wieder der Fall sein.

Die kritisierte Verkürzung der Öffnungszeiten folgt einem weitergreifenden Plan. Denn die beschriebenen Krisen der vergangenen Jahre mögen strukturell und personell überstanden sein, finanziell sieht es aber noch immer schlecht aus. Ziemlich schlecht. Wie wir gesehen haben, kann das Klatsch kaum wachsen, Maßnahmen wie neue Öffnungszeiten sind daher auf das Handlungsfeld der Optimierung eingeengt. Doch kann das natürlich nicht das Einzige bleiben. Ein furioses Straßenfest zum 20. Geburtstag des Betriebs, 2004, scheint einen ersten Wendepunkt zu markieren. Nicht nur das Fest selbst spült dringendes Geld in die Kasse, es gilt außerdem als früher, weithin wahrgenommener Ausdruck eines lockereren, subkulturelleren, stylischeren Klatsch.

Jedes große Jubiläumsfest bringt dabei nicht nur die gegenwärtigen Stammgäste und politischen Szene-Zusammenhänge in den Laden, sondern auch viele, die früher dort waren – und überbrückt so die Generationen von Kollektivist*innen und Gästen. 2004 ist das insofern bitter nötig, als dass nicht wenige ja kaum noch kamen, denen alles rund um die beschriebene Hippie-Höhle zu schroff, zu frustbeladen oder politisch altmodisch erschien. Doch langsam finden diese Leute, wie gleichsam auch eine neue Generation junger Menschen, ein verändertes, urbaneres, auch hipperes und irgendwie den eigenen Kult gleichsam bewahrendes und brechendes Projekt vor. Doch es bleibt ein langwieriger Prozess.

Schon ein paar Jahre vor dem Konsens, die Öffnungszeiten zu verändern, läuft der Samstagvormittag besonders schlecht. Um dem entgegenzuwirken, führt das Kollektiv ein Buffet ein, einen Samstagsbrunch. *All you can eat.* Natürlich wird es so nicht heißen, ist aber gleichsam als Ausdruck eines ausufernden Konsumanspruchs umstritten. Ökonomisch funktioniert es allerdings und taugt bald auch als Anlaufpunkt für Menschen, die sich sonst nicht ins Café Klatsch verirren würden. Als so auch der Sonntagvormittag belebter wird und man mit den Frühstücken *a la carte* nicht mehr hinterherkommt, wird das Buffet schließlich auch auf den Sonntag ausgeweitet. Ganz furchtbar kapitalistisch gesprochen, taugt also nicht nur Optimierung als Lösung ökonomischer Probleme, sondern auch Innovation.

Das Wochenende ist dadurch nicht von der Kürzung der Öffnungszeiten betroffen. Vor allem für die Tage unter der Woche heißt es 2006 aber, wie wir gehört haben: »Da es so nicht weitergehen kann, müssen Veränderungen her.«[1] Der nach wie vor präsenten Schwierigkeit, neue Leute zu finden, wird unter anderem mit einem flexibleren und in Teilen strafferen Schichtplan entgegengesteuert. Mit den neuen Öffnungszeiten spart man außerdem Lohnkosten und nimmt Druck aus der Neueinstellungsproblematik. Auch die Speisekarte wird verändert – langsam aber sicher hin zu mehr veganen Angeboten, vor allem aber wird bald ein Pizzaofen angeschafft. Darin sollen vor allem die Flammkuchen das lästige Kochen am Herd ersetzen – dessen Tage ohnehin gezählt sind, durch einen zu eskalieren drohenden Streit mit einem Nachbarn, der sich wegen der Geruchsentwicklung echauffiert.

Auch an der Getränkekarte wird geschraubt. Nach schweren Diskussionen wird zum Beispiel die bisweilen als *hippe Trendscheiße* verschriene *Club Mate* ins Sortiment aufgenommen. Der Coca-Cola-Boykott wird jedoch nicht angerührt. Um Anreize zu setzen, sollen außerdem einige bislang ausschließlich auf ehrenamtliche Initiative hin erledigte Aufgaben bezahlt werden – etwa die Werbung.

In diesen Diskussionen findet sich schließlich die Bemerkung: »Kleingruppen funktionieren nicht«[2] – bezahlte Einzelpersonen seien einfach greifbarer als diffuse Gruppen, vor allem hinsichtlich ihrer Zuverlässigkeit. Spätestens jetzt wird die grundsätzliche Organisationsfrage anhand der Themen aus dem Kapitel *Dichtung und Wahrheit*, der informellen Hierarchie, Jo Freemans Thesen über Struktur oder Strukturlosigkeit zum Running Gag dieser Geschichte. Immer wieder wird das Großplenum infrage gestellt und Kleingruppen als Lösung vorgetragen werden. Immer wieder werden sich die Kleingruppen kaum länger als wenige Jahre etablieren, für Frust sorgen und wieder im Großplenum aufgehen. Freilich, manche Gruppen ergeben sich aus den Anforderungen des Betriebs – eine Finanzgruppe etwa, gibt es zu jedem Zeitpunkt. Und wie wir sehen werden, wird sich auch eine Gruppe für Öffentlichkeitsarbeit lange etablieren.

Doch liest man dieses vermutlich tief in den Bedingungen der Selbstverwaltung verwurzelte Hin und Her von Gruppen und Großplenum in den Plenumsprotokollen des Café Klatsch von Anfang bis Ende nach, drängt sich zumindest eine vorsichtige Beobachtung auf: Es scheint in Phasen wirtschaftlicher Besserung oder zumindest der Wahrnehmung einer Zunahme eigener Handlungsspielräume eher die Neigung zu geben, sich maßgeblich über ein großes Plenum zu organisieren. Die Kleingruppenstruktur bildet sich hingegen, zumindest im Café Klatsch, meist in Reaktion auf Krisen und wird zumeist dann wieder fallen gelassen, wenn Zeiten positiver Gestaltungsmöglichkeiten entstehen.

Mitte, Ende der 2000er-Jahre scheint es in diesem Sinne tatsächlich bergauf zu gehen. Auch, weil es bergauf immer schwerer geht als bergab. Doch langsam spricht sich herum, dass sich da etwas tut im Café Klatsch, etwas verändert – etwas, das man sich ja vielleicht doch noch einmal ansehen könnte. Das Kollektiv kehrt bald endgültig zur Großplenumsstruktur zurück. Daran, wie man sich so ein Plenum im Café Klatsch in diesen Tagen vorstellen kann, erinnert sich Falk, damals Kollektivist, heute Autor und Journalist:

»Montags ist Plenum. Eine irgendwie undurchsichtige Veranstaltung für Außenstehende, die mit dem Konzept des Kollektivs nicht vertraut sind und sich nicht vorstellen können, dass sich einmal die Woche alle Menschen treffen, die Teil des Kollektivs sind, und alles das Café Klatsch betreffende ausdiskutieren und verhandeln, bis ein Konsens erzielt worden ist. Und doch ist es so.

Das Plenum ist die Kommandozentrale des Café Klatsches. Hier werden die wichtigen Entscheidungen getroffen. Hier wird beschlossen, den gebackenen Feta von der Karte zu streichen. Hier wird sich nach Einführung des Nichtraucherschutzgesetzes dazu entschieden, das Spielzimmer für Kinder und deren Eltern in einen Raum für Raucherinnen und Raucher umzufunktionieren. Hier können Diskussionen über nachlässig gespülte Biergläser zu persönlichen Feindschaften führen, werden Preise festgelegt und die finanzielle Situation durchgekaut. Im Plenum werden die Lücken im Schichtplan geschlossen, die Öffnungszeiten diskutiert und das Coca-Cola-Verbot als Ausdruck eines wehrhaften Antikapitalismus in Stein gemeißelt. Kurzum: Hier wird dafür gesorgt, dass der Laden läuft.

Es gilt Anwesenheitspflicht. Beginnen soll es um 19 Uhr, enden um 22 Uhr. Zumindest war das damals so. Doch irgendwer muss immer noch schnell durch die Klos wischen, den Putzeimer verstauen oder eine Leiter in den Keller bringen, während der Rest des Kollektivs sich schon um den langen

Tisch vor der abgewetzten Couch in der Mitte des Gastraums versammelt hat.

>Ey, können wir jetzt endlich mal anfangen?<, raunzt P. die zu lang Putzenden an.

>Jeden Montag dasselbe Theater. Das nervt<, pflichtet G. bei.

>Jetzt seid mal nicht so deutsch<, erwidert M., während er den Putzlappen über dem Handwaschbecken auf dem Herrenklo auswringt.

>Das hat nichts mit deutsch zu tun, sondern damit, dass es hier Leute gibt, die pünktlich anfangen wollen<, ruft P. zurück.

M. wringt weiter den Lappen aus und setzt sich dann dazu. Es kann losgehen.

>Wer führt heute Protokoll?<, will R. wissen.

>Laut Plan ist heute S. dran<, sagt F.

Um die Suche nach jemand, der das Protokoll führt, abzukürzen, hat das Kollektiv vor einigen Monaten entschieden, die alphabetische Rotation einzuführen. Das heißt, alle müssen mal das Protokoll führen. Der Zeitpunkt wird durch die Position des Anfangsbuchstabens im Alphabet bestimmt. Ein hervorragender Kompromiss, der auch für die Besetzung der Samstagabendschichten angewendet wird. Da kaum jemand aus dem Kollektiv Lust hat, an diesen Abenden zu arbeiten, müssen jetzt alle mal ran. Solidarität muss schließlich praktisch sein.

Mittlerweile ist es 19:20 Uhr und die Diskussionen können beginnen.

>Habt ihr noch Punkte für die Tagesordnung<, fragt S. in die Runde.

>Die Straßenkonzession muss verlängert werden<, sagt G.

>Ok, noch etwas?<, fragt S.

>Die Lautstärke der Musik<, antwortet P.

>Ey, echt jetzt? Muss das schon wieder sein?<«, ruft M. entrüstet.

>Ja, muss es, da die Nachbarn sich schon wieder beschwert haben<«, entgegnet H.

>Die beschweren sich über die Lautstärke, selbst wenn gar keine Musik läuft<, sagt M.

>Könnt Ihr Euch die Diskussion für später aufheben, wenn der Punkt dran ist<, sagt S. und erntet ein grummeliges >Ja<.

>Super, dann können wir ja mit unserer Feedbackrunde beginnen<, gibt S. jetzt wirklich den Startschuss.

Die Feedbackrunde: Alle dürfen sagen, was sie in der vergangenen Woche gut fanden und was weniger gut. Klassiker wie das mal wieder falsch sortierte Altglas, die nicht zusammengebundenen Enden der Schürzen in der Waschmaschine oder eine nachlässig gereinigte Theke nach der Mittwochabendschicht kommen genauso zur Sprache wie Lob. Letzteres jedoch deutlich seltener.

Dass Kritik auch wertschätzend vorgebracht werden kann, lernte das Kollektiv nach einigen Sitzungen Supervision. Seitdem beginnt jede Kritik mit: ›Verstehe mich nicht falsch, Du bist ein toller Mensch, aber dass Du nie pünktlich zu deinen Schichten erscheinst, ist scheiße.‹

Immerhin enden deswegen weniger Feedbackrunden im Streit, was ein deutlicher Fortschritt ist. Das Plenum in seinem Lauf hält weder Ochs noch Esel auf.

Es lebt vor allem von seinen unterschiedlichen Charakteren.

Da gibt es die Engagierten. Sie sind immer bei jedem Thema voll dabei. Sie sprudeln über vor Ideen und haben zu allem eine Meinung. Und erledigen auch gerne freiwillig zusätzliche Dinge. Sie sind oft erst seit Kurzem dabei.

Damit kollidieren sie häufig mit den abgeklärten Zyniker*innen. Das sind meist Kollektivist*innen, die schon einige Jahre Plenum auf dem Buckel haben und viele gute Ideen haben scheitern sehen. Das lassen sie dann vor allem die Engagierten spüren, wenn diese eine neue Idee vortragen, wie man die Arbeit effizienter, die Karte ausbalancierter oder eine Veranstaltung interessanter machen kann. ›Das hat schon vor fünf Jahren nicht funktioniert‹, brummen sie und winken ab. Nach solchen Totschlagargumenten entweicht die Luft aus der Diskussion schneller als aus einem kaputten Fahrradreifen.

Dann gibt es die Schweigsamen. Sie sagen nur etwas, wenn sie angesprochen werden.

›Sollen wir nur noch einen zusätzlichen veganen Aufstrich beim Samstagsbuffet anbieten? Wie ist denn deine Meinung U.? Du hast Dich noch gar nicht dazu geäußert.‹

›Finde ich gut‹, sagen sie dann und sitzen weiter stumm da und folgen den Diskussionen mal mehr, mal weniger interessiert.

Ein konstanter Unruheherd stellt die Gruppe der Clowns dar, die teils Überschneidungen mit den abgeklärten Zynikern aufweist. Die Clowns kommentieren die Diskussion aus dem Off mit Sprüchen, die sie lustig finden. Das erzürnt dann manchmal die Engagierten, weil sie sich nicht ernst genommen fühlen. Viel mehr versetzt es aber die Effizienten in Aufruhr. Diese Gruppe will in jeder Diskussion möglichst schnell auf den Punkt kommen, damit sich selbige nicht immer im Kreis dreht. Lösungsorientierung ist ihr Mantra. Oft befindet sich in dieser Gruppe auch jemand, der schon einmal ein BWL-Lehrbuch in der Hand gehalten hat. Vermutlich haben sie dort gelesen, das

Humor in Diskussionen nicht lösungsorientiert ist. Besonders wenn über so ein ernstes Thema wie Musik gestritten wird.

›Ich muss doch meine Musik wenigstens hören können‹, betont M.

›Aber wenn die Gäste sich dann nicht mehr unterhalten können, ist die Musik deutlich zu laut‹, erwidert G.

›Aber die können sich doch unterhalten‹, behauptet M.

›Aber nur, wenn sie sich anschreien‹, gibt P. giftig zurück.

›Wir sind doch kein Manowar-Konzert!‹, pflichtet G. bei.

›Ja, nee, dass ist dann scheiße. Das musst Du einsehen, M. Die Musik ist zu laut‹, gibt R. zu bedenken.

›Was aber richtig scheiße ist, dass die Musik nach dem Ende der Schicht aufgedreht wird und das oft die halbe Nacht noch‹, macht P. ein neues Fass auf. ›Die A. von oben drüber hat sich schon wieder bei unserem Vermieter beschwert. Wenn das nicht besser wird, kann das echt Ärger geben.‹

›Ja, ihr habt ja recht, das ist auch doof‹, zeigt sich M. überraschend zerknirscht.

So wogt die Diskussion noch ein wenig hin und her, um schließlich mit einem Appell zu enden, dass Musik auch in Zimmerlautstärke gehört werden kann und es vor allem nach Ende der Abendschichten leise zu sein hat, selbst wenn man noch einige Stunden danach an der 1 sitzt und Bier trinkt.

Ad acta gelegt ist das Thema mit solch einem Appell natürlich nicht, sondern bloß auf Wiedervorlage. Zumindest die abgeklärten Zyniker wissen das. Für heute allerdings hat niemand mehr Lust über Musiklautstärke zu diskutieren. Und auch nicht darüber, ob schwedischer Crustpunk der geeignete Frühstückssoundtrack für den Sonntagmorgen ist. Stattdessen wird das Plenum offiziell beendet, endlich darf Alkohol getrunken werden.

Und so spaltet sich die große Gruppe in kleinere Grüppchen auf, die anschließend lose verteilt im Raum zusammensitzen und die Themen des Plenums weiterdiskutieren. Denn Plenum ist zwar nur einmal die Woche, diskutiert wird die ganze Zeit – damit der Laden auch weiterhin läuft.«

Kapitel 6: THE CLATSH

Do *you need* a *uniform*
To *see* the *band tonight*?

Aus dem Song *Outlaw*
von Chron Gen

Seit geraumer Zeit lässt sich das Kollektiv nicht mehr ausschließlich mit Leuten aus der politischen Szene im engeren Sinne bevölkern: Es tauchen neue Perspektiven, Einflüsse und Hintergründe auf. Zum einen wird das Klatsch zunehmend internationaler, darauf werden wir nochmal zurückkommen – ein großer Teil der neuen Leute, die Mitte, Ende der 2000er ins Kollektiv stoßen, sind derweil weniger in klassischen Politgruppen aktiv als vielmehr in einer wachsenden alternativen Kulturszene.

Dieser Einfluss führt uns noch einmal auf das Schlachthofgelände zurück. Denn der Sommer 2000, auch das *School's Out*, wird nicht unter dem Fanal der Diskussionen um Professionalisierung oder Sponsoringverträge stehen. In der Stadtpolitik wird vielmehr der Entschluss gefällt, das alte Schlachthofgelände dem Erdboden gleichzumachen. Der *KuK e.V.* und die darin enthaltenen Proberäume, einige Werkstätten, die Räucherkammer und die große Halle sind davon ausgenommen. Doch die unzähligen weiteren Gebäude sollen verschwinden, inklusive der darin lebendigen Orte für Politik, Kultur, Handwerk und Kunst.

Es kommt zu verschiedenen Demos für den Erhalt des Geländes. Auch während des *Wall Street Meeting* 2000, das nunmehr über 10.000 Menschen besuchen, protestieren Menschen. Zum späten Abend hin versucht es die Polizei mit Eskalation, die Demonstrierenden mit Flaschen und Steinen – bis weit in die Nacht kommt es zu Auseinandersetzungen. In einer anschließenden politischen Debatte scheinen nicht nur diese Vorkommnisse weiten Teilen der Stadtpolitik im Wesentlichen ewige Klischees über Graffiti und Street-Art zu bestätigen: Das alles sei im Grunde

Vandalismus, Schmutz und der Einstieg in Gewalt und Kriminalität. Ein weitreichender Beschluss manifestiert sich:

2001 findet das letzte *Wall Street Meeting* statt, massiv begleitet vom beginnenden Abriss des Geländes. In den kommenden Jahren wird so eine der größten Ausstellungsflächen urbaner Kunst in Europa schlichtweg zerstört. Viele Hundert Kunstwerke gehen durch die Bagger und Vorurteile unwiederbringlich verloren. Und mit ihnen auch die innovativen Nischen der Clubkultur und des Hip-Hop, die Sportstätten der Skater*innen, die wichtigen sozialen Orte demokratischer Selbstwirksamkeit für Jugend- und Subkulturen im Allgemeinen – und so schlussendlich eine einmalige Kulturlandschaft und ihre Bedeutung weit über die Stadtgrenzen Wiesbadens hinaus.

Das *Wallstreet Meeting* wird 2002 unter dem Namen *International Meeting of Styles* fortgeführt, wenn auch nicht mehr auf dem Schlachthofgelände. Unter diesem Namen organisiert es bis heute zahlreiche Graffitifestivals weltweit. Auch für den *KuK e.V.* zahlt sich der Weg über die politischen Institutionen und die früh angelegte Kompromissbereitschaft aus. Und wenngleich dies, wie wir gehört haben, nicht selten zu Kritik aus Teilen der Wiesbadener linken Szene führen wird, wird dieser Weg auch fortgesetzt. Durch die Abrissarbeiten ringsherum versinkt das Gelände derweil in Matsch und Chaos. Über einige Jahre kann der *Schlachthof* seinen Betrieb nur mit Hilfe von Stromgeneratoren aufrechterhalten, da es sonst keine Versorgung gibt. Doch vor allem die jüngeren Akteur*innen jener sich im Abriss befindlichen Strukturen auf dem Gelände – Menschen also, die Anfang, Mitte der 2000er-Jahre ihre Orte, Repräsentationen und Gestaltungsformen verlieren, organisieren sich längst zu einem neuen Projekt, das sich durchaus als lokale Ausprägung urbaner Bewegungen beschreiben lässt. Noch 2001 gründet sich die Initiative *IG Schlachthof für die Jugend* und trägt ihre Forderungen nicht nur auf die Straße. Zu diesen Forderungen gehören eine Skatehalle, Ateliers, Proberäume, Sport- und Grünanlagen, legale Ersatzflächen für Sprayer*innen sowie ein Haus der Begegnung auf dem Gelände.

2002 gründet sich aus der *IG Schlachthof für die Jugend* der *Kreativfabrik e.V.* und bezieht im darauffolgenden Jahr den ehemaligen Fleischereieinkauf auf dem Gelände, richtet im ersten Stock einen *Netzwerkknoten* ein, diskutiert, plant, organisiert, kämpft und beginnt bald damit, einen Teil des Kellers in Proberäume umzubauen. 2007 können so rund 20 Bands einziehen. Direkt darüber entsteht die Skatehalle, zunächst durch den Skate-Kolosseum e.V. betrieben, nach dessen Auflösung 2014 geht der Ort auch in der *Kreativfabrik* auf. Rund um den *Schlachthof* nebenan, wo der Veranstaltungsbetrieb immer weiterlief, samt Proberäumen, *Räucherkammer*, große Halle, Werkstätten und Co., eröffnet derweil mit dem *60/40* eine Gastronomie auf dem Gelände. Dort, wo nunmehr fast alle ehemaligen Gebäude abgerissen sind, entsteht im gleichen Zuge der Kulturpark, inklusive Flächen für Sprayer*innen, Grünflächen, Sport- und Kulturangebot sowie Ansprechpartner*innen aus der sozialen Arbeit.

2009 eröffnet außerdem der Veranstaltungskeller der *Kreativfabrik*, die bald *Krea* genannt wird. Und das Folklore-Festival zieht aus dem schon einmal erwähnten, Anfang der 90er besetzten Freudenberger Schlossgarten auf das Schlachthofgelände.

Zu einem zentralen Anliegen der *IG Schlachthof für die Jugend* gehört von Beginn an gleichsam eine Gedenkstätte, die an die Deportation jüdischer Menschen von diesem, ihrem Ort erinnert und mahnt. Den Opfern ihrer Geschichte hier zu gedenken, war der Stadt Wiesbaden irgendwie bislang nicht in den Sinn gekommen. Doch die Akteur*innen, die sich seit Anfang der 1990er-Jahre das Gelände aneignen und häufig als rein frivol hedonistische Feier-Bewegungen wahrgenommen werden, sind mitnichten entpolitisiert, sondern knüpfen vielfach in ihren Kernanliegen an die Ursprünge der Neuen Sozialen Bewegungen an.

In den 1980er-Jahren wird auf einem Dachboden in Frankfurt am Main eher zufällig eine Reihe von Fotografien gefunden, die zunächst schwer zuzuordnen sind. Es wird sich jedoch herausstellen, dass es sich um Aufnahmen des Schlachthofgeländes am 1. September 1942 handelt. Auch zur Zeit der nationalsozialistischen Diktatur sind hier der städtische Schlachthof, eine Ölmühle und ein Speditionsgelände angesiedelt. Die Fotos zeigen, zuweilen unscharf, wie jüdische Menschen über die Viehverladerampe in Züge getrieben werden, um anschließend über Frankfurt in das Konzentrationslager Theresienstadt deportiert zu werden. Nach einem Befehl der Wiesbadener Gestapo mussten sich diese Menschen im Synagogenbereich in der Friedrichstraße in Wiesbaden einfinden und registrieren lassen. Abgesehen von einem Koffer und 50 Reichsmark wird jeglicher Besitz beschlagnahmt. Nach fast drei Tagen ungewissen Wartens werden sie schließlich zum Schlachthof abgeführt. Wer nicht mehr im Stande ist zu laufen, wird mit LKWs abtransportiert. Allein an jenem Tag, an dem die genannten Fotografien entstehen, werden 370 Menschen von hier aus deportiert. Insgesamt leben in Wiesbaden vor 1933 etwa 3.000 Menschen jüdischen Glauben, bei Kriegsende 1945 registriert die US-Army noch 20.

Im Laufe der 2000er-Jahre sprüht der Graffiti-Künstler *YORKAR* wiederholt Motive der genannten Fotografien auf die Mauern der leerstehenden Ölmühle, die unmittelbar an die ehemalige Verladerampe grenzt. Das Unverständnis darüber, dass nun auch diese künstlerische Arbeit zum Abriss freigegeben werden soll, führt zu der Forderung der *IG Schlachthof für die Jugend*, an dieser Stelle ein Mahnmal zu errichten. Dass es sich dabei um ein Graffito handeln soll, wenngleich ein fotorealistisches, trifft in der Politik freilich auf dieselben Bedenken, die schon zum Abriss der sonstigen Kunstwerke auf dem Gelände führten: Graffiti sei, wenn denn überhaupt ein Mahnmal entstehen solle, keine angemessene Form.

Doch die Proteste wirken. Spät, aber immerhin: 2009 stellt die Stadt Wiesbaden in Zusammenarbeit mit dem aktiven Museum für deutschjüdische Geschichte und dem ideengebenden Künstler *YORKAR* ein Budget für das Mahnmal in der heutigen Form bereit. Anders als vorherige Versionen zeigt das finale Motiv keine Täter mehr, wenngleich es sich bei der in Weiß gekleideten Person in der rechten Bildhälfte vermutlich um einen Fleischer handelt, der der SS spontan zur Hand ging. 2010 wird das *Deportationsmahnmal Schlachthoframpe* um eine Kastanienallee des Frankfurter Künstlers Vollrad Kutscher erweitert, deren Baumschalen jeweils Zitate aus Abschiedsbriefen von an diesem Ort deportierten jüdischen Menschen in Graffiti-Schriftzügen zitieren. Ausgewählt und umgesetzt von Jugendlichen.

Fast alle Forderungen der *IG Schlachthof für die Jugend* geraten Ende der Nullerjahre in Griffweite. Doch was nach einer großen Rettungstat mit Happy End klingt, ist natürlich ein fortlaufender Prozess.

Im Januar 2006 bricht das Dach einer Eissporthalle im bayerischen Bad Reichenhall ein und stürzt auf den darunter stattfindenden Zuschauerlauf. 15 Menschen sterben, darunter zwölf Kinder und Jugendliche. Über die menschliche Katastrophe hinaus, hat das schreckliche Unglück auch politische Folgen. Der Bund fordert alle Landesbauminister*innen auf, die Sicherheit ihres Hochbaubestands zu überprüfen. Neben Sport- und Schwimmhallen fallen darunter auch einige Konzerthäuser – und so in Hessen unter anderem die große Schlachthofhalle. 2010 wird daraufhin jegliche weitere Nutzung verboten. Natürlich ist ein Abriss des einsturzgefährdeten Gebäudes die schnell formulierte Konsequenz. Doch das Gelände, auf dem kaum fünfzehn Jahre zuvor noch Ratten tobten, tote Tiere in den Büschen lagen und ein Haufen Freaks Untergrundpartys und Konzerte schmissen, wird in den Überlegungen der Stadtentwicklungspolitik plötzlich als *Filetstück* bezeichnet.

Es gehört nicht nur zu den Grundwidersprüchen der urbanen sozialen Bewegungen, sondern zu sämtlichen Bewegungen, die für ihre Anliegen Räume brauchen, dass mit der Aneignung und Demokratisierung der eigenen Lebens- und Arbeitsumstände eine Aufwertung der dafür nötigen physischen Orte im kapitalistischen Sinne einhergeht. Nun könnte man sagen: genau darin liegt eben die Bestätigung ihrer als utopisch verschrienen Anliegen. Denn wäre das Leben um solche Orte wahrlich schlechter, gefährlicher, schmutziger, chaotischer, gewalttätiger oder ärmer, würden sie ja nicht, was durch etliche Studien belegt ist, immer beliebter. Durch die unfreiwillige kapitalistische Aufwertung drängen jedoch Interessen in jene Räume, deren Prioritäten im Zweifel Ausgangspunkten dieses besseren Lebens entgegenlaufen. Auch das Café Klatsch dürfte sich, vor allem in seinen beliebteren Zeiten, kaum aus seinem Beitrag zur Gentrifizierung des umliegenden Rheingauviertels herausnehmen können.

Es gibt nicht wenige Geschichten aus den 1980er-Jahren, die einen solchen Prozess verdeutlichen. Etwa, wenn einer wie aus einer fernen Zeit berichtet, dass es ihm damals möglich war, mit dem Gehalt im Klatsch und einer Mietwohnung im umliegenden Viertel drei Monate auf Reisen zu gehen, ohne derweil zu arbeiten oder die Wohnung unterzuvermieten. Dass viele solcher Realitäten heute kaum noch vorstellbar erscheinen, hängt ohne Frage auch mit anderen Prozessen zusammen, die sich im Mikrokosmos Café Klatsch – und auch auf dem alten Schlachthofgelände abbilden.

Der *Homo Alternativicus*, wie ihn Maria Icking im Kapitel *Kleine geile Firmen* skizziert, kann die Strukturen, die wir als Neue Soziale Bewegungen kennengelernt haben, auch deshalb aufbauen, weil ein recht weitreichender Sozialstaat eine Basisautonomie garantiert. Nicht wenige können den unbezahlten Teil der Arbeit rund um ihre Projekte durch finanzielle Einkommensmöglichkeiten kompensieren, die im Zuge der 1990er- und 2000er-Jahre dann weitgehend wegbrechen.

Zum einen tragen einige, die zuvor keiner Lohnarbeit nachgehen, zum Aufbau selbstverwalteter Betriebe bei. Spätestens die Hartz-Reformen werden solche Biografien kaum noch möglich machen. Einige andere engagieren sich neben ihrem Studium politisch oder sozial, doch auch die entsprechenden Bedingungen hierfür werden im Zuge neoliberaler Bildungsreformen weitgehend gekappt. Andere finden in den 80ern noch recht leicht Arbeit im städtischen, öffentlichen Sektor. Im Zuge der 1990er-Jahre werden empfindliche Teile dessen privatisiert oder derart geschrumpft, dass sich Angestellte hier kaum nebenher noch in relevantem Ausmaß in Projekten engagieren oder sie gar mit aufbauen können. Speziell in Deutschland wird in diesen Jahren außerdem der größte Niedriglohnsektor Europas entstehen. Der massive Ausbau prekärer Lebensverhältnisse in dieser Folge schränkt die für soziale Bewegungen notwendige Autonomie der Einzelnen, die immer Ausgangspunkt emanzipatorischer kollektiver Prozesse ist, weiter ein. Kurzum: Wer sich in diesem äußeren Druck von Vereinzelung, Individualisierung, Verfügbarkeit, Flexibilität und Selbstoptimierung noch in Projekten engagieren möchte, deren Prioritäten nicht unbedingt in materiellem Nutzen, Konsum oder Regeneration bestehen, wird die damit einhergehenden Konflikte als deutlich anstrengender, zehrender und im Zweifel schneller als verzichtbar empfinden. Auch daher dürften die großen Brocken linkspolitischer Diskurse im selbstverwalteten Alltag, zumindest im Café Klatsch, seltener auf den Tisch kommen, sondern vielmehr die freudvolleren, innerhalb der linken Szene möglichst wenig kontroversen Aspekte zu Kernmotiven werden: Subkultur, Musik, gemeinsames Feiern, auf Konzerte gehen, mit denselben Menschen Spaß im Arbeitskontext auch auf Kosten von Gewinnmaximierung zuzulassen und Ähnliches mehr.

Die Entwicklungen auf dem alten Schlachthofgelände und die Strukturen, die darüber hinaus aus der *IG Schlachthof für die Jugend* entstehen, stehen nicht nur in einer ähnlichen Entwicklungslinie, sie werden auch für das Café Klatsch zu einem relevanten Bezugspunkt. Einerseits, weil sie zu zentralen Orten für jene genannten gemeinsamen Aktivitäten werden, andererseits aber auch im Sinne der bereits angeklungenen Projektionsfläche. Etwa, wenn sich politische Inhalte über Kritik aneinander in die Diskussionen schleichen und somit praktisch bleiben. Gleichsam entstehen Kooperationen, gemeinsame Veranstaltungsformate und nicht zuletzt auch eine gewisse personelle Durchlässigkeit und Überschneidungen zwischen den Projekten, die insgesamt befruchtend wirken. Dabei entstehen verschiedene Tendenzen selbstverwalteter Arbeit im Allgemeinen, die aufschlussreich sein können. Vor allem, weil sich diese lokalen Ausprägungen in mindestens drei Beispielen als recht stabil erweisen.

Der Gewissheit über den Abriss der großen Schlachthofhalle, mit dem schließlich auch das Ende der Räucherkammer und der Räumlichkeiten des *60/40* einhergehen, folgt der Neubau einer Halle, inklusive Proberäumen und Werkstätten, sowie, etwas später, der Umbau eines wegen Denkmalschutzes erhaltenen alten Wasserturms samt Anbau, in das das *Kesselhaus* als neue, kleinere Spielstätte, die Büros und nebenan das neue *60/40* einziehen werden. Damit geht der *Schlachthof* einen nächsten konsequenten Schritt in Richtung einer jener drei Tendenzen: die Motive der Selbstverwaltung möglichst breit und gesellschaftlich relevant aufzuziehen und dabei stets so kompromissbereit zu sein, dass die ökonomische Dimension nicht zur Einschränkung wird. Das daraus resultierende Wachstum und auch die Spezialisierung neigen, wie wir gesehen haben, dazu, Konflikte zwischen hohem Betriebstempo und der langsamen Basisdemokratie zu erzeugen. Doch der Ansatz ermöglicht nicht nur Spielräume für Risiken oder rein ideelle Teilprojekte, nicht zuletzt kann so auch relevante Unterstützung prekärer anderer Projekte möglich werden. Und natürlich geht dieser Ansatz mit Arbeitsbedingungen einher, die Perspektiven und Absicherungen auch langfristig garantieren können. Eine Folge scheint dabei eine vergleichsweise geringe Fluktuation zu sein, die normalerweise den Zugang und so womöglich Generationenübergänge erschweren kann.

Das Café Klatsch ließe sich in dieser Hinsicht als eher gegenläufige Tendenz verstehen: die im Grunde sehr ähnlichen Motive immer nur so weit anschlussfähig zu machen, wie nötig, um über die Runden zu kommen. Damit bleibt unterm Strich sicherlich einiges an Authentizität erhalten, das Projekt ist damit in ökonomischer Hinsicht aber eben auch immer auf Kante genäht. Wirklich angemessene Löhne oder eine ernstzunehmende solidarische Vorsorge geraten selten in Sichtweite und können dann auch kaum für eine wie auch immer geartete Zukunft garantiert werden. Eine Folge dieser Struktur ist eine vergleichsweise hohe Fluktuation, die gleichsam zu steten neuen Impulsen und Innovationen führen kann, im Kern jedoch auch darauf baut, dass Menschen nicht eigentlich freiwillig die selbstverwaltete Arbeit wieder aufgeben. Nicht nur ein ärgerliches Beiprodukt, sondern durchaus ein Motor ist hier ohne Frage, dass manche Leute auch frustriert nach wenigen Jahren wieder gehen.

Dazwischen ließe sich die *Kreativfabrik* einordnen. Ihr gelingt es seit geraumer Zeit, eine Waage zwischen den zwei skizzierten Tendenzen zu halten. Eine der Bedingungen hierfür ist allerdings ein überwiegender Anteil ehrenamtlicher Arbeit – beziehungsweise Bezahlung vor allem dort, wo es unbedingt nötig ist, um den Betrieb zu garantieren oder für die Ehrenamtlichen angenehm zu gestalten. So werden Motive gesellschaftlicher Alternativen vergleichsweise lebendig gehalten, da sie im Großen und Ganzen der wesentliche Anreiz für ein materiell reizarmes Engagement werden. Offenkundig tritt in dieser Tendenz allerdings das Kernanliegen selbstverwalteter Arbeit, eine Alternative zu klassischer Lohnarbeit zu sein, in den Hintergrund.

Durchaus im Sinne von Frank Heiders Bemerkung in dem Kapitel *Café Knacks*, nach der selbstverwaltete Betriebe ihre inhaltlichen Motive vor allem aus den Bewegungen um sie herum entnehmen, bedeuten die beschriebenen Bewegungen rund um das Schlachthofgelände fürs Café Klatsch einen Einfluss, ohne den sich der lebendige Wandel über die Nullerjahre kaum verstehen lässt.

Vor allem aus der alternativen Konzert- und Partyszene finden Menschen ihren Weg von der selbstverwalteten Kultur ins Café Klatsch. Sie tragen viel zu jener Erneuerung bei, von der wir nun einiges gehört haben – und nicht zuletzt finden sich unter ihnen zum Beispiel auch solche, die nicht nur mit Farbflecken an den Händen und Klebestiftresten am Ellenbogen Öffentlichkeitsarbeit machen wollen, sondern mit einem Laptop.

Im Café Klatsch stoßen sie dabei auf Menschen, denen man erklären muss, dass *Photoshop* kein neues Labor in der Innenstadt ist. Entsprechend hat es die digitale Bohème im Café Klatsch zunächst nicht leicht. Erst recht, da einige von ihnen nicht aus klassischen linken Strukturen kommen und hier und da ein wenig andere Auffassungen von professioneller Außenwirkung haben, als immerzu rotzige Fotocollagen von irgendwelchen Punks mit möglichst unlesbarer Schriftart zu kombinieren.

Nach und nach, nicht zuletzt durch eine gewisse Unbeirrbarkeit, schleichen sich ihre Anliegen jedoch in das ein, was hier, in Abgrenzung zum Café, als Klatsch beschrieben wurde – und treiben es schließlich gar auf die Spitze: Anfang der 2010er-Jahre wird das Klatsch zu »THE CLATSH«.

In Anlehnung an die frühe Londoner Punkband *The Clash* wird deren Logo auf den Namen des Betriebs umgemünzt und eine, noch vor zehn Jahren undenkbare, Merchandise-Offensive gestartet. Was eher als Scherz beginnt, wird von der Kulturszene und nicht zuletzt von vielen Gästen etwas zu gut angenommen. An der Theke wird es »THE CLATSH«-T-Shirts geben, in verschiedenen Farben, Sticker, Buttons, Poster und Leinwände – überall im Laden ist das neue Logo, und so in gewisser Weise auch eine neue Identität, nicht mehr zu übersehen. Und das längst nicht mehr nur im Café Klatsch selbst – sondern sogar auf *Facebook*.

Auch das ist nun Teil der neuen Identität: Trotz gleichsam immerzu geäußerter Kritik am aufblühenden Tech-Kapitalismus, ist die Notwendigkeit von professionalisierter – und bezahlter – Öffentlichkeitsarbeit im Café Klatsch angekommen. Sich als ruppig, unkonventionelle Marke in der Stadtlandschaft zu etablieren, aber auch neue, innovative Veranstaltungsformate durchzuführen, die angesprochene Aktualisierung des gastronomischen Angebots sowie ohne Frage das freundlichere Gesicht und die lebendige Weitervernetzung mit der linksalternativen Kulturszene werden die 2010er-Jahre prägen.

Kapitel 7: Du und ich

> Du und ich
> ich und die andern
> die andern und du
> und der ganze Rest
> gib zu: Das ist nicht leicht!
>
> aus *Du und ich*
> von *Frau Doktor*

Es ist am Ende eine aus der türkischen Linken stammende Kollektivistin, die Anfang 2013 auf den Tisch haut und klarstellt: Es reicht. Man sei nicht *THE CLATSH*. Sie kann das in einer Weise, die charmant ist, aber der man besser nicht widerspricht. Von diesem Moment an lassen die jungen Wilden ihre Offensive umgehend und ohne Murren ausschleichen.

Es gibt, leider nicht mehr abspielbare, Rohaufnahmen einer Dokumentation, die Mitte, Ende der Nullerjahre im Café Klatsch gedreht, aber nie fertiggestellt wird. Darin werden auch Plena zehn Jahre zuvor dokumentiert, in denen das damalige Kollektiv über ein neues Selbstverständnis diskutiert. Vor ein paar Jahren habe ich mir diese Aufnahmen ansehen können.

Mitten in diesen Reflexionsrunden um Utopien und Realitäten, politische Standpunkte und Bedenken, sitzt eine Frau. Sie folgt den Diskussionen mit einem freundlichen Lächeln, doch in diesem Augenblick versteht sie noch kein Wort Deutsch. Die Jahre in türkischen Gefängnissen, Folter und Hungerstreiks kann man ihr ansehen. Ich erkenne sie erst auf den zweiten Blick: Es ist jene Frau, die ich als jene kennenlernen werde, die auf den Tisch hauen kann, woraufhin man besser ohne Murren einlenkt, denn in inhaltlichen Auseinandersetzungen mit ihr mag unheimlich viel zu lernen zu sein – doch gewinnen kann man kaum.

Körperlich durch das Gefängnis noch zu schwach, muss sie Mitte der Nullerjahre eine Zeit lang ihre frisch angetretene Mitarbeit im Café Klatsch wieder aussetzen. Als sie zurückkommt, hat sie Deutsch sprechen gelernt – und dieser Umstand ist fortan nicht mehr zu überhören. Im besten Sinne.

»Dass diese Generation ab den 2000ern weniger politisch war, wie oft behauptet wird, dem würde ich immer widersprechen. Sie war nur anders«, sagt sie, als wir im vergangenen Sommer an einem Tisch draußen vor dem Café Klatsch sitzen und je ein kleines Radler trinken. Ich frage, was sie meint.

Das Selbstverständnis der Nullerjahre wird über viele Jahre lediglich hin und wieder in Details angepasst, etwa hinsichtlich der Größe des aktuellsten Kollektivs, bleibt in seinen Kernaussagen aber lange Zeit unverändert. Eine dieser Kernaussagen findet sich jedoch so explizit formuliert in vorherigen Selbstverständnis-Texten nicht: Das Café Klatsch versteht sich nun ganz explizit als Ankunftsort und erstes Standbein für Menschen, vor allem Linke, aus aller Welt. Dies sei ein wichtigerer und schwierigerer Beitrag, als einiges, was man sonst so an eher abstrakten Inhalten fordert, wird mir nun in gewohnt eloquenter Weise bei jenem sommerlichen kleinen Radler erklärt. Nun sei es natürlich nicht so, dass das im Café Klatsch vorher nicht auch gewollt, gewünscht oder gängige Praxis war – aber es sei über die Jahre viel zentraler geworden.

Als ich 2013 im Klatsch anfange, ist das Projekt in diesem Sinne, ganz nebenbei, auch ein *Proseminar: Gebrochenes Englisch* für die deutschen Muttersprachler*innen wie mich – und gleichsam stete Anwendungspraxis teils fragwürdiger deutscher Ausdrücke in diskussionsfreudigem Alltag – für alle, die ihre Deutschkenntnisse dahingehend auf- oder ausbauen möchten.

Mit mir zusammen fängt, ich glaube eine Woche später, noch ein weiterer *Neuer* an. Es dauert kaum vier Wochen, bis *die Neuen* zum Plenumsthema werden. Wir müssen rausgehen, denn jetzt wird über uns gesprochen. Oh je. Ich ahne Schlimmes. Jener Kollege, mit dem ich mich nun in den Garten setze, während man uns drinnen bestimmt gerade rausschmeißt, ist bemerkenswert gelassen. Für ihn sei die Situation eher ungewohnt entspannt, wird er mir sogleich berichten. Ich frage, was er damit meint. In Kurdistan, in den Bergen, habe er sich innerhalb der Guerilla regelmäßig vor der gesamten Gruppe ehrlich und schonungslos selbst reflektieren müssen – auch gut und gerne über eine Stunde lang, erzählt er und lacht. Das sei schon deutlich unangenehmer, als hier kurz zu warten und sich dann anzuhören, was man ändern soll. Ich verstehe und verstehe gleichzeitig nicht.

Wir unterhalten uns eine Weile. Ich erzähle von meiner Band und meinem Studium, er von Kurdistan und Gefängnis. Wir mögen uns, denke ich, und sind etwa gleich alt – aber zwei Leben können kaum unterschiedlicher verlaufen.

Schließlich ruft man uns wieder rein. Das hohe Plenum ist zu einer Entscheidung gelangt: Wir dürfen bleiben. Aber in einem nicht zimperlichen Feedback werden wir gleichsam in einen Sack gesteckt und einmal kräftig durchgeschüttelt. In diesen sehr langen fünf bis zehn Minuten verschmelzen wir *Neuen* zu einer einzigen, kritikwürdigen Person: Wir arbeiten zu langsam, wir kommen zu oft zu spät und sind telefonisch nie erreichbar. Das muss sich ändern.

In mir regt sich Widerstand: Er ist eigentlich immer erreichbar, denke ich – mein Zeigefinger geht in Bereitschaft, um entlastend auf meinen Nebenmann zu zeigen, als ich beschließe, besser doch nichts zu sagen. Es ist schon eine schrullige und bemerkenswerte Eigenschaft des Café Klatsch, dass zwei so unterschiedliche Leben in einem solchen Augenblick zusammenlaufen und gleichermaßen still und unruhig nebeneinander auf ihren Stühlen hin- und herrutschen und rot angelaufen nicken. Denn bei allen Bergen in Kurdistan: Ihm ist unsere Lage dann doch sichtlich unangenehm. Mir auch. Zur nächsten gemeinsamen Schicht kommen wir beide pünktlich und sind das beste langsamste Team der Welt.

»Im Spannungsverhältnis zwischen Individuum und Kollektiv sind Persönlichkeitsmerkmale gefragt, die in der Sozialisationstheorie als Frustrationstoleranz, Rollenambiguität und -autonomie bezeichnet werden«, heißt es in dem Handbuch *Die sozialen Bewegungen in Deutschland nach 1945*[1]. Weiter wird dort erklärt: »Gemeint sind damit Eigenschaften, die es Individuen ermöglichen, besonders in spannungsreichen Situationen über angemessene Normen zu reflektieren und trotz divergierender Erwartungen eine kontrollierte Selbstdarstellung aufrechtzuerhalten.«[2]

Es gibt eine Definition des Soziologen Niklas Luhmann, nach der gesellschaftliche Normen im Grunde kontrafaktisches Erwarten bedeuten. Das heißt: Wenn ein gastronomischer Betrieb zum Beispiel jemanden zum Probearbeiten einlädt und erwartet, dass die Person eine Brille trägt oder lange Haare hat, zum Beispiel, weil das auf dem Bewerbungsfoto der

Fall war, die Person aber mit Kontaktlinsen und kurzen Haaren erscheint, werden die Verantwortlichen ihre Erwartung korrigieren und an die tatsächlichen Eigenschaften dieser Person anpassen. Die Erwartung wird mit den eintretenden Fakten abgeglichen und, wenn sie falsch war, korrigiert. Erwartet der Betrieb hingegen, dass die Person über Grundkenntnisse etwa im Tragen eines Tabletts oder der Verwendung gängiger Gewürze beim Kochen verfügt, und diese Person erfüllt diese Erwartungen nicht, gilt dieses faktische Erwarten nicht. Die Verantwortlichen in dem Betrieb müssen nicht lernen, dass dies nun mal Eigenschaften dieser Person sind, sondern es gelten Erwartungen, die kontrafaktisch erfüllt sein müssen. Gesellschaftliche Normen sind laut Luhmann alle Erwartungen, die so sind, wie das zweite Beispiel – bei denen man also nicht lernen muss, dass etwas anders ist, als gedacht, sondern getrost bei der vorher gefassten und in der Regel gesellschaftlich kommunizierten Erwartung bleibt.

Ein wesentlicher Punkt in der Erfahrung in selbstverwalteten Projekten, ich denke weit über das Café Klatsch hinaus, ist, dass solche Normen hier bewusst durchbrochen, verneint, unterlaufen und neu definiert werden sollen. Und das in vielerlei Hinsicht. Denn offenkundig gibt es ungerechte Normen: Stellt ein Betrieb etwa in unserem Beispiel fest, dass die Person nicht weiß oder nicht binär oder sonst wie *unerwartet* ist, ist es keinesfalls gesellschaftlich gängig, dass die Erwartung entsprechend korrigiert wird, sondern mindestens unterschwellig wird die Person häufig genug diskriminiert und jemand anderes, den Erwartungen Entsprechendes, erhält den Vorzug. Gleichsam ist selbst eine kohärente Anwendung von Normen oft von historischen Einflüssen geprägt, die in linken Zusammenhängen nicht zwingend geteilt werden: religiöse Ansichten, ›deutsche Tugenden‹, eine kapitalistische Verwertungslogik oder Ähnliches. Was allerdings im Umkehrschluss in Projekten wie dem Café Klatsch konkret als Normen gilt, ist selten klar kommuniziert oder womöglich gar diskutiert.

In meiner Zeit im Café Klatsch habe ich so mit Menschen gearbeitet, die für die Gastronomie nicht gemacht waren. Und das ist mitnichten böse gemeint. Ihre Anliegen waren andere Aspekte des Projekts, die Selbstverwaltung, der emanzipatorische Prozess, die soziale Dimension, der politische Ausdruck, zuweilen auch die eigene Unfähigkeit, sich mit Hierarchien zu arrangieren, was im Café Klatsch freilich als sympathisch gilt. Im gleichen Maße gibt es auch Menschen, die in der Gastronomie, der Buchhaltung oder allgemein im anfallenden Alltag hervorragend sind, aber für selbstverwaltete Strukturen und ihre Widersprüche, Unzulänglichkeiten und zuweilen Ineffizienz auf Dauer nicht gemacht sind. Natürlich sind das zwei Pole, die Suche nach angemessenen Normen spielt sich meist in Grauzonen dazwischen ab – aber welche Erwartungen man eigentlich legitim äußern kann, wird dadurch nicht nur hinsichtlich Neueinstellungen sehr diffus. Klar ist in der Regel nur, welche nicht. Aber wie soll sich darauf eine Praxis gründen?

Es ergeben sich also tatsächlich Anforderungen, wie sie in dem oben zitierten Handbuch beschrieben sind: Zum Beispiel ist es im Café Klatsch eine sehr frustrierende Strategie, lernen zu wollen, welche Regeln gelten, um sie dann zu befolgen. Soziale Bestätigung erfährt man dadurch zumindest nicht. Es gelten divergierende Erwartungen aus verschiedensten Richtungen, zu denen man sich in Beziehung setzen und eine eigene, nie endgültige Haltung entwickeln muss. Und das ist anstrengend. Meinen ersten inhaltlichen Wortbeitrag auf dem Plenum, über »ja« oder »gerne« oder »kann ich machen« hinaus, leiste ich, glaube ich, erst nach zwei oder drei Monaten. Und das ist nicht ungewöhnlich. Als neue Person trifft man auf eine Gruppe von Individuen, die gleichsam mehr oder weniger konkret gefasste Rollen im sozialen, politischen und betrieblichen Verbund innehaben. In dem Beitrag zum Kapitel *Läuft* haben wir etwa von den Zyniker*innen, den Engagierten, den Schweigsamen und den Clowns gehört. Es gibt Menschen, die, stoßen sie in eine solche Gruppe, umgehend hineingrätschen und sich eine eigene, ihren Anliegen entsprechende Rolle erstreiten. Oft bringen sie neuen Schwung ein, zuweilen aber auch Konflikte mit denen, die sich dieser Rolle sicher wähnten. Andere, ich zum Beispiel, entwickeln ihre Rolle eher langsam und vor allem aufgrund von Fluktuation. Wenn Kollektivist*innen gehen, entstehen in der Regel Lücken, die nur teilweise organisiert geschlossen werden. Für Leute, deren Rolle unklar ist, sind das Gelegenheiten, diese Lücke und die dahinter befindliche Arbeit überhaupt erst wahrzunehmen, vor allem aber hineinzustoßen und sich so nach und nach in die Selbstverwaltung hineinzufinden. Das geschieht logischerweise recht langsam. Lange war es eine Erwartung des Café Klatsch, dass neue Leute sich für mindestens zwei Jahre auf das Projekt festlegen, natürlich nicht vertraglich bindend, aber im ehrlichen Gespräch, da es tatsächlich oft genug ein Jahr braucht, bis man überhaupt versteht, wie das alles funktioniert, man eine eigene Rolle hat, die es ermöglicht, selbstbewusst zu agieren – und sich entsprechend produktiv einbringen kann.

Entlang der Rollen ergeben sich natürlich auch mehr oder weniger informelle Gruppendynamiken. Von einigen haben wir bereits bei Jo Freeman gelesen. Wie das konkret – und zugegeben, grotesk – ausufern kann, mag eine Anekdote veranschaulichen. Um 2016 fahren wir als Kollektiv auf ein Seminar. Das heißt, wir mieten ein Tagungshaus im Hunsrück und fahren für ein Wochenende gemeinsam dorthin, um Grundlegendes zu besprechen oder zumindest jene Themen, für die das wöchentliche Plenum nicht ausreicht. Auf der Tagesordnung diesmal, angestoßen durch einige der Engagierten: die Möglichkeiten eines Bedarfslohns.

Seit jeher bezahlt sich das Café Klatsch einen Einheitslohn. Das heißt, wie wir schon einmal gehört haben, dass alle für jegliche Tätigkeit den gleichen Nettolohn bekommen. Nun ja. Oder auch nicht mehr so ganz. In einer Hauruck-Aktion, einige Jahre zuvor, sollte eine diesem Prinzip innewohnende Ungerechtigkeit ausgemerzt werden: Wer länger dabei ist, bekommt, als ich im Café Klatsch anfange, etwas mehr. Nicht nur um die eingebrachte Leistung zu honorieren, sondern auch, um einen Anreiz zu schaffen, länger zu bleiben. Eher willkürlich wird dabei die Grenze von zehn Jahren festgelegt, nach der einige, 2013 sind das drei Kollektivisten, etwas mehr Stundenlohn bekommen.

Die erwähnten Engagierten finden diese Regel nicht per se falsch, aber doch wenig nachvollziehbar, denn warum ausgerechnet zehn Jahre? Und nicht fünf oder acht? Warum werden nicht andere Faktoren berücksichtigt, etwa, ob jemand Kinder hat oder älter ist und daher weniger Stunden arbeiten kann? Und wenn solche Fragen aufgeworfen werden, warum nicht gleich ein neues Lohnprinzip einführen: den Bedarfslohn. Das heißt, Bezahlung danach, was die Kollektivmitglieder so brauchen, nicht danach, was sie leisten. Freilich ist das umstritten, denn nicht alle halten das für gerecht, nicht alle finden, dass ihr Bedarf überhaupt irgendwen etwas angeht – und nicht zuletzt fühlen sich einige unwohl bei dem Gedanken, dass sie deutlich mehr oder deutlich weniger verdienen als andere. Entsprechend sprengt das Thema das Plenum und wird auf jenes besagte Seminar im Hunsrück vertagt.

Es ist Sommer. Ein herrlicher Tag. Nach einer Mittagspause ist es langsam Zeit, wieder zusammenzukommen. Einige Personen, Zyniker*innen, Clowns und Engagierte, auch ich, bauen Stühle, einen Tisch und alles Weitere im schönen Gärtchen auf. Andere bauen derweil oben im ersten Stock des Seminarhauses einen Beamer und eine Leinwand auf, weil sie eine PowerPoint-Präsentation zu dem Thema Bedarfslohn vorbereitet haben. Auch hier sind Zyniker*innen und Engagierte vertreten, aber sicher keine Clowns.

Es treffen zwei Bedürfnisse aufeinander: Draußen ist es schön und drinnen ist es effizient. Es zeichnet sich eine Patt-Situation ab. Einer der Engagierten unten aus dem Gärtchen nimmt sich nun einer Botenrolle an. Es sei doch zu schönes Wetter, um sich in einen abgedunkelten Raum zu setzen, hört er von Team Garten und flitzt, durch das Seminarhaus, hoch die Treppe, den Gang runter zu Team PowerPoint. Ihnen stellt er die Sichtweise der Gegenseite dar, hört sich den Einspruch an und flitzt wieder hinunter. Es sei unsinnig, die Frage eines Bedarfslohns ohne die vorbereiteten Zahlen zu diskutieren, heißt es von oben. Es sei unsinnig, die politischen Fragen bloß anhand von Zahlen zu diskutieren, heißt es nun aus dem Garten. Wenn sich ein Konsens für einen Bedarfslohn ergibt, wird man das anschließend schon irgendwie umgesetzt kriegen müssen. Außerdem ist es doch so schön sonnig. Der Bote flitzt wieder hoch. So geht das eine Weile, bis sich Team PowerPoint nachsichtig zeigt, seine Stellung aufgibt und mürrisch unten im Garten erscheint. Ob sich die Atmosphäre der folgenden Diskussion eignet, um einen Konsens für das Wertschätzen der Bedürfnisse aller zu formulieren, sei an dieser Stelle mal, ganz frech, offengelassen.

Dass sich in dieser halben, dreiviertel Stunde andauernden Patt-Situation kaum jemand genervt abwendet, mag nicht nur anzeigen, dass hier durchaus ein dahinterliegender Gruppenkonflikt ausgetragen wird, sondern vor allem, dass es wahrlich der genannten Fähigkeiten: Frustrationstoleranz, Rollenambiguität und -autonomie bedarf, um hier auf Dauer mitzuwirken – vor allen in der Lage von Team PowerPoint.

Doch es stellt auch die schwierige und zuweilen abgründige Frage danach, wer diese Fähigkeiten eigentlich in ausreichendem Maße mitbringt – und wer eher nicht. Denn die Sozialisationen der Kollektivmitglieder sind selbstverständlich ungemein verschieden. Und es bräuchte kaum emanzipatorische Projekte, wäre die Gesellschaft, in der sie entstehen, gerecht.

Einige Zeit später bewirbt sich ein Mann im Café Klatsch, dessen Eltern Landwirte in Ghana sind. Sie bauen Tomaten an, geraten jedoch in existenzielle finanzielle Not, als deutlich günstigere Tomaten aus Europa den dortigen Markt überschwemmen. Ihr Sohn macht sich also nach wenigen Jahren Schule auf die Suche nach Arbeit in der Ferne. Daraus wird eine jahrelange, Flucht in bitterer Armut, die ihn schließlich nach Europa führt. Auf der Plantage in Italien, auf der er Arbeit findet, werden ihm seine Papiere abgenommen und wesentliche Menschenrechte verwehrt. Nicht zuletzt aufgrund solcher Arbeitsverhältnisse vor dem Hintergrund solcher Arbeitsbiografien können die Betreiber*innen solcher Plantagen so billig – auch für den afrikanischen Markt – produzieren. Es ist ein Teufelskreis. Mit einigen anderen beschließt er, so etwas wie eine Minimal-Gewerkschaft zu gründen – für die Wahrung der Menschenrechte, zum Beispiel, dass wenigstens der versprochene Lohn bezahlt wird oder dass sie ihre Papiere zurückbekommen, um im Zweifel wenigstens gehen zu können. Sie werden daraufhin auf die Straße gesetzt. Es folgt eine weitere Zeit der Flucht, die ihn schließlich nach Deutschland, nach Wiesbaden und ins Café Klatsch führt.

Es herrscht Konsens, ihn einzustellen. Nach den üblichen drei Einarbeitungsschichten ist jedoch klar, dass er noch nicht allein arbeiten kann. Es folgen also weitere. Das ist an und für sich noch nicht besonders ungewöhnlich. Als nach einigen Wochen jedoch noch immer der Eindruck herrscht – auch bei dem Mann selbst –, dass weitere Einarbeitungsschichten nötig sind, werden die ersten unruhig. Es formiert sich eine Gruppe, die diese Einarbeitungsschichten ihrerseits fortan unbezahlt macht – dem Bewerber wird das nicht erzählt. Ihm wird im Wesentlichen vorgegaukelt, dass das alles recht normal sei – und er sich keine Sorgen machen solle. Auch von mir.

Doch selbstverständlich merkt er, dass nur für ihn aufwendige Erklärungen erstellt, Fotos und Schritt-für-Schritt-Anleitungen der Gerichte überall in der Küche aufgehängt werden, um ihm vielleicht zu helfen. Doch es klappt nicht wirklich. Über die kommenden Wochen wird auch bei einigen, die anfangs noch sehr ideell von der Aufgabe des Café Klatsch gesprochen haben, *Menschen wie diesen* einen ersten

Anlaufpunkt in Wiesbaden zu stellen, der Geduldsfaden dünner und dünner. In anstrengenden und frustrierenden Diskussionen schwindet der Konsens. Am Ende wird er nicht im Kollektiv arbeiten können. Es ist nicht zuletzt das Argument, dass gewisse Erwartungen erfüllt werden müssen, gewisse Normen also, und dass das Café Klatsch kein Integrationsprojekt sei, sondern in erster Linie ein Betrieb, der funktionieren muss. Und selbstverständlich ist das nicht falsch, doch lässt sich dieses krasse Beispiel in vielen Abstufungen immerzu beobachten: Es kommen nicht alle mit den gleichen Dispositionen ins Kollektiv. Einigen wird das Mitarbeiten gar aufgrund von Eigenschaften verwehrt, die keine Begründung in solidarischen Normen rechtfertigen, keinem sinnvollen kontrafaktischen Erwarten im Sinne linker Motive standhalten. Doch auch innerhalb des Kollektivs fällt auf, dass tendenziell einflussreichere Positionen wie die Finanzgruppe nicht ausschließlich, aber doch häufig von Akademiker*innen oder Menschen aus bildungsbürgerlichen Milieus bekleidet werden – häufiger zumindest als die Bestelljobs, Handwerkliches oder Einkäufe. Dabei können Sprachbarrieren eine Rolle spielen, sind aber längst nicht die einzige Barriere.

Der Begriff von Gleichheit, auch im Sinne der beschriebenen Praxis eines Einheitslohns, wird zu oft einfach angenommen, so als würde er in jenem Augenblick magisch hergestellt, wenn man zusammen gleichberechtigt agieren kann. Zuweilen – und das heißt natürlich nicht immer, aber doch auch nicht selten – bräuchte es aber stärkere Mechanismen, um die mitgebrachten, strukturellen Ungleichheiten zwischen den Einzelnen ausgleichen oder zumindest allen bewusst machen zu können. Vor allem ausgehend von jenen, die in diesem Kontext ungerechterweise profitieren – von einer höheren Bildung, rhetorischen Fähigkeiten, politischer Diskussionskultur, Habitus oder schlicht antrainiertem Selbstbewusstsein gegenüber Aufgaben, die vermeintlich höheren Bildungsschichten vorbehalten sind. Sonst wird die Arbeitsteilung, auf die man in der Praxis nicht verzichten kann, keineswegs bloß eine pragmatische Organisationsform sein, sondern gesellschaftliche Marginalisierung und Ausgrenzung auch in linken Projekten, wie dem Café Klatsch, reproduzieren. Selbst wenn dies in der Regel unbewusst passiert und gut gemeint ist. Ohne Frage spielt genau dieses Thema in die folgenden Entwicklungen hinein.

Kapitel 8:
Die Miete ist schon mal die halbe Miete

Laune am Arsch!

Ein Kollege zu der Überschrift:
»Kollektiv in Kauflaune« eines Presseberichts

Irgendwann im späten Frühling oder Frühsommer 2015 übernehme ich eine Frühschicht von einer Kollegin. In dieser Zeit heißt *früh* unter der Woche um 10:30 Uhr. Ich komme zeitig, um noch in Ruhe einen Kaffee zu trinken, eine zu rauchen und anzukommen. Die Rollläden sind oben, ein Fenster steht weit offen. Es ist schon jemand da. Außerhalb der Öffnungszeiten ist es dieser Tage gebräuchlicher, durchs Fenster reinzuhüpfen, als durch die Tür zu gehen. Die entsprechende Sprungbewegung ist Routine – und ich bin jung genug.

Drinnen sitzt ein Kollege und trinkt Kaffee. Ich bemerke, dass keine Musik läuft. In dieser Zeit und vor allem für diesen Kollegen ausgesprochen ungewöhnlich. Wir begrüßen uns, er wirkt nachdenklich. Gerade sei eine Nachbarin dagewesen, erzählt er – und habe das hier abgegeben: Er reicht mir eine sauber aus der Zeitung ausgerissene Annonce. Darin wird eine Gewerbeimmobilie angeboten, Altbau, hell, Marcobrunnerstraße 9, Wiesbaden, 300.000 Euro.

Wenn man im Café Klatsch arbeitet, muss man ständig irgendwas bestellen. Die Adresse, Marcobrunnerstraße 9, weiß man im Schlaf. Hä? Frage ich trotzdem, obwohl die Sache klar ist. »Ja, die wollen uns verkaufen«, sagt mein Kollege trocken.

Im Laufe der Frühschicht kommen immer wieder Leute aus der Nachbarschaft mit oder ohne Zeitungen zur Theke und erkundigen sich besorgt. Ich bin überrascht darüber, wie viele Leute die Anzeigenseite des *Wiesbadener Tagblatt* lesen. Wir wissen es auch nicht, erklären wir geduldig, wir wissen auch nur, was in der Zeitung steht, und nein, wir wurden vorher nicht darüber informiert.

Schließlich rufen wir den Vermieter an. Es ist noch immer derselbe Herr, seit 1984. Uns vorher zu informieren, sei ihm irgendwie nicht in Sinne gekommen, sagt er, aber er verstünde jetzt, dass uns das etwas beunruhigt. Ja. Wenn wir das Geld aufbrächten, würde er natürlich auch an uns verkaufen. Das wäre nach 31 Jahren Mietverhältnis ja im Grunde sogar naheliegend, sinniert er. Ja, schon. Über die Jahrzehnte dürfte etwa das Doppelte des jetzt geforderten Kaufpreises an Miete an ihn gezahlt worden sein. Alles, was die Bierfestung Barbarossa schon gezahlt hat, nicht eingerechnet – während, wie wir gehört haben, die Reparaturen, Renovierungen und sonstigen Instandhaltungen seit jeher fast ausschließlich vom Café Klatsch übernommen wurden. In die Substanz, etwa die Fenster, wurde nie investiert. Aber gut, solche schlimmen, linksradikalen Gedanken werden sich in diesem Augenblick besser verkniffen.

Am Ende räumt der Vermieter ein Vorkaufsrecht ein: Der Deal: Wenn wir bis Ende des Jahres die 300.000 Euro zusammenkriegen, verhandelt er bis dahin mit niemand sonst. In folgenden Gesprächen wird er zwar nicht müde zu erwähnen, dass er bereits jemanden an der Hand habe, der ihm den Kaufpreis *heute noch* überweisen würde – ob das ein Bluff ist, um unsere Bemühungen, den Preis zu drücken, einzuhegen, bleibt freilich unklar. In den folgenden Monaten tauchen allerdings immer wieder mehr oder weniger windige Gestalten auf, die den ganzen Laden von außen und innen abfotografieren. Einer zeigt sich besonders interessiert und weiß auch mögliche Ängste anzusprechen: Er habe bereits drei *Café Klatsch* in Deutschland, berichtet er, aber keine Sorge, die Belegschaft habe er stets übernommen. Er wirkt irgendwie irritiert, als er rausgeworfen wird – warum dies obendrein mit lautstarker Unterstützung lauschender Gäste geschieht, erschließt sich dem guten Mann offenbar auch nicht recht –, doch das ergibt durchaus längst Sinn.

Denn während die ersten Montagsplena nach der Hiobsbotschaft selbstverständlich von einem Thema dominiert sind: *Ob* – und wenn, dann *wie* wir eine solche Geldsumme auftreiben, formiert sich gleichsam etwas, das über das aktuelle Kollektiv hinausgeht. »*Café Klatsch bleibt.* Eine Offensive von Neulingen auf dem Immobilienmarkt, Amateuren im Darlehensvertragsrecht und Menschen, denen es schwer fällt vor 12 Uhr in irgendeiner Behörde aufzukreuzen, bahnte sich ihren Weg«[1], wird es in einem Text rund zwei Jahre später recht treffend beschrieben.

Von überall her hagelt es nun Unterstützungsangebote. Von Gästen, von ehemaligen Kollektivist*innen aller Generationen, aus der alternativen Kulturlandschaft und anderen Gastronomien, von Szene-Leuten und politischen Gruppen, Yoga-Schulen, Friseursalons, Designbüros, Omis, Opis und Tattoostudios. Es sind so gut wie alle linken Zusammenhänge, von denen wir in diesem Buch gehört haben. Außer der RAF. Zwinkersmiley.

Dabei geht es längst nicht nur um Geld. Es melden sich Menschen, die sich beruflich mit Fundraising-Kampagnen beschäftigen und bieten ihr Wissen an. Menschen, deren Enkel anscheinend gern in diesem, wie heißt es nochmal, Café Klatsch?, rumhängen, bieten Kontakt zu ihren Architekturfreund*innen an, die ganz sicher Tipps und Tricks kennen, um den Kaufpreis noch etwas zu drücken – unentgeltlich selbstverständlich. Es tauchen Notare, Steuerberater*innen, Denkmalfreaks und Motivationskünstler*innen auf. Beim Bezahlen einer Tasse Tee im Café Klatsch versichert eine Frau gar, dass sie mit *hochrangigen Engeln* in Kontakt stünde und auch dort um Hilfe bitten wird. Okay. Ob er ihr dafür unsere IBAN aufschreiben solle, fragt ein Kollektivist verschmitzt. Die Frau lehnt irritiert ab. Weltlichere Kräfte bieten hingegen durchaus auch finanzielle Unterstützung an. In Form von Spenden, Darlehen oder durch die Organisierung von Soliveranstaltungen – oder gleich alles drei. Und so entstehen erste Hoffnungen, dass es *am End'*, wie man in Hessen sagt, tatsächlich klappen könnte mit dem zunächst für irrwitzig gehaltenen Plan, in wenigen Monaten mehr als eine Viertelmillion Euro aufzubringen. Wie genau aber, darüber wird selbstverständlich erst einmal ausgiebig diskutiert.

Dass man die überbordenden Hilfeangebote annehmen möchte, darüber ist sich das Kollektiv schnell einig. Über das Montagsplenum hinaus haben sich derweil jedoch zunächst rein informelle Beratungs- und Vernetzungstreffen ergeben, bald aber auch mehr oder weniger organisierte Arbeitsgruppen zur Öffentlichkeitsarbeit, rechtlichen Problemen, einer baulichen und architektonischen Bestandsaufnahme, Denkmalschutz und Ähnlichem – vor allem aber auch zunehmend zu der Frage der Form des Ganzen.

Auch hier besteht schnell Konsens: Das ganze Unterfangen ist kein Projekt des aktuellen Kollektivs mehr – war es vielleicht von Anfang an nicht, sondern gleichsam eines vieler ehemaliger Kollektivist*innen, langjähriger Gäste, der Nachbarschaft, befreundeter Betriebe und sonstiger Szene. Diesen aus Sicht des Kollektivs formell Außenstehenden soll selbstverständlich eine Mitarbeit ermöglicht werden, ohne sie jedoch in die betrieblichen Strukturen des Tagesbetriebes einzubinden, das heißt: in die GmbH. Es soll also eine neue Rechtsform her. Nur welche?

Verschiedene Arbeitsgruppen lesen sich in die Vor- und Nachteile der Möglichkeiten ein. Eine weitere GmbH ist im Spiel, eine GbR, ein Verein oder eine Genossenschaft – eine ernstzunehmende Ahnung von dem, was wir da tun, hat erst mal niemand. Bald wird aber klar: Jede Form hat irgendeinen Haken – meist hinsichtlich unseres Zeitdrucks. Einen ersten großen Satz nach vorne macht das Ganze schließlich durch ein Treffen mit dem *Mietshäuser Syndikat*.

Als projektübergreifender Zusammenschluss selbstverwalteter Wohnprojekte in Freiburg gestartet, versucht das *Mietshäuser Syndikat* seit Jahrzehnten zwei Dinge unter ein Dach zu kriegen: Zum einen zu erreichen und zu sichern, dass Häuser denen gehören, die darin wohnen. Zum anderen aber auch der im Kapitel *Kleine geile Firmen* angesprochenen Gefahr einer unbeabsichtigten Transformation von Selbstverwaltung in konventionelle Strukturen entgegenzuwirken. Das Syndikat, also der Zusammenschluss möglichst vieler Projekte, organisiert in diesem Sinne, dass ältere Projekte ihr Wissen, ihre Erfahrungen, im Zweifel Öffentlichkeit, aber auch Geld an neuere Projekte geben, die in diesen Dingen in der Regel weniger erfahren sind oder es nötiger brauchen.

Gleichsam fungiert das Syndikat in diesem Zuge fortan als Teilhaber der Projekte. Zwar bleiben alle für sich genommen in ihren Entscheidungen autonom, verpflichten sich aber, andere, neuere Projekte in der genannten Weise zu unterstützen – beispielsweise, indem sie weiter in das Syndikat einzahlen, selbst wenn ihre eigene Immobilie abbezahlt ist. Dass gleichsam aber auch die neuen Projekte Teil des Syndikats werden, also auch Teilhaber*innen in den alten Projekten, ist mit dem Ziel verbunden, deren häufig idealistischeren Schwung und Pioniergeist in die möglicherweise hinsichtlich ihrer politischen Ansprüche eher stagnierenden älteren Projekte zu tragen. Es ist ein Ausgleich, der neue Projekte ermöglichen und die Motive der Selbstverwaltung in etablierteren Projekten stärken soll, um als Anliegen zu wachsen und gleichsam eine mögliche Transformation in konventionelle Strukturen zu verhindern. Und so lässt sich mal wieder sagen: Es gibt kaum eine Herausforderung im Mikrokosmos Café Klatsch, vor der andere nicht auch stehen oder standen. Und es gibt Lösungswege und Strukturen, die man nicht ständig neu und selbst entwickeln muss. Allein darin liegt, nicht nur hinsichtlich des Café-Klatsch-Kaufs, eine wesentliche Bemerkung.

2015, als wir uns mit zwei Vertreter*innen des *Mietshäuser Syndikats* treffen, sind rund 100 Projekte darin organisiert. Heute, knapp zehn Jahre später, schon 190. In einem solchen Verbund ist man natürlich auch, ganz pragmatisch, deutlich kreditwürdiger als allein. Über die Neugier und das politische Interesse hinaus ist das, ehrlich gesagt, auch einer unserer Gründe für das Kennenlerngespräch – denn dass wir den Kaufpreis ganz ohne einen Bankkredit aufbringen werden, glaubt in diesem Augenblick niemand.

Im Laufe jenes Gesprächs wird schnell klar, dass unser Anliegen kaum zu den Strukturen des Syndikats passt. Zum einen wären wir im Falle eines Kaufes nur eine Partei in der Eigentümergemeinschaft des gesamten Hauses. Da darin bei Entscheidungen das Mehrheitsprinzip nach Anteilen gilt, wären wir hinsichtlich unserer hoffentlich zukünftigen Immobilie also alles andere als autonom. Diese Besonderheit stellt das Prinzip des Syndikats vor einige Herausforderungen. Sehr viel gewichtiger ist jedoch der Umstand, dass der Prozess aus guten Gründen zu langsam für uns ist, um das Geld bis Ende des Jahres über die Syndikatsstrukturen zusammenzukriegen. Und dass der Vermieter uns auch nur einen Tag Aufschub gewähren wird, glaubt ebenfalls niemand. Zu einer Zusammenarbeit mit dem *Mietshäuser Syndikat* kommt es also nicht. Doch die in dem Gespräch geteilte Erfahrung und das Voraugenhalten unserer Strukturen, vor allem hinsichtlich dessen, was wir nun vorhaben, helfen ungemein. Am Ende steht also nicht der erhoffte konkrete Plan, aber eine Art unverhoffte Selbstbestimmung unseres bislang eher vagen Projekts.

Während die Unterstützung von außen überwältigend bleibt, wird das Thema *Kauf* innerhalb des Kollektivs jedoch über den Sommer mehr und mehr zu einer Art Nebenjob, um den sich einige wenige kümmern. Bald formieren sich außerdem Stimmen, die ganz andere Pläne haben: Am Rheinufer stünde ein altes, in eine Gastronomie umgebautes Segelschiff zur Miete – dahin könne das Klatsch doch sonst auch umziehen. Zeitweise wird das angeregter diskutiert als die anfallenden Aufgaben rund um den Kauf der gegenwärtigen Räumlichkeiten – unaufhaltsam rutscht der Tagesordnungspunkt *Kauf* immer weiter an die Enden der Plena, und lange bevor das Geld zusammen ist, wird er zu einem Projekt, um das sich vielleicht fünf oder sechs Kollektivist*innen bemühen. Fünf oder sechs fragen immer wieder interessiert nach, wies läuft. Die restlichen fünf oder sechs zeigen keinerlei Interesse an der gesamten Problematik. Langsam verebbt die anfängliche Woge und Euphorie und droht in Überforderung und Zweifel zu kippen.

In einem der vielen Beratungsgespräche dieser Wochen wird einem Kollegen und mir eindringlich dazu geraten, es zu lassen. Es kann und wird nicht klappen, erst recht nicht so, wie wir es vorhaben – wenn wir denn überhaupt genau wüssten, was wir vorhaben – und zwar weder zeitlich noch finanziell.

Auf dem Heimweg von diesem Termin setzen wir uns noch eine Weile vor einen Kiosk, trinken ein Bier. Oder zwei. Die Stimmung ist gedrückt, es ist Spätsommer oder Herbst. Die Zeit läuft uns davon. Alles, was wir haben, sind vage Pläne, in diesem Augenblick aber noch keinen Cent, keinen Vertrag: Wir haben eigentlich gar nichts. Noch nicht einmal den Rückhalt des gesamten Kollektivs. Warum eigentlich nicht? Wir sprechen nun auch länger über die gegen Ende des vergangenen Kapitels beschriebenen fehlenden Elemente, Ungleichheiten aufzufangen. Denn es ist kein Zufall, dass jene, die sich für den Kauf engagieren, überwiegend Menschen mit Abitur, Hochschulabschluss oder Ausbildungen in Bereichen sind, die eine gewisse Erfahrung mit buchhalterischen Angelegenheiten mit sich bringt – und so das nötige Selbstvertrauen. Was retten wir hier eigentlich?

Vielleicht ist das alles doch eine Nummer zu groß, beraten wir ernst, und wir sollten es besser jetzt einsehen als dann, wenn wir ernsthafte Verbindlichkeiten mit all den Unterstützer*innen eingegangen sind. Vielleicht sollten wir *am End'* doch auf dieses Segelschiff – vielleicht sind wir bessere Piraten zur Miete als seriöse Immobilienkaufleute.

In diesen Tagen erreicht das Café Klatsch eine Einladung.

An einem warmen Wochenende folgen wir ihr nach Rauenthal. Im Anschluss an eine kurze Führung durch das Wohnprojekt gehen wir durch den großen, ruhigen Garten und den hellen Veranstaltungsraum ins Tagungshaus. Trotz Krise sind wir bereit, unseren längst auswendig gelernten und im Schlaf paraten Text aus dem Ärmel zu schütteln: Von der breit aufgestellten Möglichkeit zu unterstützen, durch die einzigartige Kombination aus Spendenkampagne und Privatdarlehen, von der Bedeutung des Café Klatsch für das Rheingauviertel und die soziale Infrastruktur Wiesbadens, davon, wie man auch tatkräftig unterstützen kann, wenn man kein Geld hat, weil das Klatsch ein Ort für alle ist, und von der überwältigenden Unterstützung so vieler Menschen sowieso, und wie motivierend das alles ist und wie wir mit Hochdruck an Lösungen der ungeklärten Fragen arbeiten – doch nach all dem werden wir, für uns in diesem Augenblick vollkommen ungewohnt, gar nicht gefragt: Sondern zunächst einmal, wie es uns in diesem schwierigen Augenblick geht.

Ehrlich gesagt: Am Limit, denke ich. Mein Kollege spricht es aus. Er ist der gewiefte Kommunikator und weiß gleich die Brücke zu schlagen: Das Gefühl kenne man hier sicher, vom Kauf des Hauses 1988 – er hat sich sichtlich informiert – es ist unser beider Geburtsjahr.

Und so kommen wir über eine Ebene ins Gespräch, die von Beginn an Druck herausnimmt. Denn so inspirierend dieser Kaufprozess auch wirklich war, er ist an diesem Punkt längst rasend und überdreht. Zu viele Treffen in zu wenigen Wochen, die Ungewissheit, sich alles Schritt für Schritt anzueignen, und so niemals einem Horizont vertrauen zu können, weil die nächste Info alles wieder umwirft. Unser Schlaf ist längst schlecht, unser Alkoholkonsum hoch. Und nebenher der Alltag, der Schichtbetrieb im Klatsch, die Plena, der vermisste Rückhalt, das nie sortierte Leergut, der Ersatz für den kaputten Pürierstab, die freie Schicht am Sonntagmorgen, die Konflikte, Diskussionen und Desillusionierungen des Alltags.

An all das erinnert man sich gut. Ende der 80er war das bis hin zu den ewigen Unzulänglichkeiten des Café Klatsch sehr ähnlich. Uns gegenüber sitzen Menschen, die genau wissen, wovon wir sprechen. Ich weiß in diesem Augenblick wenig über *das Projekt*, der Suche nach neuen Umgangsformen und einer dazu passenden Immobilie. Nur zwei der Gründer*innen leben noch hier, eine ist aus dem Wohnprojekt ausgezogen, aber arbeitet noch immer im Tagungshaus. Über die Jahrzehnte haben viele Menschen, die auch im Café Klatsch gearbeitet haben, dort gelebt, und es sind verschiedene Firmen aus dem ursprünglichen *Projekt* entstanden. Nicht alle sind selbstverwaltet, aber nach wie vor von den Kernanliegen der umliegenden Bewegungen inspiriert.

Es ist ein ruhiges, unaufdringliches Gespräch. Einfach mal rauszukommen, hier an diesem Ort im Grünen etwas durchzuatmen, tut sicher seinen Teil. Erst gegen Ende sprechen wir ohne jeden Anspruch, irgendjemanden von irgendetwas überzeugen zu müssen, darüber, was wir vorhaben. Man empfiehlt uns, einen Verein zu gründen, und erklärt, ermutigend und überzeugend, warum. Vor allem, warum es funktionieren wird. Darüber hinaus wird Unterstützung zugesichert, auch finanzielle

– doch das wahrscheinlich Wichtigste war da bereits geleistet. Auf der Rückfahrt reden wir kaum. Seit diesem Ausflug aber sind wir ruhiger. Irgendwie gehen wir fortan davon aus, dass es schon gut gehen wird.

Am 26. Oktober 2015 findet im Café Klatsch eine Infoveranstaltung statt: »Café Klatsch bleibt. Der LinksRoom e.V. stellt sich vor«. Der Laden kann nicht voller sein. Der Verein ist gegründet, die Strukturen geschaffen, natürlich basisdemokratisch, selbstverwaltet und so weiter, die Öffentlichkeitsarbeit rollt, die Presse hilft, wir geben Interviews, lassen uns ablichten, basteln Excel-Tabellen, lernen, was ein Kleinanlegerschutzgesetz ist, werfen alles um, finden einen unheimlich hilfreichen Steuerberater sowie weiterhin vielerlei Unterstützung und bündeln die Kräfte nach Kräften. Zwar kippt uns einmal eine nächtliche Flasche Rotwein auf sämtliche Unterlagen, aber im Großen und Ganzen sind wir bereit: Rund zwei Monate bleiben, um das Geld jetzt wirklich reinzuholen. Den Kaufpreis können wir derweil auf 250.000 Euro runterhandeln – mit Notargebühren, Steuern und so weiter geht es nunmehr um 270.000. Ständig finden jetzt Soli-Veranstaltungen der alternativen Kulturszene statt, vor allem rund um den *Schlachthof* und die *Kreativfabrik* – die hiesige Bandlandschaft spielt auf. Allein das wird zu vielen Tausend Euro Spenden führen. Außerdem wird eine Tombola auf die Beine gestellt. Dafür stiften viele regionale Firmen Preise mit Einzelwerten von bis zu mehreren Hundert Euro. Längst nicht alle, die Lose kaufen, werden während der Verlosung einen Sitzplatz finden. Manche*r Gewinner*in steht im Augenblick des Glücks gar draußen vor dem offenen Fenster.

Währenddessen möchten wir uns absichern, im Zweifel an einen möglichen Fehlbetrag kommen – wenn nötig auch über einen Bankkredit. Dieser Weg ist freilich nicht der beliebteste. Wieder einmal sind wir jedoch nicht die ersten, die Geld für ein alternatives Projekt von einer Bank brauchen, aber keinen Bock auf Banken haben.

Aus den frühen Neuen sozialen Bewegungen im Ruhrgebiet der späten 1950er-Jahre heraus entsteht eine Initiative, die eine Waldorfschule betreiben möchte. Weil freie Schulen aus Sicht der Banken und staatlichen Einrichtungen noch *Hippiescheiße* sind, organisiert man sich selbst. Und so entsteht über die 60er-Jahre die *Leih- und Schenkgemeinschaft*. Das Wort ›Bank‹ wird zunächst tunlichst vermieden, das Anliegen ist aber im Grunde ein solches, nur dass das verwaltete Geld im Sinne der Anliegen Neuer Sozialer Bewegungen verwendet werden soll. 1974 gründet sich daraus die *GLS Bank – Gemeinschaftsbank für Leihen und Schenken*, an die wir uns mit unserem Anliegen wenden.

Zu unserer Irritation bietet man ein Finanzierungskonzept an, in dem wir uns, als Gemeinschaft organisiert, das möglicherweise fehlende Geld zu besten Konditionen leihen können – ohne irgendeine Sicherheit vorzuweisen oder Auskünfte zu geben, die über die Namen der in der Gemeinschaft Beteiligten hinausgehen. Einige wollen das zunächst nicht glauben. Denn nicht zuletzt heißt das auch: Das Geld käme quasi sofort, ohne langwierigen bürokratischen Aufwand. Perfekt. Dieses Angebot ist deutlich besser als alles, womit wir in unseren wackeligen Excel-Tabellen gerechnet haben. »Warum macht ihr so was?«, fragen wir die Bank noch immer etwas ungläubig – und erhalten die unaufgeregte Antwort: Man habe mit solchen Unterfangen einfach gute Erfahrungen gemacht und glaube, auch ohne Sicherheiten oder Bonitätsprüfungen daran, dass das Geld schon wieder zurückkommen werde.

Also gut, denken wir, würden wir machen – bleiben aber dennoch bei dem Entschluss, dieses Modell erst dann zu nutzen, wenn absehbar ist, dass es über Direktkredite der privaten Unterstützer*innen oder bekannten Gruppen nicht in Gänze klappt. Dass jenes Angebot der *GLS* dabei kaum Vorlauf braucht, ermöglicht uns diese Strategie natürlich erst. Und auch weil immer mehr Darlehensangebote eintrudeln, wissen wir von diesem Augenblick an erstmals sicher, dass wir die Räumlichkeiten des Klatsch im Zweifel werden kaufen können. Kurz darauf unterschreiben wir den Kaufvertrag.

Am Ende ist es eher eine Frage von Wochen als von Monaten, bis wir genug Darlehensverträge verhandelt haben, um sicher absehen zu können: Das Angebot der *GLS Bank* wird gar nicht zum Einsatz kommen müssen. Schließlich trudeln sogar Darlehen ohne Absprache oder Verträge ein, und so bleibt alles immerzu chaotisch – doch eben nicht chaotisch genug, als dass wir nicht zwischen den Jahren 2015 feierlich vor dem Online-Banking sitzen, einen Empfänger und eine IBAN angeben, 250.000 Euro als Betrag eintippen – natürlich auch noch einmal in Worten: *Zweihundertfünfzigtausend*, mit großer Geste ENTER drücken – und erst einmal lernen, dass man so viel Geld gar nicht einfach so überweisen kann.

Anfängerfehler. Mal wieder. Gut. Sektglas beiseite. Dann muss halt ein einfacher, aus einem rumliegenden, karierten Collegeblock gerissener

Zettel herhalten, auf den wir lieblos das formell Notwendige kritzeln, gemeinsam unterschreiben, ihn in einen Umschlag stopfen und abschicken. Ende, aus, fertig, endlich, prost.

Zu der anschließenden Feier im Café Klatsch kommen kaum zwei Drittel des damaligen Kollektivs. Dafür umso mehr der vielen Unterstützer*innen. Doch irgendwie ging es auch längst vor allem darum. Die Rettung des Café Klatsch ist an diesem Punkt mehr als die Rettung von 15 oder 16 selbstverwalteten Arbeitsplätzen. Es wurden auch Erinnerungen gerettet, innere Räume, ganz persönliche Utopien, die Chance auf deren Entzauberung und gleichsam eine Projektionsfläche, auf die sich eigene Erwartungen und Träume, Frust und Verlorengeglaubtes werfen lassen.

Dass sich in dieser Zeit Menschen aus allen Zeiten melden, helfen, sorgen, organisieren, spenden, leihen, retten, mag anzeigen, dass der kollektive Prozess dieser Geschichte kein klares Zentrum mehr hat, in dem etwa ein je aktuelles Kollektiv stünde – es ist im besten Falle diffus, Gegenwart und Geschichte können verschwimmen, Außen und Innen sind überbrückbar. Das mag zuweilen unübersichtlich sein und in den konkreten Abgrenzungen nicht immer einer inneren Logik folgen, aber so ist das nun mal in organischen Prozessen: Widersprüche gehören dazu. Die Gäste und ehemaligen Kollektivist*innen waren dabei natürlich immer schon ein wesentlicher Teil der Identität des Café Klatsch. Nun allerdings, durch den *LinksRoom e.V.*, hat diese Teilidentität eine formelle Repräsentanz und eine konkrete Rolle als Eigentümer*in der Räumlichkeiten. Bis in die frühen 2030er-Jahre werden die Direktkredite hauptsächlich über die Mietzahlungen des Café Klatsch getilgt. Es ist eine konkrete Praxisaufgabe des *LinksRoom e.V.*, die Motive der Selbstverwaltung und die dahinterliegenden Ansprüche an eine bessere Gesellschaft mindestens bis dahin zu überbrücken. Und wenn dann alles abbezahlt ist, entstehen neue Spielräume für die Motive sozialer Bewegungen, sei es in Form von Info- oder Kulturveranstaltungen oder der Unterstützung anderer Projekte, die nicht die Möglichkeit haben, ihre Notwendigkeiten dem Kapitalismus abzukaufen. Denn gerettet wurde nicht ein Betrieb, sondern eine Idee. Von Beginn an wirkt der Verein daher durch politische und kulturelle Veranstaltung in diese Richtung – und so ist das Klatsch nicht nur gerettet worden, sondern in seinen ureigenen Motiven gleichsam inhaltlich belebt und stabilisiert.

Kapitel 9: Gegenstandpunkte

2017 erscheint ein kleines Büchlein: *Das Café Klatsch A–Z*. Es ist eine Art ausführlicheres Selbstverständnis des damaligen Kollektivs, kurze Texten mit Themen zu jedem Anfangsbuchstaben des Alphabets. Von A wie Arbeit bis Z wie Zapatista. Unter L wie LinksRoom heißt es darin ganz zum Schluss:

> »Wir wissen, dass nicht alle Projekte auf die gesellschaftliche Akzeptanz treffen, die ein gastronomischer Betrieb hat. Nicht jedes autonome Zentrum, nicht jeder linke Buch- oder Infoladen kann dem Kapitalismus seine Immobilien abkaufen. Deshalb bleiben Fabrikübernahmen, Haus- und Landbesetzungen weiter wichtige Mittel auf dem Weg zu einer Welt ohne Kapitalismus.«[1]

Was das Klatsch betrifft, so wurde in dem Kaufprozess der Räumlichkeiten eine Besetzung stets als letztes Mittel diskutiert. Ich glaube nicht, dass es einfach so möglich gewesen wäre, diese Immobilie ohne massive Gegenwehr in eine andere, private Hand zu geben. Dass militantere Formen der Aneignung schlussendlich nicht nötig waren – und selbstverständlich war der Kauf wieder einmal ein Kompromiss und keine Überzeugungstat –, ergibt sich vor allem aus Strukturen der nunmehr alten Neuen Sozialen Bewegungen: Vor allem jener, die sich über den Weg der Institutionalisierung und pragmatischen Kompromissen mit den bestehenden Verhältnissen erhalten haben. Etwa das *Miethäuser Syndikat*, die *GLS-Bank*, das Tagungshaus und Wohnprojekt in Rauenthal, der *Schlachthof Wiesbaden*, die *Kreativfabrik,* natürlich Hunderte Privatpersonen, aber nicht zuletzt eben auch das Café Klatsch selbst.

In diesem Sinne widmet das A-Z gleich sein Vorwort einer alten Frage, der wir schon im Kapitel *Café Knacks* begegnet sind. Die ersten Worte des Büchleins lauten entsprechend:

> »Manchmal sagen Menschen, dass das Klatsch eine ›Institution‹ sei. Das verschlägt uns dann ein bisschen den Atem. Eine Institution? Wollen wir das

überhaupt sein? Das fühlt sich ein bisschen übergroß an. Wir sind keine feste gesellschaftliche Einrichtung, eine Behörde gar oder eine Instanz. Jedenfalls verstehen wir uns nicht so. Wir sind ein Haufen von Individuen, die in manchen Teilbereichen unserer Existenz ein paar Dinge anders machen wollen. Und ja: es dann auch tun.«[2]

Doch was ist das eigentlich – Mitte der 2010er-Jahre –, das anders gemacht werden will? Der Buchstabe U ist interessanterweise nicht dem Begriff *Utopie* gewidmet, sondern mit »Unser Politikverständnis« überschrieben. Darin findet sich ein vergleichsweise bodenständiges Selbstbild: Neben einem gesellschaftlich verbreiteten Bild von Politik, das von Parteien ausgeht, versuche man im Klatsch etwas anderes:

> »Eine Politik, die man leben kann, die nicht in Parlamenten, sondern im Alltag, hinterm Tresen, beim Zusammensitzen, Bierbänke aufbauen, eben beim Leben und Arbeiten stattfindet. Viele Fragen tauchen da auf: Wie gehen wir miteinander um? Wie können alle zu Wort kommen? Wie können alle zusammen Entscheidungen treffen, ohne dass eine Mehrheit eine Minderheit dominiert? Wie organisieren wir unsere Spül-, Putz-, und Aufräumarbeit so, dass wir alle sagen können, dass das gerecht ist? Wie bezahlen wir unsere Löhne, wie bewerten wir unsere Arbeit, wie halten wir so zusammen, dass niemand sich im Stich gelassen fühlt? Unser Politikbegriff fängt genau da an, wo wir Antworten auf diese Fragen suchen. Er besteht darin, in unserem Alltag Werte von Gleichberechtigung, radikaler Demokratie und Freiheit zu leben und zu versuchen, diese Werte so gut es geht zu verkörpern.«[3]

Natürlich haben wir von diesen Anliegen schon häufiger gehört, sie haben sich in ihren Kernmotiven über die Jahrzehnte kaum verändert. Vorherige Selbstverständnisse versuchen jedoch in der Regel die je aktuellen Antworten zu beschreiben. Hier wird die Suche nach Antworten selbst zur Zielformulierung. Nika, die in dieser Zeit im Café Klatsch arbeitet und an dem *A-Z* mitarbeitet, fragt sich für dieses Buch, ob der Betrieb, den sie erlebt hat, eigentlich eine Utopie hat, wie hier immer behauptet wurde, oder ob womöglich ein anderer Begriff viel besser passt:

> »Das Café Klatsch. Ein Ort der Vielen, ein Zuhause, Wohnzimmer, eine Institution, eine Utopie oder wohl doch eine Heterotopie?

Für viele war und ist das Café Klatsch ein Kinderzimmer, ein Raum, der während der Jugend Treffpunkt ist, wo Freundschaften entstehen, Konflikte ausgetragen werden und Generationen, sowie ganz unterschiedliche Menschen mit verschiedensten Hintergründen, aufeinandertreffen. Doch die Grundhaltung ist eindeutig: >Wir sind Linke<. Diese Definition ist unscharf, unklar, wer, wie damit gemeint ist, jedoch scheint das Klatsch ein Ort zu sein, wo Unterschiede teilweise ausgehalten werden können. Ein Grundkonsens ist vorhanden.

Ich bin eine derjenigen, die sozusagen in die Klatsch-Suppe hineingeboren wurde. Meine Eltern haben nie im Klatsch gearbeitet, jedoch einige ihrer Freund*innen. Teilweise haben sie das Klatsch mitgegründet. Mir waren sowohl der Ort Klatsch als auch einige, vor allem Ehemalige, gut bekannt. Für mich war das Klatsch also immer eine gewisse Selbstverständlichkeit. Irgendwann stand ich selbst als, zu diesem Zeitpunkt, jüngste Kollektivistin hinter der Theke. Wenn man diese Zeilen liest, könnte davon ausgegangen werden, dass dieser Werdegang mir in die Wiege gelegt worden ist. In gewisser Hinsicht war es auch so. Jedoch war ich auf der Suche, auf der Suche nach meinem eigenen Weg.

Die Frage, die sich im Zusammenhang eines solchen Arbeitskollektivs stellt, ist, inwiefern ein gesellschaftsveränderndes Potenzial darin liegt, obwohl der Widerspruch besteht, dass diese andere Struktur doch wieder im großen Ganzen im Kapitalismus existieren muss. Im Privaten sind die meisten damit konfrontiert, in einem Mietverhältnis zu leben, einkaufen gehen zu müssen, Transportkosten zu haben etc. Es entsteht eine kleine Nische, ein Ort, der eine andere Ordnung vorgibt, ein Gegenraum, eine Heterotopie. Doch was sind Heterotopien? Sie stellen eben solche Gegenräume dar, die momenthaft existieren und im nächsten Moment auch wieder zerfallen können. Der Heterotopie-Begriff ist auf die späten Arbeiten des französischen Philosophen Michel Foucault zurückzuführen. Erstmals thematisierte er diesen im Jahr 1966. Heterotopien sind Räume, die tatsächlich existieren. Dabei ist keine Wertung dieses Raumes enthalten. Anders als in dem Begriff der Utopie, in dem ein Urteil darüber enthalten ist, was als erstrebenswert gilt. Es geht bei den Utopien um eine visionäre Perspektive, die aber nie erreichbar ist. Das Café Klatsch kann demnach als ein heterotoper Ort beschrieben werden. Doch was hat das für mich im Konkreten bedeutet?

Ich kann mich noch an mein erstes Gespräch vor dem gesamten Plenum erinnern. Ich war aufgeregt, alle schauten mich an, viele Gesichter waren mir vom

Sehen vertraut. Ich kam direkt von der Schule. Diese Zeit war für mich nicht die glorreichste und ich wollte nur noch ein Jahr in Wiesbaden bleiben. Ich wollte raus, weg aus dieser versnobten Stadt, die mich zum Gähnen brachte. Ich war hungrig nach Neuem, ich wollte entdecken und mich einbringen. Auf dem Plenum kam die Frage nach meiner politischen Haltung auf. Es kam wieder heraus, ohne dass ich darüber nachdachte: >Na, ich bin ne Linke, Antifaschistin halt.< Es war für mich eine gewisse Selbstverständlichkeit und etwas, worüber ich bis dato nie so richtig nachgedacht hatte. Obwohl ich mich schon, bevor ich Kollektivistin wurde, in dem Kreis um das Café Klatsch bewegte, hatte ich das Gefühl, es entsteht eine völlig neue Welt für mich in Wiesbaden.

Die träge Langweile verwandelte sich in einen intensiven Tanz. Ich übernahm Verantwortung und ließ mich auf die Menschen im Kollektiv ein. Ich wollte das Klatsch und alles, was damit zusammenhängt, aus meiner eigenen Perspektive kennenlernen. Auch wollte ich alles richtig machen, ich wollte zeigen, was ich kann, und habe mich auch gelegentlich dabei übernommen. Vieles war neu für mich, die Aufgaben, die neben dem alltäglichen Café- und Kneipenbetrieb anfielen, musste ich erst kennenlernen. Vieles wurde mir von Anfang an zugetraut und auch erwartet. Anderes wiederum wurde mir auch abgesprochen oder nicht zugetraut. Es kränkte mich zu dem Zeitpunkt. Ich wusste ja, dass die Aufgaben gemacht werden mussten, und ich war bereit dazu. Warum sollte ich sie nicht lernen können? Im Nachhinein verstehe ich die Zurückhaltung besser. Ich war sehr jung und vielleicht auch ein bisschen grün hinter den Ohren, aber ich gab mein Bestes.

Ich musste lernen, mir im Kollektiv, auf dem Plenum, aber auch in Gruppendiskussionen Gehör zu verschaffen. Am Anfang habe ich mich noch zurückgehalten, aber mit der Zeit wurde ich selbstbewusster. Zeitweise hatte ich immer wieder das Gefühl, dass ich nicht gehört werde, vielleicht auch nicht ernst genommen. Auch das veränderte sich teilweise, ich nahm mir mehr Raum und thematisierte mein Nicht-Gehört-Werden. Viele schienen erschrocken darüber und achteten mehr darauf. Generell waren die unterschiedlichen Hintergründe im Kollektiv stark spürbar: Wer sich neben der Haupttätigkeit, Kollektivist*in zu sein, eher als Akademiker*in oder als Arbeiter*in verstand, zeigte sich im alltäglichen Betrieb häufig. Im Plenum konnten diejenigen, die es gelernt hatten, ihre Worte tanzen zu lassen, großen Zuspruch bekommen. Es klingt alles gut, vielleicht haben aber auch nicht immer alle Beteiligten folgen können. In der Praxis war es ebenso. Viele hatten keine Ahnung von der Elektrizität, dem Abfluss etc. Hier war es immer klar, wenn man mit dem eigenen A–Z am Ende war, was bei mir ehrlich gesagt ein paar Mal passierte, bei wem sie sich alle melden würden.

Ich tat mich vor allem mit denjenigen schwer, die große Reden auf dem Plenum schwingen, Worte benutzten, die ich vorher noch nie gehört hatte. Ich fühlte mich dabei häufig unzulänglich, vielleicht auch dumm, dieses Gefühl kannte ich vor allem aus Gesprächen mit Männern, die mir und anderen die Welt erklären wollten, und schon nach dem zweiten Satz machten die Schranken in meinem Hirn dicht. Heute bin ich selbst Akademikerin, mich schüchtern große Reden nicht mehr ein. Viele Menschen haben mich immer wieder ermutigt, für mich einzustehen, und haben mich inspiriert. Im Klatsch habe ich einige von ihnen kennengelernt. Ich hatte das erste Mal das Gefühl, dass ich den nicht greifbaren Ärger oder auch Widerstand, den ich verspürte, in Worte fassen konnte. Ich hatte endlich einen Ort gefunden, an dem ich mich ausprobieren konnte, an dem ich wirken konnte. Ich habe angefangen, politisch meine eigene Haltung zu finden. Ich habe angefangen, Literatur zu lesen, die ich mir ausgesucht habe. Mir wurden viele Dinge klar, in der Theorie, aber vor allem auch in der Praxis.

Das Klatsch ist sicher kein Ort, an dem alles perfekt läuft. Der Kneipenbetrieb kann auf Dauer viele Probleme verursachen. Am Ende haben mich die ständig betrunkenen Nasen genervt, auch irgendwie bedrückt. Eine Langfristigkeit in der Arbeit in einem Café- und Kneipenkollektiv sehen zu können, ist nicht leicht: Die Arbeit ist körperlich anstrengend und es ist prekär. Ich glaube auch, dass der Widerspruch eines Kollektivbetriebs, einen immer wieder an Grenzen bringt. Solange es eine Nische im Großen Ganzen bleibt, wird es sicher nicht viel verändern können. Dennoch denke ich, dass das Klatsch im Kleinen für einzelne Menschen und auch den Stadtraum Wiesbaden eine Rolle spielt. Es ist ein Ort, an dem ich wirken konnte, mich ausprobieren, wo ich gescheitert bin, wo ich meinen Horizont erweitert habe, wo ich entdeckt habe und mich letztendlich auch politisiert habe.

Meine anfangs erwähnte Haltung hat sich gefestigt und ich war nun besser in der Lage zu erklären, was ich damit meine. Ich bin in dieser Zeit gewachsen und habe meine eigene Stimme gefunden. Das Klatsch hat mir, und ich glaube auch vielen anderen vor und nach, mir einen Ort gegeben, der auf verschiedenste Weise eine wichtige Rolle eingenommen hat. Das Klatsch ist eine Heterotopie. Eine kleine Nische, an der im Kleinen, vielleicht auch nur im Individuellen, eine verändernde Kraft liegt. Doch immer wenn mich jemand fragte, was ich mache, antwortete ich mit einem Lächeln in meinem Bauch: ›Ich bin Kollektivistin‹, ich hätte nicht stolzer sein können.«

Im Kapitel *Café Knacks* haben wir gehört, dass die Selbstverwaltungsbewegung womöglich gar nicht als Bewegung im engeren Sinne verstanden werden sollte. Vor allem, weil sie ihre politischen Motive aus den sie umgebenden Bewegungen zieht.

Auch vor dem Hintergrund von Gedanken um Utopie oder Heterotopie sind diese Jahre, Mitte, Ende der 2010er-Jahre, von einigen überwiegend recht neuen sozialen Bewegungen geprägt. Ein Ausgangspunkt ist dabei fraglos der sogenannte *arabische Frühling* gleich zu Beginn des Jahrzehnts. In vielen autoritären Staaten des Mittleren Ostens und Nordafrikas bilden sich Massenbewegungen, die nicht selten in der Lage sind, Regime zu stürzen – wenngleich sie kaum von Dauer sind und in der Regel zu reaktionären Konterrevolutionen führen, die mit unsäglichem Leid einhergehen. Zu einem wichtigen Bezugspunkt des Café Klatsch wird etwa die Selbstverwaltung in Rojava. Infolge der brutalen Niederschlagung der sozialen Bewegungen des arabischen Frühlings in Syrien, das daraufhin im Krieg versinkt, rufen kurdische, assyrische, turkmenische und arabische Delegierte 2012 die »Autonome Administration in Nord- und Ostsyrien – Rojava« aus. Es entsteht eine basisdemokratische, selbstverwaltete Gesellschaftsform, die ökologische, feministische und sozialistische Elemente verbindet. Im Café Klatsch finden immer wieder Veranstaltungen zu Theorie und Praxis statt und verschiedene Gruppen und Personen berichten aus der Region, über den andauernden Krieg in Syrien sowie den bald beginnenden Krieg des türkischen Regimes gegen die selbstverwalteten Gebiete in Rojava. Es werden Transparente aufgehängt, gespendet und zuweilen zirkulieren die Schriften Abdullah Öcalans, die weitgehend die Theorie zur Praxis liefern. Auch die zapatistische Bewegung in Chiapas, Mexiko, wird in der Folge wieder angeregter diskutiert.

Gleichsam rücken Bewegungen in Südeuropa ins Blickfeld. Vor allem linke Strömungen, die sich infolge der sogenannten Finanz- und Eurokrise Ende der 2000er-Jahre formieren und nicht selten zu Massenbewegungen werden. Aus der US-amerikanischen *Occupy Wall Street*-Bewegung schwappt außerdem eine Protestpraxis nach Deutschland – und dabei vor allem in das von Wiesbaden leicht zu erreichende Frankfurt am Main. Noch 2011 wird dort vor dem damaligen Sitz der Europäischen Zentralbank ein Protestcamp errichtet. Nun sind Protestcamps nicht eigentlich neu, aber in dieser Größe hat das Rhein-Main-Gebiet lange keine entschiedenen Proteste mehr erlebt. Auch nicht wenige aus Wiesbaden politisieren sich im Zusammenhang mit dieser aus globalisierungskritischen Bewegungen stammenden Szenerie. Und einige gehen daraufhin auf die ab 2014 stattfindenden Mahnwachen für den Frieden. In Anlehnung an die Montagsdemonstrationen in der späten DDR, von denen wir gehört haben, finden sich auch in Frankfurt alte und neue Teile der Friedensbewegung montäglich ein. Auslöser ist die Annexion der Krim durch die russische Regierung um Putin – und so der Beginn des Ukraine-Kriegs im weiteren Sinne. Das Café Klatsch hat in dieser Zeit, 2014, längst auch montags geöffnet. Das Plenum wurde vorverlegt, von 15 bis 18 Uhr. Ab 19 Uhr beginnt die Schicht, ab 20 Uhr ist offen.

Dieser Konsens fällt noch in die Veränderungen rund um neue Öffnungszeiten, von denen wir im Kapitel *Läuft* gehört haben. 2014 habe ich diese Montagnachtschicht fest. Das heißt, ich mache sie jede Woche. Es ist sogar meine Lieblingsschicht. Man öffnet den Laden und schließt ihn am Ende auch wieder. Man erlebt einen vollen Zyklus, das ist irgendwie befriedigend und in keiner anderen Schicht der Fall. Außerdem mache ich sie mit einem Freund. Wir sitzen häufig bis zum Morgen an der Eins oder im Sommer auf der Fensterbank und reden über alles und nichts. Und das selten allein. Viele der Kollektivist*innen bleiben nach dem Plenum im Laden, trinken, diskutieren, spielen verstecken, wenn die Gäste weg sind, streiten sich, vertragen sich und tun alles, was das Leben sonst noch so zu bieten hat. Inklusive Knutschen manchmal. Seit die Friedensmahnwachen beginnen, kommen abends häufig Wiesbadener aus Frankfurt zurück und gehen danach, ja wohin sonst nach einer Demo, ins Café Klatsch – doch sie werden alles andere als freundlich begrüßt.

Ihrem Selbstverständnis nach möchten die montäglichen Mahnwachen weder links noch rechts sein. Konkret bedeutet das, dass dort mehr und mehr Verschwörungsideolog*innen und andere Antisemit*innen sprechen dürfen. Die sich ganz und gar nicht in diesen Reihen verstehenden montäglichen Klatschgäste zeigen sich von der dahingehenden Kritik überrascht und missverstanden. Es entstehen lange, kontroverse

Gespräche. Und es wird diesen Gesprächen Vorrang vor durchaus geforderten Rausschmissen gewährt. Über die kommenden Monate werden die Mahnwachenden einräumen, dass sich zunehmend seltsame Standpunkte und Hetze in die dortigen Vorträge mischen. Sie werden weithin darauf bestehen, dass sie keine Linken, sondern bloß Menschen sind, schließlich aber gleichsam beschließen, dass Menschen nicht zu Veranstaltungen gehen sollten, die Menschenfeinden eine Bühne geben. Nun könnte man mal wieder sagen, das Café Klatsch hat einen kleinen Beitrag zur lokalen Bewegungsgeschichte geleistet – viel wesentlicher an dieser Anekdote scheint jedoch, dass sich seither eine Bewegung oberflächlicher Elemente sozialer Bewegungen bedient und durchaus auch von sich als links begreifenden Menschen frequentiert wird, obwohl diese offen für Zusammenarbeit mit rechten Strömungen sind. Schnell wird man das *Querfront* nennen. Und wir werden noch einmal darauf zurückkommen müssen.

Zunächst verstärken sich die Einflüsse einer weiteren, klar linken, emanzipatorischen Bewegung im Café Klatsch in dieser Zeit. Diskurse aus der queeren Bewegung werden vor allem durch neu ins Klatsch stoßende, queere Kollektivist*innen stark gemacht. Und mischen den dahingehend recht unbedarften Laden ordentlich auf. Im A – Z schreibt eine dieser Personen dazu unter Q – wie queerRIOT!:

> »queerRIOT! revoltiert gegen Ausgrenzungen, die am Geschlecht einer einzelnen Person festgemacht werden. queerRIOT! wendet sich gegen Sexismus genauso wie gegen Schwulen-, Lesben- oder Transfeindlichkeit. queerRIOT! widerspricht Körperkult und der Bewertung von Menschen aufgrund ihrer äußerlichen Erscheinung.«[4]

Einige, auch langjährige Linksradikale brauchen eine Weile, um sich daran zu gewöhnen, was damit so alles einhergeht – auch an die Kritik an ihnen. Aber man ist ja aufgeschlossen. Spätestens, als nicht unbeeindruckt beobachtet wird, wie diese durchaus radikalen Ansätze und Ausdrucksformen großen Zuspruch selbst bei bürgerlicheren Gästen erfahren. Die Kombination aus *Riot* und zustimmend lächelnden Nachbarn ist im Wiesbadener Rheingauviertel lange her.

Auch als 2016 das Bündnis *Blockupy* zur Blockade der Eröffnung der neuen EZB in Frankfurt aufruft, hängt im Klatsch nicht nur ein liebevoll gestaltetes Transpi mit der Aufschrift: » Café klatscht das Kapital – EZB Eröffnung verhindern« – zur entsprechenden Aktion fahren auch erstaunlich viele Kollektivist*innen, auch gemeinsam. Das ist dieser Tage nicht mehr allzu gängig.

Vielleicht drängt sich trotz Montagsmahnwachen und Querfrontbewegungen also ein Hoffnungsschimmer auf: Global betrachtet sind die 2010er-Jahre eine bemerkenswerte Hochzeit sozialer Bewegungen, vor allem explizit emanzipatorischer – wenngleich nicht alle ihre Ziele erreichen können. Folgen wir Frank Heiders Analyse aus dem Kapitel *Café Knacks*, ließe sich dahingehend vielleicht dennoch die vorsichtige Beobachtung in den Raum stellen, dass ein Ende der zu überbrückenden Latenz von Bewegungsmobilisierungen absehbar scheint. Geraten selbstverwaltete Betriebe durch so viele Inputs von lebendigen sozialen Bewegungen wieder in eine Position, in der sie nicht mehr hauptsächlich Bewegungsmotive überbrücken muss? Im Café Klatsch geschieht zunächst gegen Ende der 2010er-Jahre etwas, das kaum in dieser Weise gedeutet werden kann.

Infolge der immerzu währenden personellen Fluktuation entsteht ein Übergewicht einer Strömung, der wir bereits in den Kapiteln *Das Ende der Geschichte* und *Café Knacks* über den Weg gelaufen sind. Für ein paar Jahre wird das Kollektiv in seiner politischen Ausrichtung von antideutschen Positionen dominiert. Zunächst wendet man etwa ein, dass ein explizit kommuniziertes Verbot von Nationalflaggen während der Fußballweltmeisterschaft der Männer 2018 nicht für Israelflaggen gelten dürfe. Nach und nach wird schließlich auch das breite Angebot linkspolitischer Zeitungen und Infobroschüren im Café Klatsch dahingehend zusammengekürzt, dass es dem gängigen antideutschen Programm entspricht. Das Café Klatsch gerät als Knotenpunkt verschiedener Strömungen in Bedrängnis. Vergleichbares finden wir höchstens Ende der 80er, Anfang der 90er – da allerdings in antiimperialistischer Ausprägung, in einer anderen historischen Situation und nicht so umfassend. Natürlich regt sich gegen die antideutsche Hoheit auch Widerstand. Auch aus genau der genannten antiimperialistischen Ecke. Spätestens, als die marxistische Vierteljahreszeitschrift *Gegenstandpunkt*, deren Ausgaben eher wie ein Buch daherkommen, infolge eines nicht näher begründeten Antisemitismusvorwurfs aus der Auslage fliegt, kommt es zu teils heftigen Auseinandersetzungen. Stets rein verbal, aber mal wieder tauschen sich die altbekannten Vorwürfe lautstark und unüberbrückbar aus.

Als der Arbeitskreis Umwelt, kurz AKU, eine Gruppe, die dem Café Klatsch über die Jahrzehnte ohne Frage politisch immerzu am nächsten stand, wenngleich nicht immer in wohliger Eintracht, am 17.01.2019 eine Lesung zur Geschichte der kurdischen Bewegung organisiert, stößt die antideutsche Front kaum ein paar Stunden vor der Buchvorstellung auf einen Social-Media-Post des Autors und Vortragenden. Das Buch selbst hat man im Café-Klatsch-Kollektiv nicht gelesen, aber Jahre zuvor hat der Autor eine Karikatur geteilt, die die Bombardierungen der selbst-verwalteten kurdischen Gebiete durch die türkische Regierung in einen sarkastischen Zusammenhang mit der Bombardierung palästinensischer Gebiete durch die israelische Regierung stellt. Diesen daraus gelesenen Vergleich hält man im antideutschen Lager freilich für völlig unzulässig. Die Veranstaltung soll kurzfristig abgesagt werden. Es kommt, kaum zwei Stunden vor der Lesung, zu einem Krisentreffen zwischen Autor, AKU und Vertreter*innen des Café Klatsch. Zwar einigt man sich darauf, dass die Lesung stattfindet, das Verhältnis zwischen allen Beteiligten geht daraus aber reichlich ramponiert hervor. Und hier liegt das Problem. Die Einengung eines Projektes, wie dem Café Klatsch, auf eine bestimmte Strömung innerhalb der Linken erreicht weniger, als sie zerstört. Auch für Stimmen und Menschen aus der kurdischen Bewegung ist der Eklat um jene Lesung ein klares Statement gegen ihre Anliegen und ihren Platz im Kollektiv.

Dennoch finden in dieser Zeit auch wichtige Veranstaltungen zu ohne Frage existierendem Antisemitismus in der Linken statt, nicht zuletzt hinsichtlich der angesprochenen Querfrontbewegung. Das Kollektiv beschließt außerdem geschlossen und in Begleitung einiger antiimpe-rialistischer ehemaliger Klatsch Kollektivist*innen in die Ausstellung »Das Gegenteil von gut – Antisemitismus in der deutschen Linken seit 1968« zu gehen. Immerhin, ein Lichtblick. Die Wanderausstellung der Bildungsstätte Anne Frank gastiert im anstehenden Frühjahr in Frankfurt am Main. Und so vereinbart man eine Führung am 23. März um 16 Uhr – doch dazu wird es nicht kommen: Weltweit wird es kaum ein Museum geben, das an diesem Tag geöffnet ist.

Kapitel 10: Unter den Masken

> Aber die Welt ist viel verrückter als du
> und fast wär etwas von uns geblieben.
>
> aus *Unter den Masken* von Buntspecht.

Anfang 2020 läuft dieser Song unerträglich oft im Café Klatsch. Rauf und runter. »Unter den Masken, da funkeln die Zähne«, immer und immer wieder. Rückblickend ist es schon seltsam, dass in diesen Augenblicken niemand ahnt, welche Bedeutung Masken in den kommenden Jahren haben werden. Auf dem Plenum am Montag, den 9. März fasst das Kollektiv nicht nur den Beschluss, gemeinsam jene Antisemitismus-Ausstellung in Frankfurt zu besuchen, im nächsten Plenumspunkt entscheidet man sich außerdem, trotzig zwei Kästen Bier der Marke *Corona* zu bestellen – ein Scherz, den man sich leisten will, obwohl er »sehr teuer«[1] sei, wie kritisch angemerkt wird.

Vier Tage später schließen in fast allen deutschen Bundesländern die Schulen und Kitas, Großveranstaltungen werden abgesagt, die Fußball-Bundesligen stellen den Spielbetrieb ein – und wenn in Deutschland der Fußball stillsteht, ist es ernst. In Hessen dürfen sich ab dem 16. März nur noch Gruppen von maximal fünf Menschen treffen. Noch am selben Tag schließen die deutschen Grenzen und alles, was nicht unmittelbar dem täglichen Bedarf dient. Obwohl die Schließung der Gastronomien rechtlich erst ab Mittwoch, dem 18.3., in Kraft tritt, trifft das Kollektiv noch auf dem vorherigen Montagsplenum, am 16.3. eine weitreichende Entscheidung, die später in einer Erklärung auf Facebook mündet:

> »Mit großer Sorge haben wir die Entwicklung und Verbreitung des Corona-Virus in den letzten Tagen und Wochen beobachtet und sind zu dem Entschluss gekommen, dass wir als Gastronomie, genauso wie jede Privatperson, in der Verantwortung stehen, die Verbreitung so gut es geht einzudämmen und den Laden ab heute zu schließen.«[2]

Dass das fast wörtlich nach der Erklärung zu Tschernobyl 1986 klingt, werden wir noch einmal aufgreifen. Zunächst aber ist der Laden von einem Tag auf den anderen dicht. Wie viele in diesen Tagen unterschätzt auch das Café-Klatsch-Kollektiv anfangs die Dauer der Schließung: »Wir freuen uns schon drauf, in ein paar Wochen wieder fröhlich mit euch zu schmausen und zu trinken«[3], hofft man noch im März 2020. Insgesamt wird der Betrieb jedoch für mehr als neun der kommenden 15 Monate geschlossen bleiben.

Am Abend des 18. März 2020 sitzen selbst Linksradikale vor dem Fernseher, wenn auch allein zu Hause: Die Bundeskanzlerin wendet sich an die Nation. Oh je. Das Coronavirus ist da und es ist ernst, sagt sie. Und es sei die größte Herausforderung seit dem Zweiten Weltkrieg. Alle kennen die Bilder der nächtlichen Leichenwagenkonvois aus Bergamo. Italien geht in den Lockdown. Auch in Spanien und Frankreich gilt bald eine absolute Ausgangssperre, Großbritannien folgt. Viele gehen davon aus, dass Angela Merkel in ihrer Ansprache ähnliche Maßnahmen verkünden wird – doch für den Augenblick bleibt es bei Mahnungen und Bitten, sich an das bislang Geltende zu halten. Nur vier Tage später ist es jedoch auch in Deutschland soweit: Ab dem 22. März 2020 ist alles dicht, im öffentlichen Raum dürfen sich nur noch maximal zwei Personen treffen – wenn überhaupt. Und langsam wird klar, dass das alles länger dauern könnte.

Das erste Plenum nach der Schließung findet entsprechend digital statt, ungewohnt und weitgehend strukturlos. Es ist von einem einzigen Thema bestimmt: existenzielle Not. Wie soll das gehen? Das Protokoll ist hastig, unzusammenhängend, stichpunktartig. Eine Sammlung von Ideen: Kurzarbeiter*innengeld könnte es geben, aber im überlaufenen Arbeitsamt erreicht man tagelang niemanden. Vielleicht ein Solitopf aus Rücklagen für die, die gar nicht mehr über die Runden kommen? Aber auf Dauer? Ratlosigkeit. Weitere Ideen werden gesammelt und Aufgaben verteilt. Es scheint vor allem darum zu gehen, sich einen Überblick darüber zu verschaffen, was möglich ist. Immerhin, könnte man sagen, besteht nicht die Gefahr einer Kündigung durch den Vermieter.

Mit dem Unterstützer*innenverein LinksRoom, der die Laden-Immobilie gekauft hat, wird bis auf Weiteres eine Stundung der Miete vereinbart. Das nimmt zumindest etwas Druck heraus.

Es folgen Monate des Wartens und der Sorge. Einige dienstältere Kollektivist*innen gehen. Zum Teil aus blanken finanziellen Gründen, nicht selten aber auch, weil man durch den erzwungenen Rückzug ins Private unverhofft aus der Alltagsmühle geworfen wird und in solchen Augenblicken neue Perspektiven auf den eigenen Lebensweg angestoßen werden. Neue kommen dazu, wenngleich deutlich weniger. Das Kollektiv beginnt zu schrumpfen – doch viele der Neuen bringen auch einen Elan mit, der einiges ins Rollen bringt. Die Mittel, die zur Verfügung stehen, werden ausgeschöpft, Anträge gestellt, Überbrückungshilfen beantragt, und irgendwie, wenn auch mit schmerzhaften Einschränkungen, schleppt sich das Kollektiv bis in den kommenden Sommer.

Für eine Weile und mit strengen Auflagen kann vor allem der Außenbereich geöffnet werden. Es ist die Zeit der neonfarbenen Markierungen auf dem Boden, der selbst gebastelten Trennwände, der täglich literweise herbeigeschafften Desinfektionsmittel, der in Spender umfunktionierten Corona-Bier-Flaschen, der Datenzettel, der Hygienekonzept-Aushänge und der Masken sowieso. Einer, der dieser Tage im Café Klatsch anfängt, erinnert sich an diese Monate, die bald, um Weihnachten, in einen zweiten, deutlich längeren Lockdown münden werden.

»Die schier endlosen Gedankenräume des Café Klatsch, ein Labyrinth aus Ideen und Emotionen, bieten vielen verwirrten Seelen, auch mir, einen Platz zum Entfalten. Es ist eine eigenartige Werkstatt der Möglichkeiten, in der man seinen Wünschen freien Lauf lassen kann. Die Grenzen zwischen Traum und Realität scheinen nicht ganz klar zu sein und man lernt jenseits der konventionellen Arbeitswelt sich selbst kennen. Ein jeder von uns wird nicht nur als bloße Arbeitskraft wahrgenommen, sondern als ein komplexes Wesen mit einem individuellen Fluss von Ideen und Visionen. Hier wird jeder Gedanke belebt, jede Idee nimmt Form an, und die Kreativität durchdringt die Luft wie ein faszinierendes Mysterium. So habe ich das Café Klatsch zumindest am Anfang meiner Zeit, mitten in der Pandemie, wahrgenommen. Es war eine Zeit des Umbruchs. Viele Menschen, die schon lange im Kollektiv tätig waren, hörten auf und suchten sich andere Beschäftigungen, und neue Menschen zu finden, schien unmöglich. Mit jedem Plenum, das verging, kippte die Stimmung, Existenzängste wuchsen, und dann kam der nächste Lockdown. Um uns irgendwie über Wasser zu halten, hatten einige die grandiose Idee, Döner und Pommes während der Wochenenden übers Fenster zu verkaufen.

Rein durfte ja niemand. So wurde fleißig jede Woche, während laut *Daddy Cool* lief, Seitanmehl zu veganem Dönerfleisch verarbeitet, Krautsalat geschnitten und Soßen gemixt. Der ganze Spaß, den man hatte, ließ mich manchmal schon vergessen, dass wir uns gerade in einer sehr prekären Situation befanden und keiner so genau wusste, wo es eigentlich hingeht.«

Der sogenannte ›Wellenbrecherlockdown‹ wird verlängert und verlängert und der Eifer, stets mit passenden Konzepten einer möglichen Eröffnung entgegenzusehen, sinkt im Verlaufe des Januars 2021 merklich. Es setzt sich eine Abwartehaltung durch. Lösungen sollen gefunden werden, wenn denn irgendwann klar ist, wann und unter welchen Auflagen wieder geöffnet werden kann. Vorher entstehen eher Frust oder Verschleiß, denn die Bestimmungen ändern sich jetzt ohnehin fast wöchentlich.

Und so erlahmt das Café Klatsch weitgehend. Bald gibt es kaum noch Alltägliches zu besprechen. Viele Montagsplena fallen aus oder reduzieren sich auf die bloße Verteilung der Rumpfaufgaben und des Fensterverkaufs. Mehr und mehr drängen in dieses Vakuum aber auch Themen, die für gewöhnlich mangels Zeit und Kraft den Alltagsthemen untergeordnet werden: Grundsätzliche Fragen. Die weiter zunehmende personelle Fluktuation weckt gleichsam den Wunsch, ein aktuelles, dieser neuen Gruppe angemessenes Selbstverständnis zu erarbeiten. Ein neuer Blick aufs Ganze deutet sich an. Selbst physisch wird das Klatsch nun in einen Zustand des Umbruchs verwandelt. Zum ersten Mal seit jener ersten Renovierung der Bierfestung Barbarossa 1984 ist das Café Klatsch für mehr als einige Tage geschlossen. Und wenn das schon so sein muss, sagt man sich, sollte das auch genutzt werden. Auch dies beschreibt der bereits zitierte Kollektivist in seiner Erinnerung:

»Da nach einigen Wochen immer noch nicht klar war, wann wir denn wieder aufmachen können, beschlossen wir, die Zeit zum Renovieren zu nutzen. Der Laden konnte sowieso mal einen neuen Anstrich gebrauchen, denn die giftgrünen Wände mit den babyblauen Vertäfelungen gaben einfach nicht mehr viel her, wenn sie das überhaupt jemals getan haben. So ging die ca. 200 Jahre lange Diskussion los, welche Farbe der Laden denn nun haben sollte. Ich hätte niemals gedacht, dass man etwas so Banales so lange diskutieren könnte, aber im Café Klatsch lernt man immer was Neues. Rot sei zu aggressiv, rosa passe nicht zu den Pflanzen und für grau stünde der Mond im falschen Winkel zur

Erde, oder so, ich hab' nicht mehr zugehört. Endlich war die Entscheidung dann gefallen: Die Wände sollten beige gestrichen werden und die Vertäflung dunkelgrün. Beige und grün. Ich sag mal nichts dazu.

Nach tagelangem Aufräumen, Abkleben und Abschleifen konnten die Farbrollen in den dunkelgrünen Lack getunkt und an die Vertäfelungen gebracht werden. Lange dauerte es nicht, bis ein Kollektivist, der sich bislang von der Farbfindungsdiskussion distanzierte, in den Laden lief und schrie: ›Ey Leude das ist voll das Nazi-grün! Das können wir nicht machen!‹, ›Ernsthaft jetzt, wirklich?‹, dachte ich nur. Schon wieder ging das Geschrei und die Diskussionen um die Farbe los. Petrolblau sollte es dann werden. ›Hoffentlich wurde das nicht auch schon von Nazis benutzt‹, murmelte ich während der Diskussion. So, also alles nochmal von vorne. Super. Überrascht war ich dann aber doch, wie schnell alles ging. Nicht einmal eine Woche dauerte es, dann war alles gestrichen. Das Eiscafé Klatsch war geboren, zumindest suggerierten das die neuen Farben. Einige schienen sichtlich unzufrieden mit dem Endergebnis, aber da war jetzt nichts mehr zu machen.«

Im Staub dieser Renovierung, zwischen noch nicht ganz getrockneter Farbe, Pizzakartons und ausgehängten Türen entstehen aber auch weitere Grundsatzdiskussionen, die sich über den gesamten Januar bis in den Februar 2021 hinein erstrecken. So geballt und umfangreich wie selten werden in diesen Wochen Grundannahmen des Projekts und selbstverwalteter Arbeit im Allgemeinen diskutiert. Die meisten dieser Diskussionen sind in drei Teile gegliedert: »Anders leben«, »Anders arbeiten« und »Anders wirtschaften«.

Unter dem Aspekt »Anders wirtschaften« finden sich zunächst Bekenntnisse zu den grundlegenden Anliegen der Selbstverwaltung: »Niemand bereichert sich an unserer Arbeit«, beziehungsweise Variationen davon: »Wir wirtschaften kapitalistisch, aber wir bereichern keinen Kapitalisten, sondern uns selbst«[4]. Überschüsse sollen umverteilt oder zur Unterstützung anderer Projekte verwendet werden, heißt es in früheren Gesprächen. Im Laufe der Debatten drängt sich aber mehr und mehr auch eine altbekannte Frage zur Gerechtigkeit von Lohnmodellen auf. Maßgeblich für den Umgang mit Überschüssen sei die »Lohnfrage«, heißt es entsprechend. Setze man Überschüsse dafür ein, höhere Löhne zu zahlen, erzeuge das einen »Ansporn für Leute, längerfristig im Klatsch zu bleiben«[5], momentan gebe es nämlich kaum eine Perspektive, »für Kollis, hier über einen längeren Zeitraum zu bleiben«[6]. Die Staffelung nach zehn Jahren Betriebszugehörigkeit wurde vor Jahren schon wieder angeglichen, das heißt, die, die mehr verdient haben, haben keine Lohnerhöhung mehr bekommen, bis die niedrigeren Löhne aufgeschlossen hatten. Natürlich war das keine sehr motivierende Entscheidung für die Dienstälteren. Grobe Schätzungen ergeben hinsichtlich der aufgeworfenen Fragen jedoch schnell, dass selbst ohne Pandemie eine allgemeine Erhöhung der Löhne, in einer Dimension, die wirklich ernsthafte Effekte in der beschriebenen Richtung erzielen soll, nicht finanzierbar ist.

Das wohl zentralste Charakteristikum dieser Jahre, die ungemein hohe personelle Fluktuation, und der Wunsch, ihr entgegenzuwirken, kratzt folgerichtig an einem der Grundpfeiler des Café Klatsch: dem Einheitslohn. Als Diskussionsgrundlage werden die Prinzipien eines Staffellohns und eines Bedarfslohns vorgestellt. Dabei zeigt sich schnell, wie wir auch schon im Kapitel *Du und ich* gehört haben, dass ein gestaffelter Lohn in der Praxis im Grunde unweigerlich auf eine Form des Bedarfslohns hinausläuft. Nach welchen Kriterien soll nämlich gestaffelt werden? Nach Dauer der Betriebszugehörigkeit? Nach Alter? Danach, wer unfreiwillig mehr Miete zahlt, wer Kinder hat oder Kosten, die womöglich niemanden etwas angehen? Der Versuch, einen gerechten Katalog möglicher Staffelungen zu erstellen, müsste sich so oder so an den spezifischen Lebensumständen der Kollektivmitglieder orientieren, wird argumentiert – und laufe, wenn er nicht beliebig werden soll, unweigerlich auf einen Bedarfslohn hinaus. Und ein solcher hat in diesen Tagen wieder einmal einige Fürsprecher*innen.

Ob ein Bedarfslohn aber im konkreten Kontext dieses Kollektivs funktionieren kann, darüber ist man sich alles andere als einig. Da seien höhere Einheitslöhne oder eine Annäherung an einen Bedarfslohn durch einen simpleren und dann eben nicht in jeder Hinsicht gerechten Staffellohn realistischer, heißt es von anderen – und zwar finanziell wie auch gruppendynamisch und gewissermaßen individualpsychologisch. Längst werden nämlich auch Fragen nach Effekten gestellt, die über ökonomische Faktoren hinausreichen. Etwa, wie man »[i]ndividuelle Neid-Neigungen evtl. verhindern«[7] könne. Und es werden mögliche »[p]räventive Maßnahmen zur Bekämpfung von Neid-Gefühlen bei evtl. Bedarfslohn«[8] gewünscht. Die Ängste, dass derartige Dynamiken das Kollektiv zerreißen könnten, seien groß, wird unverblümt notiert.

»Kann Bedarfslohn in einem Arbeitskollektiv funktionieren, ist der Rahmen dafür nicht eher in einem Lebensgemeinschafts-Kollektiv sinnvoll?«[9], wird nun gefragt. Worin der Unterschied bestünde, wird treffend beantwortet: Um das, was die Ängste ausmache, zu überwinden, müsse man »am Menschsein arbeiten, damit es nicht am Menschsein scheitert«[10]. Man brauche vielleicht ein gemeinsames Wohnprojekt als »Experimentierraum«[11], um das Risiko der Fliehkräfte im Betriebsalltag zu reduzieren. Dies allerdings wäre dann »ein langfristiges, intensives Projekt«[12], heißt es. Ein *Projekt*. Ja.

Es ist die alte utopistische Version von der steten Arbeit an sich selbst als politischem Subjekt – und so stoßen wir, mitten in der größten Krise der Geschichte des Betriebs, auf tiefliegende Echos seiner Ursprünge. Doch selbstverständlich besteht auch ein Unterschied zwischen »Zusammen wohnen. Zusammen arbeiten« und »Anders leben und anders arbeiten«. Für einen Konsens taugt weder das Wohnprojekt noch der Bedarfslohn, noch eine Staffelung in jedweder Form. Zwar wird die sehr grob gefasste Möglichkeit eines »Bonus« anhand von »Lebenssituationen« beschlossen – im Wesentlichen aber solle zunächst »das wirtschaftliche Niveau vom Café Klatsch« gehoben werden, um »erst mal höhere Löhne«[13] zu zahlen. Und das meint Einheitslöhne, basierend auf gearbeiteten Stunden. Auch diese Dynamik kennen wir etwa aus dem Kapitel *Kleine geile Firmen* und den Debatten Mitte / Ende der 90er-Jahre. Fragen wie: »Was ist mit älteren Menschen oder Menschen mit Kindern, die mehr Geld brauchen aber weniger arbeiten können?«[14], bleiben entsprechend unbeantwortet.

Und so verlagert sich auch die Lohndiskussion im Februar 2021 in vermeintlich bodenständigere Sphären. Nicht zuletzt die Erfahrung des Fensterverkaufs in seiner Kompaktheit und vergleichsweise simplen Struktur führt nun zu Vorschlägen, deren Charakter wir ebenfalls schon das ein oder andere Mal begegnet sind: Man könne doch das, was man da am Fenster mache, auch in einem Wagen machen und so auf Festivals oder ähnlichem zusätzlichen Umsatz generieren – verhalten expandieren also. Zeitweise wird das in einem recht großen Stile überlegt. Und es gesellen sich weitere Ideen dazu, die im weiteren Sinne Wachstum bedeuten würden. Zum Beispiel einen eigenen Getränkevertrieb zu gründen oder Ähnliches. Mindestens zwei Dinge werden jedoch dazu führen, dass es dazu nicht kommen wird.

Zum einen steht ja nach wie vor das Schrumpfen und die hohe Fluktuation im Kollektiv im Zentrum der Reformansinnen. Hier einen neuen Zweig aufmachen zu wollen, käme einer zusätzlichen Belastung gleich, für die es erst recht neue Mitarbeitenden bräuchte. Zum anderen finden Festivals oder alles, wo das Kollektiv mit jenem zweiten Standbein vertreten sein könnte, während der Pandemie nicht statt – und wenn es irgendwann so weit sein wird, wird auch das Café Klatsch wieder geöffnet haben und mit deutlich verkleinertem Kollektiv seinen Alltag bestreiten müssen. Mag das in diesem Augenblick auch noch in unabsehbarer Ferne liegen.

Was als *Wellenbrecher-Lockdown* rund um Weihnachten 2020 begann, bedeutet 7 Monate durchgängige Schließung. Es ist längst wieder Sommer, als sich eine Wiedereröffnung andeutet. Im Juni 2021 wird seitens der Bundesländer, recht abrupt beschlossen, dass es unter strengen Auflagen weitergehen kann mit weiten Teilen des gesellschaftlichen Lebens. Neben der Eindämmung neuer Infektionen stehen nunmehr aber auch das Schaffen von Anreizen, sich impfen zu lassen, im Vordergrund, sowie die Übersicht über die pandemische Lage im Fokus zu behalten – vor allem, um so betroffene Behörden und natürlich den medizinischen Sektor vor Überlastung zu schützen. Ein wesentlicher Aspekt ist dabei die Rückverfolgung von Infektionen. Vor diesem Hintergrund bleibt es eine Auflage, auch in der Gastronomie, die persönlichen Daten sämtlicher Gäste aufzunehmen und für zwei Wochen vorzuhalten. Neu hinzu kommt die Verpflichtung, wahlweise einen Impfnachweis oder einen tagesaktuellen Negativtest zu kontrollieren. Wer das nicht nachweisen kann, darf sich in dieser Zeit nicht im Café Klatsch aufhalten, geschweige denn bewirtet werden. Es drohen empfindliche Geldstrafen, die in diesem Augenblick das Ende des Betriebs bedeuten würden.

Während die hygienischen Auflagen weitgehend für sinnvoll erachtet und umgesetzt werden, wenngleich einige ohne Frage übers Ziel hinausschießen, stößt die Kontrolle sensibler Daten der Gäste auf Unbehagen, vor allem, weil die Impfnachweise oder Tests mit dem Personalausweis oder anderen Passdokumenten abgeglichen werden müssen. Bis in die

Sphäre des Informellen entstehen teils hitzige Debatten, die schlussendlich in einem öffentlichen Statement münden, das ein erwähnenswertes Nachspiel haben wird.

Der betreffende Facebook-Post vom 3. Juni 2021 wurde noch am selben Tag wieder gelöscht. Dreh- und Angelpunkt der teils heftigen Diskussionen, die in der Kommentarspalte entbrennen, sind neben dem allgemein recht sarkastischem Tonfall vor allem eine ungünstige Formulierung: Hinsichtlich der Kontrolle von Impfpässen oder negativen Coronatests heißt es: Man wolle unter diesen Umständen lieber gar nicht öffnen, als durch solche Kontrollen zu »Handlangern des Staates«[15] zu werden. Dazu bemerkt man außerdem fälschlicherweise, dass sich Menschen mit wenig Geld die Tests nicht leisten könnten, man das Prinzip also nicht unterstützen wolle. In den prompt explodierenden Kommentaren wechseln sich krude Lobpreisungen vom selbsternannten *Corona-Widerstand* mit zuweilen harscher Kritik linker Positionen ab.

Letztere weisen zurecht auf einen sachlichen Fehler in der Argumentation hin: Zu diesem Zeitpunkt ist es neuerdings möglich, sich einmal täglich gratis in Test-Centern testen zu lassen. Das Ergebnis eines solchen Tests beinhaltet außerdem lediglich den Namen der Person und die E-Mail-Adresse, sodass es gar nicht zwingend zu einer Kontrolle besonders sensibler Daten komme. Richtig ist aber auch, dass es Teil der Auflagen ist, sowohl Impfpass als auch Testergebnisse mit einem Passdokument abzugleichen, das selbstverständlich sensible Daten enthält. Gespeichert werden diese hingegen nicht. Und so wird munter diskutiert.

Dazu findet sich in den weiter und weiter eskalierenden Kommentaren öfter eine Argumentation, die wir schon aus den fernen Tschernobyl-Tagen kennen: Das Café Klatsch solle sich bitte nicht anmaßen, die Entscheidung seiner Gäste zu bevormunden. Wer mit Impfpass oder Test kommen und sich kontrollieren lassen möchte, solle das tun können – wer das nicht will, entscheide sich dann halt dagegen. In den deutlich hysterischeren Bemerkungen offenkundig *querdenkender* Kommentator*innen wird diese angenommene Bevormundung zumindest andeutungsweise mit den Jahren 1933 bis 45 verbunden. Auch das kennen wir aus den Tschernobyl-Debatten – und womöglich ist diese Parallele gar nicht so profan wie sie scheint.

Vielleicht erinnern wir uns an das Heft, das über den Mai '86 im Café Klatsch ausliegt, um Erfahrungsberichte mit der Radioaktivität zu sammeln. Darin finden sich auffallend viele Beiträge, die in etwa so klingen: »Es gibt keine Atomkraftwerke – Ich habe Frieden – Denn Gedanken sind Kraft und Energie. Du bist was du denkst. [...] Ich denke: Es gibt keine Atomkraftwerke, und wenn es so alle denken passiert es wirklich.«[16] Womöglich hat sich der spirituelle Flügel auf den Querdenken-Demonstrationen auf genau diese, sehr seriöse Technik besonnen: Wenn alle denken, dass keine Reichskriegsflaggen da sind, dann sind sie auch nicht da.

Außer Frage steht, dass die Proteste gegen die Corona-Maßnahmen in all ihrer Verirrung in Verschwörungserzählungen und antisemitischer Hetze von Anfang an durch rechte Kräfte eingenommen sind. Oft ist in dieser Zeit die Rede davon, dass ein Nazi sei, wer mit Nazis marschiere – dabei geht es hier längst nicht nur ums Marschieren. In wesentlichen Teilen stellt die neue Rechte die Infrastruktur für die Proteste. In der Summe ist die Querdenkenbewegung eine klar rechte Protestbewegung.

Gleichsam ist es mindestens in Wiesbaden nicht so, dass der organisierte Faschismus hier bloß ein neues Thema entdeckt und auf die Straße trägt. Vielmehr erhalten sie mit diesem Thema Zulauf aus bis dato nicht klar rechten Teilen der Gesellschaft – auch aus Teilen der Neuen Sozialen Bewegungen. Und so abwegig ist das auch nicht.

Wenngleich sich spirituelle Ansinnen im Café Klatsch Kollektiv selbst nie über Einzelpersonen hinaus etablieren, kämpft das Café Klatsch seit jeher mit Gästen aus dieser Ecke. Zuweilen werden sie toleriert, dann wieder rausgeschmissen, doch das Motiv ist stets präsent: Die gesellschaftlichen Alternativen können ihre emanzipatorischen Potenziale nur entfalten, wenn sie sich stets selbst hinterfragen, reflektieren und solidarisch kritisieren. Sonst kann die Suche nach Formen einer besseren Gesellschaft auf gefährliche Abwege geraten. Kritik an der kapitalistischen Organisation von medizinischer Versorgung kann in alternative Konzepte münden, die weder auf Vernunft noch auf Wissenschaft gründen und überdies eher in rechten Reformbewegungen wurzeln als in linken Positionen. Auch linke Kritik am kapitalistischen Finanzwesen kann in Antisemitismus kippen, nicht nur, wie wir gehört haben, in Teilen der Friedensbewegung oder antiimperialistischen Positionen. Kritik an identitätspolitischen Argumenten kann in Antifeminismus und gleichsam in Rassismus, Ableismus oder sonst jede Form von Ausgrenzung und Marginalisierung kippen. Begründete Ängste vor den Mechanismen des neoliberalen Kapitalismus können in Klassismus und Fremdenfeindlichkeit umschwingen oder Ähnliches.

Denken wir in diesem Sinne an die Angst vor 1984 und den Boykott der Volkszählung Mitte der 80er zurück. Es lässt sich kaum von der Hand weisen, dass das Vorhalten sämtlicher persönlicher Daten aller Gäste für 14 Tage jene Bedenken des Volkszählungsboykotts bei Weitem übersteigt. Und die Kontrolle durch die Schicht im Café Klatsch mag das eine sein. Laut den Auflagen besteht gleichzeitig jederzeit die Möglichkeit, dass Behörden diese Daten einsammeln und auswerten. Dass einige, die einmal gegen die Erhebungen weit weniger sensibler Daten protestierten, nun enttäuscht sind, dass das Café Klatsch so etwas unwidersprochen mitmacht, rechtfertigt nicht, sich mit Nazis gemein zu machen – versuchen wir die historischen Kontinuitäten aber zu betrachten, ist es alles andere als verwunderlich. Und scheint kein isoliertes Einzelbeispiel zu sein.

Von Systemmedien sprach man auch in den Neuen Sozialen Bewegungen Ende der 80er, Anfang der 90er oder im Zusammenhang mit der Aufklärung der Ereignisse in Bad Kleinen 1993. Und nicht nur in dem Gastbeitrag über die Spendenkampagne »Waffen für El Salvador« haben wir gehört, dass selbst revolutionäre linke Strömungen bis in die 1990er-Jahre hinein keineswegs ein Problem mit dem Begriff *Volk* hatten und allem, was er impliziert. Ohne Frage in prominentester Weise in dem Ausdruck »Wir sind das Volk« im Zuge der friedlichen Revolution in der DDR – ein Spruch, der wörtlich von Querdenkenden und ihrem rechts-offenen Umfeld übernommen wird. Und nicht zuletzt erlebt auch George Orwells *1984* und sein Vokabular eine bemerkenswerte Renaissance rund um die Corona-Maßnahmen-Proteste.

Dies alles soll nicht veranschaulichen, dass die Neuen Sozialen Bewegungen in Gänze nach rechts gerückt seien. Vielmehr scheint ihr genuin linker Kern zwar wesentlich, aber eben nur ein Kern zu sein. Ihre Bedeutung, das heißt, ihr enormes Massenmobilisierungspotenzial in der zweiten Hälfte des 20. Jahrhunderts, war scheinbar gleichsam auch von einem Zeitgeist abhängig, der sich verändern kann. Und ein mögliches Produkt alter Reflexe in einem veränderten gesellschaftlichen Klima mag das sein, was wir als *Querfront* kennengelernt haben.

Dass sich die Linke nun, Anfang der 2020er-Jahre kaum gegen einen in dieser Pandemie de facto autoritär artikulierenden Staat richtet, abgesehen von vergleichsweise kleinen Solidaritätsbekundungen mit Geflüchteten oder Ausgebeuteten in Pflege und Medizin, und sich gleichsam Proteste gegen die Maßnahmen als rechte Bewegungen formulieren, mag in diesem Sinne nicht zuletzt in einem veränderten Zeitgeist begründet und Ausdruck eines Kipppunktes vom Neoliberalismus hin in einen gesellschaftlichen Rechtsruck sein.

Die Härte und Unmittelbarkeit der Abgrenzung linker Strömungen gegen die Corona-Proteste im Ganzen, auch jener Elemente, die sie zumindest historische teilen, sind dabei vermutlich kaum verständlich, ohne sich einige Entwicklungen in Erinnerung zu rufen, die unter dem massiven Eindruck der Pandemie weitgehend aus dem gesamtgesellschaftlichen Blickfeld geraten. Verkürzt und unvollständig seien die an dieser Stelle vielleicht in einer groben Chronik angezeigt:

Gleich nachdem im Juli 2018 der sogenannte NSU-Prozess gegen Beate Zschäpe endet, setzt im August eine mindestens 170 Schreiben umfassende Droh-Mail-Serie unter dem Kürzel NSU 2.0 ein – meist gegen linke Einrichtungen oder öffentlich wirkende linke, oft migrantische Frauen. Häufig beinhalten sie sensible persönliche Daten der Betroffenen, die von Polizeicomputern stammen. Im September desselben Jahres formieren sich Neo-Nazis in Chemnitz. Während der Aufmärsche kommt es zu rassistischen Hetzjagden. Hans Georg Maaßen, Chef des Bundesverfassungsschutzes, ursprünglich mit dem Versprechen angetreten, das Vertrauen in den Verfassungsschutz nach nie aufgeklärten Verstrickungen in den NSU-Komplex wiederherstellen zu wollen, leugnet die rechte Gewalt und bedient sich neurechter Verschwörungserzählungen. Er muss schließlich seinen Posten räumen. Heute wird er selbst vom Verfassungsschutz als Rechtsradikaler geführt. Seine Amtszeit wird nicht unabhängig aufgearbeitet. Im November desselben Jahres deckt die *taz* das Hannibal-Netzwerk auf – eine rechtsradikale Gruppierung innerhalb der Bundeswehr. Im Februar 2019 erhält das Café Klatsch ein erstes Drohschreiben, das zwar nicht mit NSU 2.0 unterschrieben ist, aber klar in dieselbe Kerbe schlägt – darin werden Menschen unter Klarnamen bedroht.

Im März 2019 werden zwei Dutzend Polizeibeamt*innen suspendiert, nachdem ihre rechtsradikale Chatgruppe aufgedeckt wird. Es ist bei

Weitem nicht der erste oder letzte solche Fall. Ein Fall in Frankfurt steht derweil im Zusammenhang mit dem ersten Schreiben des NSU 2.0. Drei Monate später wird der CDU-Regionalpolitiker Walter Lübke von einem AfD-nahen Neo-Nazi ermordet. Vor allem, weil er sich zum Menschenrecht auf Asyl bekannt hat. Rund zwei Wochen später werden bei einem ehemaligen KSK-Soldaten Kriegswaffen und 55.000 Schuss Munition sichergestellt, die allesamt der Bundeswehr entwendet wurden, ohne dass das groß aufgefallen wäre. Dieser KSK-Soldat organisiert darüber hinaus weitere rechtsradikale Chatgruppen, denen vor allem Polizist*innen und Soldat*innen angehören. Einer von ihnen ist Franco Albrecht, ein Bundeswehrsoldat, der sich unter falschem Namen als syrischer Flüchtling registriert, um unter dieser Identität ein Attentat zu verüben. Sein Ziel ist es, so einen *Tag X* zu provozieren, an dem die bewaffneten Gruppen der neuen Rechten aus dem Untergrund treten und die Macht ergreifen. Es werden konkrete Listen von Personen, die in diesem Zuge ermordet werden sollen, sowie dahingehend ausreichend beschaffte Leichensäcke und Kalk für die Desinfektion der Toten sichergestellt.

Am 1. September 2019 erzielt die AfD mit Spitzenkandidaten des rechten Flügels Rekordergebnisse bei den Landtagswahlen in Brandenburg und Sachsen und wird je zweitstärkste Kraft. Kaum zwei Wochen später, an Jom Kippur, verübt der Neo-Nazi Stephan Balliet einen Anschlag auf eine Synagoge in Halle. Auf offener Straße erschießt er zwei Menschen. In die Synagoge, wo sich zu diesem Zeitpunkt 50 Menschen aufhalten, gelingt es ihm nicht einzudringen. Eine verschlossene Tür kann er selbst mit Waffengewalt nicht öffnen. Medial wird dies häufig als *Glück* bezeichnet. Tatsächlich sieht der Kantor den Täter auf einem Überwachungsbildschirm und kann daraufhin noch rechtzeitig Schutzmaßnahmen einleiten. Verhindert wurde der geplante dutzendfache Mord also nicht durch Glück, sondern durch den Umstand, dass jüdische Feste in Deutschland nicht ohne massive Sicherheitsvorkehrungen begangen werden können.

Wiederum zwei Wochen später wird die AFD auch in Thüringen zweitstärkste Kraft. CDU-Politiker*innen sprechen sich für ergebnisoffene Gespräche aus. Am 6. Februar 2020 lässt sich der FDP Kandidat Thomas Kemmerich mit Hilfe der AFD zum Ministerpräsidenten wählen. Nur auf Druck bundesweiter Protestaktionen und Besetzungen von FDP-Zentralen kann dieser Vorgang rückgängig gemacht werden.

Keine zwei Wochen später erschießt der Neo-Nazi Tobias Rathjen in einem rassistisch motivierten Amoklauf neun migrantische Menschen, Gökhan Gültekin, Sedat Gürbüz, Said Nesar Hashemi, Mercedes Kierpacz, Hamza Kurtović, Vili Viorel Păun, Fatih Saraçoğlu, Ferhat Unvar und Kaloyan Velkov.

Etwa einen Monat später geht Deutschland in den Lockdown und das Pandemiegeschehen dominiert weitgehend die öffentliche Debatte. Am 25. Mai wird in den USA außerdem George Floyd ermordet. Tagelang brennen Polizeistationen und die Bewegung *Black Lives Matter* fordert bald auch in Deutschland eine bedingungslose Auflösung rassistischer Strukturen in der Polizei sowie konsequente Dekolonisierung. Im September 2020 erreicht das Café Klatsch und andere Gruppen in Wiesbaden und Mainz, die hier als Beispiel solcher Projekte dienen sollen, ein zweites Drohschreiben im Stile des NSU 2.0. Wenngleich es nicht so unterschrieben ist, sondern mit *Kompanie Schickelgruber* – dem Familiennamen des Vaters von Adolf Hitler, in diesem Schreiben allerdings falsch geschrieben. Na ja. Der krude Inhalt vermag über den ersten Schock hinaus keinen größeren Eindruck zu hinterlassen – mulmig wird es dem Kollektiv jedoch, als das Schreiben, in dem erneut auch ein Mensch mit Klarnamen bedroht wird, zur Anzeige gebracht werden soll. Zur Spurensicherung erscheinen Beamt*innen ausgerechnet jenes Wiesbadener Polizeireviers, in dem nur Monate zuvor sensible, nicht öffentliche Daten der Politikerin Janine Wissler, Die Linke, sowie der Kabarettistin İdil Baydar abgerufen wurden, die jeweils kurz darauf in einem Drohschreiben des NSU 2.0 Verwendung fanden. Wer diese Daten abgerufen hat, wird im Detail nie geklärt, entsprechende Ermittlungen decken jedoch weitere rechte Strukturen in der hessischen Polizei auf. Die Ermittlungen rund um den Drohbrief an das Café Klatsch werden ergebnislos eingestellt. Dies alles geschieht in kaum zwei Jahren und soll als Eindruck dienen. vollständig ist die Chronik bei Weitem nicht.

Denn selbst wenn wir an dieser Stelle Reichbürger*innen, Pegida, NPD, Werte Union, rechte Siedler, Anastasia Bewegung, Revolution Chemnitz, Antaios und andere rechte Verlage, Think Tanks, Stiftungen, Reservistenvereine, Bürgerwehren, rechte Kampfsport- und Heimatschutzgruppen und was weiß ich noch alles für einen Moment lang rechts liegen lassen: Antifa-Recherchegruppen, wie auch die Presse brauchen nicht lange, um zu recherchieren, dass gut vernetzte Akteure dieser neuen Rechten bald wesentliche Kräfte in den Querdenkenprotesten darstellen. Das alles lässt für viele innerhalb der Linken nur einen Schluss zu: Die neue Rechte ist wie eine Hand, die immer offener nach der Macht greift. Die AfD ist dabei lediglich ihr weithin sichtbarer Mittelfinger.

Das mag die rasche, kompromisslose und vielleicht vorschnelle Opposition linker Zusammenhänge zu den bürgerlichen, vielleicht gar linken oder ehemals in sozialen Bewegungen engagierten Teilen der Querdenkenbewegung erklären. Und somit auch, wie sie schlussendlich aus einer Querfront-Bewegung zu einer klar rechtsradikalen Bewegung werden konnte.

Und doch gibt es die ursprünglichen, nicht rechts-offenen Motive der Neuen Sozialen Bewegungen natürlich noch immer, wie wir etwa im vorherigen Kapitel gehört haben. Selbst die Anliegen der Selbstverwaltung dürften heute gesamtgesellschaftlich anschlussfähiger sein als noch vor fünfzehn oder zwanzig Jahren – auch über hippe Obstkörbe und Tattoos im neoliberalen Start-Up-Kapitalismus hinaus. Den lähmenden Eindruck, dennoch vor einem unaufhaltsam scheinenden Erstarken rechter Einflüsse zu stehen, vermögen genuin linke Bewegungen bislang zumindest nicht zu überbrücken. All das steckt irgendwie verdichtet in diesem linken Miniaturzeitgeist im pandemischen Ausnahmezustand. Und all das liegt auch in jenem Mini-Shitstorm unter dem Café Klatsch Facebook-Post im Frühling 2021. Wie immer, als Mikrokosmos.

»Euer Shitstorm […] ist absolut gerechtfertigt.«[17], entschuldigt sich das Kollektiv schließlich am Folgetag des entglittenen Statements und stellt sich klar gegen die Lobpreisungen der Querdenkenden und auf die Seite der linken Kritiker*innen. In deren Richtung heißt es weiter:

> »Danke dafür und Sorry deswegen! Wir wollen, dass ihr euch weiterhin wohl und sicher bei uns fühlt. Allerdings können wir mit unseren wenigen Kollektivist*innen unserem Anspruch an ein ausgereiftes Hygienekonzept momentan nicht gerecht werden. Gerade in Anbetracht der nun zusätzlichen Kontrolle der Tests bzw. Impfpässe. In dieser Rolle würden wir uns auch tatsächlich etwas unwohl fühlen.«[18]

Das klingt doch schon besonnener – und schließlich räumt das Kollektiv auch einen bereits angeklungenen, jedoch nicht öffentlichen Grund für die Entscheidung ein:

> »Da eine Eröffnung nach rund sechs Monaten Corona-Pause auch eine Menge Arbeit und (noch) nicht erledigte Dinge mit sich bringt, schaffen wir es einfach nicht, den Laden mit einem deutlich dezimierten Kollektiv aufzumachen.«[19]

Es dauert etwas, sich aus der mittlerweile Alltag gewordenen Mischung aus Lethargie und Reflexionsprozessen zurück in das betriebliche Tagesgeschäft zu bequemen – ein Tagesgeschäft, das überdies einige, die neu dazugestoßen sind, noch nie erlebt haben.

Dennoch ist es ohne Zweifel, trotz der Verzögerungen, ein Moment des Aufatmens und des Aufbruchs. Auch daran erinnert sich ein Kollektivist:

> »Die Existenzängste verflüchtigten sich; Jetzt zählte nur noch, alles auf Vordermann zu bringen. Am letzten Abend vor der Öffnung, kurz vor Mitternacht, saßen wir zu viert an der eins, freuten uns auf den nächsten Tag und gingen nochmal alles durch: die Küche war vorbereitet, die Getränke standen schon kalt, die nimmer ausgehende Kaffeemaschine lief immer noch, wir hatten Stühle und Tische – was sollte schon schiefgehen? Bis mir gegen 1.30 Uhr auffiel, dass wir noch gar keine Speisekarten hatten. Whoops. Panik und Gelächter machten sich breit, aber glücklicherweise war die Karte schon vorbereitet. Wir fanden in den späten Stunden noch einen Expressservice, der sie uns über Nacht druckte und am nächsten Tag noch lieferte. Nochmal Glück gehabt.«

Wer sich hier an jene Nacht vor der Eröffnung 1984 und die Anekdote über den Feuerwehreinsatz erinnert fühlt, liegt vielleicht gar nicht so verkehrt – nicht zuletzt, weil das Café-Klasch-Kollektiv auch nach der Wiedereröffnung 2021 erfahren wird: Mit elf Leuten ist das alles nicht zu stemmen. Die Öffnungszeiten werden weiter deutlich in Richtung Kneipenbetrieb verkürzt und gleichsam eine Reihe weiterer Veränderungen vorgenommen, um auf die personelle Situation zu reagieren – denn anders als 1984 gibt es keine rege linke Szene mehr, die in Dutzenden darauf drängt, im Café Klatsch zu arbeiten. Eher im Gegenteil: Viele der verbliebenen Szene-Leute, vor allem die jüngeren, begegnen Anfragen, ob sie nicht in diesem Augenblick einsteigen / mitmachen möchten, mit der Befürchtung, sich dadurch im schlimmsten Fall einen ihrer letzten verbliebenen Szene-Orte zu versauen.

Trotzdem: Das Kollektiv hat sich in den Pandemiejahren nicht nur deutlich verkleinert, sondern gleichzeitig auch weitgehend erneuert und verjüngt. Und diese neuen Leute bringen wieder neue Vorstellungen ein, die sich in Veränderungen niederschlagen. Aktualisierte politische Anliegen, Strömungen, Diskussionskulturen und Ansprüche an ein gemeinsames Arbeiten formulieren sich schnell, die antideutsche Deutungshoheit ist passé. Auch die neue Speisekarte funktioniert in Teilen anders als vorherige. Alte Verkaufsschlager fliegen raus, neue etablieren sich. Es geht weiter, wenn auch gemächlich, in Richtung vollkommen veganem Angebot. Eine Petition, um das beinahe von Beginn an im Klatsch verkaufte *Michelsbräu Pils* zu retten, scheitert hingegen. Dieses irgendwie kultig, süffige Aushängeschild des Ladens und überdies freundliche Familienunternehmen überlebt die Pandemie nicht. Also auch hier, an prominenter Stelle eines Hausbieres, muss etwas neu entstehen, sich neu etablieren – und steht so irgendwie auch symbolisch für den Augenblick. Vermutlich, hätte ich dieses Buch 20 Jahre später geschrieben, würde nach dem *Café* und dem *Klatsch* an dieser Stelle ein dritter Teil beginnen müssen.

Outro: No future is now!

Nie wieder ist jetzt.
Losung der antifaschistischen Proteste Anfang 2024

Kurz nachdem dieses Buch erscheint, wird das Café Klatsch 40 Jahre alt. Wir sind also in der Gegenwart angekommen. In Europa ist Krieg, der Faschismus greift um sich. Selbst die Grauen eines durch Terror eskalierten Krieges zwischen Israel und der Hamas vermag der Linken keine wesentlichen Streitigkeiten mehr entlocken. Mindestens im Café Klatsch überwiegt der Schrecken über alle Seiten. Historische Argumentationen hatten sich in informellen Diskussionen rund ums Klatsch schon hinsichtlich des russischen Angriffskriegs gegen die Ukraine als kaum relevant entpuppt. Und irgendwie ist die Erwartung, auch im Nahen Osten wieder mal Partei zu ergreifen und für irgendwas zu einstehen, angesichts des schieren Leids spürbar ermüdet. Wenngleich das zeitweise von Gästen gefordert und vermisst wird. Und über allem schwebt irgendwie ungreifbar und gleichzeitig mit größten Ängsten unheilbar verknüpft: die Klimakatastrophe.

Doch ist es nicht so, dass wir, tauschen wir hier ein paar Begrifflichkeiten aus, nichts wesentlich anderes vorfinden, als die Schilderungen jenes Café-Klatsch-Gründers in unserem Intro? Ist das ein zynischer Gedanke? Werden wir unseren Blick eines Tages über das 70-Jahre-Café-Klatsch-Straßenfest schweifen lassen und verblüfft feststellen, dass diese Welt noch immer irgendwie besteht? Das wird sich zeigen.

Als eines der letzten Recherchegespräche, bevor ich dieses Buch beende, spreche ich mit einem, der seit der Renovierung 1984 im Café Klatsch dabei ist. Er ist der Einzige, der alle hier besprochenen Entwicklungen erlebt hat. Natürlich sprechen wir nicht zum ersten Mal. Wir gehen vielmehr noch einmal die Themen des Buches durch. Ich will mich vergewissern, dass nichts Wesentliches unentdeckt geblieben ist und die groben

Linien nichts Erwähnenswertes vermissen lassen. Natürlich haben seine Erinnerungen ihren Weg in die Kapitel gefunden, und natürlich kann ein Buch wie dieses nicht jedes Detail und jeden Blickwinkel abbilden. Am Ende sprechen wir allerdings auch über die Gegenwart. Es stünden ein paar grundsätzliche Dinge an, sagt er. »Wir müssen wieder mal über linkspolitische Dogmen sprechen.«

In der Art, wie er »mal wieder« sagt, liegt eine unendliche Geduld. Wir unterhalten uns darüber, welche Dogmen es denn gäbe, momentan. Da sei eine Art, sich zu positionieren, sagt er, die sich vor allem um sich selbst drehe. Und um Annahmen, die irgendwie links sind, aber sich kaum mehr auf die Gesellschaft bezögen, sondern mehr und mehr auf eigene Empfindlichkeiten und Gefühle.

Gehen wir heute ins Café Klatsch, sind sowohl das Kollektiv als auch die Gäste so jung wie nie. Und wenngleich die Pandemie bald aus dem Alltag verschwindet, bleibt die vergleichsweise hohe personelle Fluktuation im Café Klatsch bestehen. In diesem Zuge verflüchtigt sich auch die antideutsche Deutungshoheit wieder. Und ob man dies nun begrüßt oder bedauert: Das ermöglicht eine politische Neuverortung, die auch die Chance beinhaltet, alte undogmatische Bewegungsmotive gegenwartstauglich zu machen.

Vielleicht ist vieles Gegenwärtige im Café Klatsch gut mit dem Wort *Desillusionierung* beschrieben. Zum einen in der Hinsicht, dass es auf den ersten Blick irgendwie nach Verlust von Utopie klingt, zum anderen aber auch, bei genauerer Betrachtung, nichts weiter bedeutet, als dass man sich von Illusionen verabschiedet. Eine solche Illusion mag die linke Revolution sein. Oder der Traum von einer Graswurzelbewegung, die von Projekten, wie dem Café Klatsch ausgehen könnte. All das taugt lang nicht mehr als Herleitung für die Selbstverwaltung – zumindest nicht in Deutschland – und eine selbstbewusste Abkehr von der Romantik, die diese Begriffe umweht, kann auch sehr gesund sein. Auf einem aktuellen Plakat, auf dem das Kollektiv nach neuen Mitarbeitenden sucht, ist nicht mehr von »Hierarchiefreiheit« die Rede, sondern von »flachen Hierarchien« – dabei hat sich in der selbstverwalteten Organisation des Betriebs nichts Wesentliches verändert. Es ist nur ehrlicher. Derweil ist übrigens der aktuellste Anlauf, Arbeitsgruppen zu bilden, gescheitert. Es ist gerade Großplenum-Zeit. Glauben wir den Beobachtungen aus dem

Kapitel »*Läuft*« dürfte es also bergauf gehen. Auch insofern, als dass es bergauf immer schwerer geht als bergab.

In einem Gespräch über die frühen 90er-Jahre erzählt mir einer aus der damaligen Szene von seiner Überzeugung, dass das Telefon im Café Klatsch abgehört wurde. Kann gut sein, denke ich und frage, ob er glaubt, dass es noch heute abgehört wird. »Auf jeden Fall«, sagt er. Dann überlegt er kurz und lacht. »Die arme Sau, die sich das alles anhören muss.« Ich nicke. Doch dann fallen mir Tausende Geschichten ein. Irgendwann Mitte der 2010er-Jahre ruft ein Vertreter von irgendwas im Café Klatsch an und möchte den Geschäftsführer sprechen. Der Kollektivist am Telefon gibt sich als dieser aus. Im folgenden Beratungsgespräch spielt er Interesse vor, hört freundlich zu, bittet sein Gegenüber lediglich immer wieder darum, kurz dranzubleiben. So, dass es am anderen Ende sicher zu hören ist, brüllt er nun fiktive Mitarbeitende aufs Übelste zusammen. Dann kehrt er ruhig in die Beratung zurück, nur um kurze Zeit später wieder um Geduld zu bitten, um wüst cholerisch Leute auf der Stelle fristlos zu feuern. Zurück am Apparat entschuldigt er sich für die Störung. Sein Gegenüber zeigt tiefstes Verständnis: »Kein Problem, manchmal muss so was einfach sein.«

Oder, Jahre später, ruft eine Firma an, der aufgefallen ist, dass einige Bewertungen des Café Klatsch im Internet nicht allzu freundlich sind. Da ließe sich doch etwas machen, gegen Geld, versteht sich, wird also telefonisch vorgeschlagen. Der Kollektivist am Telefon hört sich das recht geduldig an und setzt zu einer freundlichen Erklärung an: »Ja das wissen wir«, sagt er, »nur, das klingt jetzt vielleicht ein bisschen komisch, aber, wissen Sie, wir sind da eigentlich eher stolz drauf!«

Vielleicht ist es zuweilen also gar nicht so langweilig, dieses Telefon abzuhören, denke ich, auch wenn das heutzutage irgendwelche Algorithmen machen – frage mein Gegenüber aber doch skeptisch, was es heute noch an brisanten Informationen für die Überwachenden zu holen geben soll. »Gerade wohl eher keine«, sagt er. »Aber wenn etwas passiert, werden sie es sehr wahrscheinlich dort mitkriegen können.«

Auch das ist keine unwesentliche Beobachtung: Wenn sich so etwas wie die Motive sozialer Bewegungen gesellschaftlich äußern wollen, dann bilden Projekte wie das Café Klatsch Treffpunkte, Räume, auch

Begegnung, Austausch, Wahrnehmung, Verstärkung, Öffentlichkeit und Diskussion: wesentliche Bestandteile ihres Treibstoffes also.

Als letztes Recherchegespräch spreche ich mit jenem der *Ersten Elf*, dem wir im Intro auf dem 30-Jahre-Café-Klatsch-Fest begegnet sind. Ich frage ihn schließlich, was aus seiner Sicht die großen Veränderungen in der gesamten Geschichte des Café Klatsch sind.

Er überlegt lange. Eigentlich sind es nicht die großen Veränderungen, die im Vordergrund stünden, sagt er. Eher die enorme Zahl an Dingen, die sich kaum oder gar nicht verändert haben. Wie wir gehört haben, liegt die Aufgabe linker selbstverwalteter Betriebe in Zeiten eines Rechtsrucks vermutlich hauptsächlich darin, entsprechende Strukturen schlichtweg aufrecht zu erhalten – Phasen der Latenz zu überbrücken, die politische Gruppen im engeren Sinne deutlich schwerer überbrücken können. Das ist mit Sicherheit nicht die aufregendste Rolle, aber vielleicht genau deshalb eine umso wichtigere.

Dass man im Café Klatsch derweil »mal wieder« über linkspolitische Dogmen diskutieren möchte, ist überdies, bei aller Geduld, die das erfordert, vor allem ein starkes Indiz dafür, dass es so etwas überhaupt noch gibt. Und zwar sowohl die linkspolitischen Dogmen als auch Gespräche darüber. Das dürfte, alles in allem, der wesentliche Punkt sein. Und wer weiß, ob nicht ein, global betrachtet, sehr bewegtes Jahrzehnt gerade im Angesicht erstarkender Rechter die alten Anliegen der linken sozialen Bewegungen erstarken lassen kann.

Denn denken wir an die beiden Jungs im Raucherraum des Café Klatsch, die sich im Intro zu mir setzten. Ließe sich dahingehend nicht sagen: Die beschriebenen Zukunftsängste zeigen gerade aufgrund ihrer Existenz dringenden Handlungsbedarf an? Zur Klimakrise etwa gibt es in dieser Hinsicht eine berühmte Karikatur von Joel Pett: Darauf ist ein fiktiver Klimagipfel zu sehen. Vorne, auf einer Bühne, geht offenbar ein Vortrag zu Ende. Auf einer großen Leinwand stehen die abschließend vorgeschlagenen Maßnahmen projiziert: »Unabhängige Energieversorgung, Rettung der Regenwälder, Nachhaltigkeit, klimaneutrale Arbeitsplätze, lebenswerte Städte, erneuerbare Energien, sauberes Wasser und saubere Luft, gesunde Kinder, etc. etc. – aus dem Publikum meldet sich jedoch eine skeptische Stimme zu Wort. In dessen Sprechblase steht: »Aber was, wenn alles nur ein großer Schwindel ist? Und wir völlig unnötig eine bessere Welt erschaffen?«[1]

Die Liste dessen, was zu einer solchen, besseren Welt gehören könnte, ließe sich freilich um viele der Punkte erweitern, denen wir in diesem Buch begegnet sind. In diesem Sinne wissen große Teile der Klimabewegung, wie auch vieler anderer gegenwärtiger sozialer Bewegungen nach wie vor, dass ihre jeweiligen Anliegen nicht isoliert betrachtet oder gar erreicht werden können. Um die Zeit der *Polykrisen*, wie es gerade gerne heißt, zu überwinden, braucht es Veränderungen, die auch Grundannahmen unseres Zusammenlebens, Wirtschaftens und Menschenbildes betreffen. Kurzum: Utopien. Für alle, die mutig und geduldig genug sind, diese in wahrlich demokratischer Weise und unter Ausschluss von Menschenfeindlichkeit erarbeiten zu wollen, geht die Geschichte dieses Buches also weiter. Im Mikrokosmos Café Klatsch spätestens kommenden Montag im nächsten Plenum. Nicht nur trotz aller Widersprüche – sondern vor allem wegen.

Kartoffeldruck und Birkenstocks nach einer Nachtschicht, 1997

Professionalisierung? 2000 & 2011

Bernd, 2007

THE CLATSH, 2012

Großes Straßenfest zum 30. Geburtstag, 2014

Alltag in Grün, 2017

Corona, 2021

Gegenwart, 2022

Quellen

Intro: Das alles

1 sensor-wiesbaden.de, »30 Jahre Café Klatsch – kollektives Feiern nahm kein Ende«, 08.09.2014, https://sensor-wiesbaden.de/30-jahre-cafe-klatsch-kollektives-feiern-nahm-kein-ende/, abgerufen am 22.12.2023

2 ebd.

Teil 1: Das Café:

Kapitel 1: Die Angst vor 1984

1 Theo Pinkus in »Alternativprojekte« von Walter Hollstein und Boris Penth, 1980 S. 49

2 Max Horkheimer, »Die Juden und Europa«, in: Gesammelte Werke. Band 4, Frankfurt am Main 1988, S. 308 f.

3 Robert Jungk in »Alternativprojekte« von Walter Hollstein und Boris Penth, 1980 S. 437

4 ebd.

5 ForstG Hessen, § 22, Absatz 2

6 ebd., Absatz 5

7 Holger Börner in »Bunte Illustrierte«,1982, vgl. auch Frankfurter Rundschau, 22. Mai 1982

8 taz am Wochenende, »Die Frauen von der Küchenbrigade«, 26.2.2000, S. 7

9 Stefanie Börner, Rudi Nickels, »Der Krieg ist eine Messe wert«, in: Wechselwirkung, Ausgabe Nr. 9, Mai 1981

10, 11 ebd.

12 Protokoll, Sonntagsrunde, 28.11.1982

13 Protokoll, Sonntagsrunde, 31.10.1982

14 Gastbeitrag zu diesem Buch von Klaus Huhle

15 Protokoll Seminar Sonntagsrunde, 07.01. bis 09.01.1983

Kapitel 2: 1984

1 Shell Internationale Petroleum, Health, Safety and Environment Devision, Greenhouse Effect Working Group, Report Series HSE 88-001: »The Greenhouse Effect«, 1988,

2 ebd.

3 Protokoll Seminar Sonntagsrunde, April 1984, nicht genauer datierbar

4 Roland Rucht, Dieter Rucht (Hg.), »Die sozialen Bewegungen in Deutschland seit 1945«, 2008, Campus Verlag GmbH, Frankfurt am Main, Seite 524

5   Karl Marx, MEW Bd. 25, Berlin 1978, S. 828

6   Dario Azzellini, »Vom Protest zum sozialen Prozess«, VSA: Verlag Hamburg, 2018, S. 100

7   Protokoll Sonntagsrunde, 25.03.1984

Kapitel 3: Das Projekt

1   Café Klatsch Selbstverständnis, Speise- und Getränkekarte, 1984

2, 3 ebd.

4   Wochenendseminar »Projekt«, 1985, nicht genauer datierbar

5   ebd.

6   Roland Rucht, Dieter Rucht (Hg.), »Die sozialen Bewegungen in Deutschland seit 1945«, 2008, Campus Verlag GmbH, Frankfurt am Main, S. 528

7   ebd. S. 529

8   Schreiben von Unbekannt, »Schöner wohnen, oder wie?«, circa 1985/86, nicht genauer datierbar

9   Wochenendseminar »Projekt«, 1985, nicht genauer datierbar

10–12 ebd.

Kapitel 4: 80 Tage im Mai

1   Protokoll Café Klatsch Plenum, 5.5.1986

2   ebd.

3   Café Klatsch: »Flugblatt / Stellungnahme Tschernobyl«, Café Klatsch Archiv, Anfang Juni 1986, nicht genauer datierbar

4   Heft: »Erfahrungen mit Radioaktivität hier und anderswo«, ausgelegt im Café Klatsch ab ca. 10.5.1986, nicht genauer datierbar

5   Protokoll Café Klatsch Plenum, 26.5.1986

6   Café Klatsch, »Flugblatt / Stellungnahme Tschernobyl«, Anfang Juni 1986, nicht genauer datierbar

7   Schreiben von Anonym, »Freiräume statt Arbeitsplätze«, ca.1986/87, nicht genauer datierbar

8   Protokoll Café Klatsch Plenum, 16.5.1986

9, 10 ebd.

Kapitel 5: Halts Maul

1   Südfunk, 3.11.1987, in: SWR2 Archivradio: »Demonstrant erschießt zwei Polizisten an der Startbahn«, www.swr.de/swr2/wissen/archivradio, abgerufen am 4.11.2023

2   Wolfgang Kraushaar, »Die Polizistenmorde an der Startbahn West«, in: Komitee für Grundrechte und Demokratie (Hg), Jahrbuch 87, Selbstverlag, 1988, S. 112

3   ebd.

4   Eine »ganz deutsche« Geschichte, in: taz vom 1. November 1997, S. 7

5   »Wenig Zeit«, Kommentar von Klaus Hartung, in: taz, 4.11.1987, S. 3

6   Rhein-Main-Info, Nr.1, Dezember 1987, S. 2

7 Rhein Main Info, Nr. 2, Januar 1988, S. 7f

8 »Wenig Zeit« In: taz, 4.11.1987, S. 4.

9 ebd.

10 Der Spiegel, »Wir machen Rambo auf links«, 08.11.1987, S. 21

11 ebd., S .18

12 Wolf Wetzel, »Tödliche Schüsse«. Unrast-Verlag Münster, 2008, S. 217–220.

13 DER SPIEGEL 50/1987 »Da ist der Rechtsstaat auf den Kopf gestellt«, 06.12.1987, S. 16

14 Der Spiegel, »Wir machen Rambo auf links«, 08.11.1987, S. 22

15 Broschüre: »Wenn die Sache irre wird – werden die Irren zu Profis (Teil I) – Infos und Texte zur Aussageverweigerung und Beugehaft«, Ruhrgebiet, 1989

16 ebd.

17 Rhein Main Info, Nr. 2, Januar 1988, S. 8

Kapitel 6: Stöpsel und Siebe

1 Protokoll Café Klatsch, 21.11.1988

2 DER SPIEGEL 7/1994, »Die haben mich gelinkt« 13.02.1994

3 Recherchegruppe Infoladen Wiesbaden, Broschüre: »Recherche zum V-Mann Klaus Steinmetz«, Dezember 1993, der Text enthält keine Seitenangaben

4 DER SPIEGEL 7/1994, »Die haben mich gelinkt« 13.02.1994

5 zitiert aus: Recherchegruppe Infoladen Wiesbaden, Broschüre: »Recherche zum V-Mann Klaus Steinmetz«, Dezember 1993, der Text enthält keine Seitenangaben

6 A.G. Grauwacke, »Autonome in Bewegung«, Assoziation A (2003), S. 129

7 Kein Friede, »Die Niederlage der RAF ist eine Niederlage der Linken – Bad Kleinen, Steinmetz und der Bruch in der RAF«, zitiert aus: Recherchegruppe Infoladen Wiesbaden, Broschüre: »Recherche zum V-Mann Klaus Steinmetz«, Dezember 1993, der Text enthält keine Seitenangaben

8–10 ebd.

11 Redaktionsgruppe Jitarra, »Der Werdegang einer ›Spitzenquelle‹«, in: ID Archiv (Hg.), »Bad-Kleinen und die Erschießung von Wolfgang Grams«, S. 235

12 Kein Friede, »Die Niederlage der RAF ist eine Niederlage der Linken – Bad Kleinen, Steinmetz und der Bruch in der RAF«, zitiert aus: Recherchegruppe Infoladen Wiesbaden, Broschüre: »Recherche zum V-Mann Klaus Steinmetz«, Dezember 1993, der Text enthält keine Seitenangaben

13 Rhein Main Info, Nr. 2, Januar 1988, S. 8

14 rote armee fraktion, »An die, die mit uns kämpfen«, Januar 1986, erschienen in: Zeitung Zusammen Kämpfen Nr. 5, 1986

15 DER SPIEGEL 42/1997, »Wir waren sehr deutsch«, S. 170

16 Recherchegruppe Infoladen Wiesbaden (Hg.), Broschüre: »Recherche zum V-Mann Klaus Steinmetz«, Dezember 1993, S. 25

17 ebd. S. 26

18 Protokoll Café Klatsch Plenum 13.02.89

19, 20 ebd.

21 DER SPIEGEL 30/1993, »Der Klaus war ein Zocker«, 25.07.1993

22 Recherchegruppe Infoladen Wiesbaden (Hg.), Broschüre: »Recherche zum V-Mann Klaus Steinmetz«, Dezember 1993, S. 12

23 Protokoll Café Klatsch Plenum, 24.07.1989

24–27 ebd.

28 Protokoll Café Klatsch Plenum, 07.08.1989

29, 30 ebd.

31 Protokoll Café Klatsch Plenum, 28.08.1989

32, 33 ebd.

Kapitel 7: Kornblumen und Mohn

1 Postkarte an Café Klatsch, Café Klatsch Archiv, ca. 1991, nicht genauer datierbar

2 Constantin Bartning, »Lohnarbeit und Kollektiv«, in: Päd.extra. Magazin für Erziehung, Wissenschaft und Politik. Ausgabe 1/1981, S. 17ff

3 Uwe Thaysen, Wirtschafts- und sozialpolitische Vorstellungen der neuen Parteien und Bewegungen in der DDR zur Zeit des Zentralen Runden Tisches (1989/90), in Enquete-Kommission: »Überwindung der Folgen der SED-Diktatur im Prozeß der deutschen Einheit« (1995–1998), Wahlperiode 13, Band III/3

4 ebd.

Kapitel 8: Das Ende der Geschichte

1 Francis Fukuyama, »Das Ende der Geschichte«, Kindler, München, 1992, S. 13

2 Café Klatsch Plenumsprotokolle, 1.11.1993

3–7 ebd.

8 Protokoll Café Klatsch Plenum, 21.5.90

9 Protokoll »REST-KOLLEKTIV-PLENUM«, Wiesbaden, 20.8.1990

10–13 ebd.

14 A.G. Grauwacke, »Autonome in Bewegung«, Assoziation A (2003), S. 284

15 analyse und kritik, ak – Zeitung für linke Debatte und Praxis, »Linker Antisemitismus – Chronologie und Dokumentation einer Wiesbadener Kontroverse«, Nr. 335, 21.10.1991

16–27 ebd.

28 Protokoll Café Klatsch Seminar, Ende November 1991, nicht genauer datierbar

29 Einladungsschreiben zu »einem schwierigen Versuch«, Wiesbaden, Dezember 1991

30–34 ebd.

35 Rundschreiben »Schwieriger Versuch gescheitert!«, Wiesbaden, Januar 1992, nicht genauer datierbar

36, 37 ebd.

Kapitel 8: Der Schach Opa

1 Protokoll Café Klatsch Plenum, 18.01.1990
2 Protokoll Café Klatsch Plenum, 23.09.1991
3 Protokoll Café Klatsch Seminar, Ende Februar/Anfang März 1993
4 ebd.
5 Entwurf zu einem Redebeitrag auf der Demonstration »Rostock: Wer schweigt, stimmt zu. Gegen Rassismus und Faschismus« in Wiesbaden, Café Klatsch Archiv, August 1992
6 Café Klatsch Kollektiv, Positionspapier, »Zur Antifa-Organisationsdebatte in Wiesbaden ...und anderswo...«, Café Klatsch Archiv, ca, 1992, nicht genauer datierbar
7 ebd.
8 Protokoll Café Klatsch Plenum, 21.06.1993
9 Erster Brief an Hans Hirzel, Café Klatsch Archiv, 1993, enthält keine Seitenangaben
10 Erster Brief von Hans Hirzel, Café Klatsch Archiv, 1993, enthält keine Seitenangaben
11 ebd.
12 Zweiter Brief von Hans Hirzel, Café Klatsch Archiv, 1993, enthält keine Seitenangaben
13–15 ebd.
16 Dritter Brief von Hans Hirzel, Café Klatsch Archiv, 1993, enthält keine Seitenangaben
17–19 ebd.
20 Theodor W. Adorno, Vortrag: »Aspekte des neuen Rechtsradikalismus«, 1967, Manuskript erschienen in: Suhrkamp, 2019
21 Zweiter Brief von Hans Hirzel, Café Klatsch Archiv, 1993, enthält keine Seitenangaben
22 ebd.
23 Theodor W. Adorno, Vortrag: »Aspekte des neuen Rechtsradikalismus«, 1967, Manuskript erschienen in: Suhrkamp, 2019
24 Brief an Café Klatsch Kollektiv, Café Klatsch Archiv, 1993, enthält keine Seitenangaben

Kapitel 9: In Wiesbaden fehlt ein Klaus:

1 Protokoll Café Klatsch Plenum, 02.01.1990
2 Café Klatsch A-Z, »R – RAF«, Selbstverlag, 2017, S. 63
3 DER SPIEGEL 42/1997, »Wir waren sehr deutsch«, 12.10.1997, S. 170f
4 ebd.
5 Birgit Hogefeld, »Der Verrat des Klaus Steinmetz« in: taz. die tageszeitung, Ausgabe 4065, 22.7.93, S. 11
6 ebd.

Kapitel 11: Bekannt und beliebt aus Funk und Fernsehen

1 ARD, »Zugriff im Tunnel – Das tödliche Drama von Bad Kleinen«, Egmont R. Koch, 2013, Minute 27:12
2 ebd., Minute 27:23
3 ebd., Minute 28:10

4 Broschüre: »Stellungnahme aus Wiesbaden zu den ersten drei Wochen nach Bad Kleinen und zum V- Mann Klaus Steinmetz«, ca. 1993, Café Klatsch Archiv, S. 10

5 DER SPIEGEL 27/1993, 5.7.1993

6 »Der Todesschuss – Abschlussbericht der Aufklärungskommission zur Titelgeschichte über den Antiterroreinsatz in Bad Kleinen am 27. Juni 1993, Heft 27 / 1993« online abgerufen am 02.12.2023 auf: https://cdn.prod.www.spiegel.de/media/8f1fd57a-6c4a-4506-b806-f4416b567386/Abschlussbericht_Der_Todesschuss.pdf

7 Klaus Steinmetz, »1 Brief von K S vom 15.7.«, zitiert aus: Broschüre: »Stellungnahme aus Wiesbaden zu den ersten drei Wochen nach Bad Kleinen und zum V- Mann Klaus Steinmetz«, ca. 1993, Dokumentationsteil, S. 12

8 Broschüre: »Stellungnahme aus Wiesbaden zu den ersten drei Wochen nach Bad Kleinen und zum V- Mann Klaus Steinmetz«, ca. 1993, S. 11

9 »Offener Brief an Klaus S.«, zitiert aus: Broschüre: »Stellungnahme aus Wiesbaden zu den ersten drei Wochen nach Bad Kleinen und zum V- Mann Klaus Steinmetz«, ca. 1993, Dokumentationsteil, S. 12

10 Klaus Steinmetz, »2. Brief von KS vom 17.07. – Teil zum Veröffentlichen«, zitiert aus: Broschüre: »Stellungnahme aus Wiesbaden zu den ersten drei Wochen nach Bad Kleinen und zum V- Mann Klaus Steinmetz«, ca. 1993, Dokumentationsteil, S. 12

11 Brief ans Café Klatsch, Café Klatsch Archiv, 1993

12 ebd.

13 Broschüre: »Stellungnahme aus Wiesbaden zu den ersten drei Wochen nach Bad Kleinen und zum V- Mann Klaus Steinmetz«, ca. 1993, S. 11

14 Brief ans Café Klatsch, Café Klatsch Archiv

15 Café Klatsch A-Z, »R – RAF«, Selbstverlag (2017), S. 65

16 Café Klatsch Kollektiv, »Presserklärung zur Enttarnung des Verfassungsschutzmannes Klaus Steinmetz«, Café Klatsch Archiv, Ende Juli 1993

17 Klaus Steinmetz, »Dritter Brief von KS« nach Wiesbaden, 03.08.1993, in: Recherchegruppe Infoladen Wiesbaden, Broschüre: »Recherche zum V-Mann Klaus Steinmetz«, Dezember 1993, S. 36f

18 Recherchegruppe Infoladen Wiesbaden, Broschüre: »Recherche zum V-Mann Klaus Steinmetz«, Dezember 1993, S. 23

19 Birgit Hogefeld, »Falsche Gründe: Über den Kontakt der RAF mit dem V-Mann Klaus Steinmetz« in: ID Archiv (Hg.), Redaktionsgruppe Jitarra, »Bad-Kleinen und die Erschießung von Wolfgang Grams«, S. 242

Teil 2: Das Klatsch

Kapitel 1: Kleine geile Firmen

1 Protokoll Café Klatsch Plenum, 1.11.93

2 Protokoll Café Klatsch Seminar, 7.11. – 9.11.93

3–5 ebd.

6 Café Klatsch A – Z, »Y – Youngster«, Selbstverlag, 2017, S. 82f

7   Peter Polaroid, »Wo die Nacht den Doppelkorn umarmt«, az Verlag, 1996, zitiert aus: Café Klatsch Archiv

8   Maria Icking, »Mehr Zwielicht als realexistierende Contraste«, in: Contraste – Zeitung für Selbstorganisation, Ausgabe Oktober 1994, S.4

9   Café Klatsch Kollektiv, Arbeitspapier: »Etwas Perspektive im Kaffeeklatsch«, circa 1994, Café Klatsch Archiv,

10 ebd.

11 Protokoll Café Klatsch Plenum, 25.7.94

12 Rosa Luxemburg, »Sozialreform oder Revolution«, zitiert aus: Annelies Laschitza & Günter Radczun (Hg.), Rosa Luxemburg. Gesammelte Werke Bd.1.1, Dietz Berlin, 2007, S. 417

13 Frank Heider, Beate Hock, Hans-Werner Seitz, »Kontinuität oder Transformation? Zur Entwicklung selbstverwalteter Betriebe Eine empirische Studie«, Focus Verlag, 1997, Klappentext

14 ebd. S 161

15 ebd. S. 164

16 ebd. S 195

17 Matthias Horx, »Das Ende der Alternativen«, Goldmann Verlag, 1989, S. 64

18 Matthias Horx, »Die wilden Achtziger«, Goldmann Verlag, 1990, S. 162f

19 Arndt Neumann, »Kleine geile Firmen«, Edition Nautilus, 2008, S. 66

20 Maria Icking, »Mehr Zwielicht als realexistierende Contraste«, in: Contraste – Zeitung für Selbstorganisation, Ausgabe Oktober 1994, S.4

21, 22 ebd.

23 Arndt Neumann, »Kleine geile Firmen«, Edition Nautilus, 2008, S. 78

24 ebd. S. 79

25 Frank Heider, Beate Hock, Hans-Werner Seitz, »Kontinuität oder Transformation? Zur Entwicklung selbstverwalteter Betriebe Eine empirische Studie«, Focus Verlag, 1997, S. 171

26 Protokoll Café Klatsch Plenum, 7.4.1997

27 Protokoll Café Klatsch Plenum, 14.4.1997

28 ebd.

29 Protokoll Café Klatsch Plenum, 28.4.1997

Kapitel 2: Dichtung und Wahrheit:

1   Dichtung und Wahrheit, Ausgabe Juli 1997

2–8 ebd.

9   Jo Freeman, »The Tyranny of Structurelessness.« In: The Second Wave. Band 2, Nr.1, 1972, S. 20, online abgerufen am 12.01.2024 auf: https://www.anarchismus.at/anarcha-feminismus/feminismus/807-joreen-die-tyrannei-der-unstrukturierten-gruppen

10 Dichtung und Wahrheit, Ausgabe Juli 1997

11 ebd.

12 Jo Freeman, »The Tyranny of Structurelessness.« In: The Second Wave. Band 2, Nr.1, 1972, S. 20, online abgerufen am 12.01.2024 auf: https://www.anarchismus.at/anarcha-feminismus/feminismus/807-joreen-die-tyrannei-der-unstrukturierten-gruppen

13 Dichtung und Wahrheit, Ausgabe Juli 1997

14 ebd.

15 Dichtung und Wahrheit, Ausgabe November 1999, Editorial, S. 2

16 Dichtung und Wahrheit, Ausgabe November 1999, S. 5f

17–19 ebd.

20 Jo Freeman, »The Tyranny of Structurelessness.« In: The Second Wave. Band 2, Nr.1, 1972, S. 20, online abgerufen am 12.01.2024 auf: https://www.anarchismus.at/anarcha-feminismus/feminismus/807-joreen-die-tyrannei-der-unstrukturierten-gruppen

21 ebd.

22 Dichtung und Wahrheit, Ausgabe November 1999, S. 6F

23 ebd.

24 Jo Freeman, »The Tyranny of Structurelessness.« In: The Second Wave. Band 2, Nr.1, 1972, S. 20, online abgerufen am 12.01.2024 auf: https://www.anarchismus.at/anarcha-feminismus/feminismus/807-joreen-die-tyrannei-der-unstrukturierten-gruppen

25 Dichtung und Wahrheit, Ausgabe November 1999, S. 7

26 Jo Freeman, »The Tyranny of Structurelessness.« In: The Second Wave. Band 2, Nr.1, 1972, S. 20, online abgerufen am 12.01.2024 auf: https://www.anarchismus.at/anarcha-feminismus/feminismus/807-joreen-die-tyrannei-der-unstrukturierten-gruppen

27 Dichtung und Wahrheit, Ausgabe November 1999, S. 7

28, 29 ebd.

Kapitel 3: Bambule

1   Protokoll, »Treffen mit Kuk«, 06.12.1999, Café Klatsch Archiv

2–5 ebd.

Kapitel 4: Café Knacks:

1   Wiesbadener Tagblatt, 6.9.1999, zitiert aus: Café Klatsch Archiv

2   Grußschreiben an Café Klatsch, Café Klatsch Archiv, 2006

3   Wiesbadener Kurier, Samstag, 18. September 2004, S. 8

4   Frankfurter Rundschau, Montag, 20. September 2004, Nr. 219, S. 45

5   Jungle World, 15. September 2004, Nr. 39, S. 11

6   Frank Heider, »Selbstverwaltete Betriebe in Deutschland«, in: Roland Rucht, Dieter Rucht (Hg.), »Die sozialen Bewegungen in Deutschland seit 1945«, 2008, Campus Verlag GmbH, Frankfurt am Main, S. 514

7–9 ebd.

10 Zitiert nach: https://www.welt.de/geschichte/article245054790/Zeitenwenden-der-Bundeswehr-Ausgerechnet-ein-Gruener-schickte-deutsche-Truppen-erstmals-wieder-zum-Kaempfen-ins-Ausland.html

11 Frank Heider, »Selbstverwaltete Betriebe in Deutschland«, in: Roland Rucht, Dieter Rucht (Hg.), »Die sozialen Bewegungen in Deutschland seit 1945«, 2008, Campus Verlag GmbH, Frankfurt am Main, S. 514

12 Peter Polaroid, »Wo die Nacht den Doppelkorn umarmt. Wiesbaden.«, az Verlag, 1998, zitiert aus: Café Klatsch Archiv,

13 ebd.

14 Café Klatsch A–Z, »Y–Youngster«, Selbstverlag, 2017, S. 85

Kapitel 5: Läuft

1 Café Klatsch Kollektiv, Positionspapier: »Da es so nicht weitergehen kann, müssen Veränderungen her«, Café Klatsch Archiv, 2006

2 ebd.

3 FALK FATAL ist Autor und Journalist. https://fatalerror.biz

Kapitel 6: THE CLATSH

Keine Zitate

Kapitel 7: Du und ich

1 Frank Heider, »Selbstverwaltete Betriebe in Deutschland«, in: Roland Rucht, Dieter Rucht (Hg.), »Die sozialen Bewegungen in Deutschland seit 1945«, 2008, Campus Verlag GmbH, Frankfurt am Main, S. 524

2 ebd.

Kapitel 8: Die Miete ist schon mal die halbe Miete

1 Café Klatsch A-Z, »L – LinksRoom«, Selbstverlag, 2017, S. 45

Kapitel 9: Gegenstandpunkte

1 Café Klatsch A-Z, »L – LinksRoom«, Selbstverlag, 2017, S. 46

2 Café Klatsch A-Z, Vorwort, Selbstverlag, 2017, S. 5

3 Café Klatsch A-Z, »U – Unser Politikverständnis«, Selbstverlag, 2017, S. 73

4 Café Klatsch A-Z, »Q – queerRIOT«, Selbstverlag, 2017, S.62

Kapitel 10: Unter den Masken

1 Protokoll Café Klatsch Plenum, 9.3.2020

2 Café Klatsch, Facebook Post, 16.3.2020, abgerufen am 11.12.2023

3 ebd.

4 Protokoll Café Klatsch Plenum, 11.1.2021

5 Protokoll Café Klatsch Plenum, 25.1.2021

6–14 ebd.

15 Café Klatsch, Facebook Post, 3. Juni 2021, nicht mehr abrufbar

16 Café Klatsch, »Flugblatt / Stellungnahme Tschernobyl«, Café Klatsch Archiv, Anfang Juni 1986, nicht genauer datierbar

17 Café Klatsch, Facebook Post, 26.01.21, abgerufen am 7.1.2024

18, 19 ebd.

Outro: No future is now!

1 Joel Pett, »What if it‹s a big hoax and we create a better world for nothing?«, in: USA Today, 13.12.2009

Bildnachweise

Teil 1

Seite 1: Die Bierfestung Barbarossa während der Renovierung zum Café Klatsch. *Café Klatsch Archiv, 1984, mit freundlicher Genehmigung*

Seite 2: Die Bierfestung Barbarossa während der Renovierung zum Café Klatsch. *Café Klatsch Archiv, 1984, mit freundlicher Genehmigung*

Seite 3: Flugblatt zur Eröffnung des Café Klatsch. *Café Klatsch Archiv, 1984, mit freundlicher Genehmigung*

Seite 4: Frühe Bilder aus dem Café Betrieb. *Café Klatsch Archiv, 1984, mit freundlicher Genehmigung*

Seite 5: Kulturveranstaltungen der ersten Monate im Café Klatsch. *Café Klatsch Archiv, 1984/85, mit freundlicher Genehmigung*

Seite 6: Klaus Steinmetz auf einem Café Klatsch Seminar, der handschriftliche Zusatz ›V-Mann‹, sowie der Pfeil wurden anonym hinzugefügt. *Café Klatsch Archiv, 1989, mit freundlicher Genehmigung*

Seite 7: Dokumentation von Neonazi-Schmierereien außen am Café Klatsch. *Café Klatsch Archiv, circa 1992, mit freundlicher Genehmigung*

Seite 8: Eindrücke aus dem Betriebsalltag im Café Klatsch. Oben zu sehen die Zeitschrift Dichtung und Wahrheit, unten rechts das T-Shirt mit der Aufschrift: Café Klatsch bekannt und beliebt aus Funk und Fernsehen. *Café Klatsch Archiv, 1994, mit freundlicher Genehmigung*

Teil 2

Seite 1: Bilder nach einer Nachtschicht im Café Klatsch, im Hintergrund an der Wand, Kartoffeldrucktechnik. *Café Klatsch Archiv, circa 1997, mit freundlicher Genehmigung*

Seite 2: Verschiedene Gestaltungen und Darstellungen der Tischdekoration mit rund zehn Jahren Abstand. Oben: *Café Klatsch Archiv, circa 2000, mit freundlicher Genehmigung* Unten: *Simon Hegenberg, 2011, mit freundlicher Genehmigung*

Seite 3: Der gelbe Bär Bernd in verschiedenen Posen im Keller und an der Theke des Café Klatsch, sowie vor dem Schlachthof Wiesbaden. *Café Klatsch Archiv, 2007, mit freundlicher Genehmigung*

Seite 4: Eindrücke aus dem Innenraum des Café Klatsch mit dem THE CLATSH-Logo. Oben während des Frühstücksbuffets, unten während einer Party zum 28. Geburtstag des Betriebs. *Café Klatsch Archiv, 2012, mit freundlicher Genehmigung*

Seite 5: Großes Straßenfest zum 30. jährigen Bestehen des Café Klatsch. *Café Klatsch Archiv, 2012, mit freundlicher Genehmigung*

Seite 6: Eindrücke aus dem Innenraum des Café Klatsch Mitte, Ende der 2010er-Jahre. *Maxim Münchow, 2017*

Seite 7: Plakat und Eindrücke vom Fensterverkauf des Café Klatsch während der Corona-Pandemie. *Café Klatsch Archiv, 2021, mit freundlicher Genehmigung*

Seite 8: Eindrücke des Innenraums des Café Klatsch nach der Renovierung während der Corona-Pandemie und so der aktuelle Stand bei Erscheinen des Buches. *Jannek Ramm, 2022*

Éric Hazan

Die Dynamik der Revolte

122 Seiten | 12.80 €
ISBN 978-3-89771-268-3

»Nicht die Verbreitung politischer Ideen schafft das aufständische Klima, sondern das Aufkommen einer Wut, die plötzlich über die übliche Ablenkung, die Wahlkampagnen, die Klimakatastrophen oder die Veruntreuung öffentlicher Gelder hinausragt.«

Auf der Suche nach Erkenntnissen, die dazu beitragen können, den herrschenden Pessimismus zu überwinden und wieder aktiv zu werden, durchstreift Éric Hazan 220 Jahre Revolutionsgeschichte: von der Stürmung der Bastille bis in die heutigen Tage.

In seinem klugen Essay betrachtet er die Aufstandsgeschichte nicht aus der Perspektive der ewigen Besiegten oder als ein Repertoire von Katastrophen, sondern als lebendige Quelle an Lehren und Beispielen für die Gegenwart. Denn er ist davon überzeugt, dass die Bildung revolutionärer Kräfte immer über die Wiederaneignung unserer Vergangenheit geschieht.

Christopher Wimmer (Hg.)

»Where have all the Rebels gone?«

Perspektiven auf Klassenkampf und Gegenmacht

304 Seiten | 18 €
ISBN 978-3-89771-277-5

Auf der Suche nach revolutionären Splittern in Geschichte und Gegenwart

Die Textsammlung dokumentiert historische Erfahrungen, die die radikale Linke im letzten Jahrhundert gemacht hat, setzt sich mit Konzepten von Gegenmacht auseinander, die im 20. Jahrhundert erprobt wurden, und lässt internationale Aktivist*innen der Gegenwart zu Wort kommen. Welche Kämpfe werden gekämpft, welche Methoden und Aktionsformen gibt es, was können wir aus der Vergangenheit lernen?

»Der Band versammelt einen bemerkenswerten Einblick in Chancen, vor allem aber auch in die Niederlagen einer antagonistischen autonomen Linken. Seine Stärke besteht darin, dies über verschiedene Länder und Zeiträume hinweg zu tun.«

Johanna Bröse
kritisch-lesen

Stephen D'Arcy

Sprachen der Ermächtigung

Warum militanter Protest die Demokratie stärkt

256 Seiten | 16 €
ISBN 978-3-89771-269-0
eBook | 13.99 €

»Militanz ist eine Form des Engagements, die den Ungehörten ermöglicht, dafür zu sorgen, dass sie nicht mehr ignoriert werden können.«

Stephen D'Arcy

Sind militante Aktionsformen gerechtfertigt? Was ist Militanz überhaupt? Gibt es verschiedenen Formen von Militanz, und was sind ihre jeweiligen Vorzüge und Nachteile? Welche dieser Formen sind wann und unter welchen Voraussetzungen angemessen und vertretbar?

Der Autor ist davon überzeugt, dass Militanz die demokratische Selbstregierung der Menschen stärken kann. Dafür legt er nicht nur stichhaltige Argumente vor, sondern entwickelt darüber hinaus einen normativen Maßstab, anhand dessen Aktivist*innen wie Kritiker*innen eine klare Grenze zwischen gerechtfertigter und ungerechtfertigter Militanz ziehen können.

UNRAST Verlag | www.unrast-verlag.de | kontakt@unrast-verlag.de

Leslie Kern

Feminist City

3. Auflage | 192 Seiten | 16 €
ISBN 978-3-89771-332-1
eBook | 12.99 €

**Wie Frauen
die Stadt erleben**

Die Stadt ist ein ständiger
Schauplatz des Kampfes
zwischen den Geschlechtern.
Feministische Fragen nach
Sicherheit und Angst, bezahlter und unbezahlter Arbeit,
Rechten und Repräsentation
demontieren das, was wir für
selbstverständlich halten und
über Städte und Freiräume zu
wissen glauben.

Um gemeinsam gerechtere,
nachhaltigere und solida-
rischere Städte zu schaffen,
müssen die Barrieren, die
Frauen unterdrücken (sollen),
überwunden, muss städtischer
Raum beansprucht werden.
Mit *Feminist City* kartiert
Leslie Kern die Stadt aus neuen
Blickwinkeln. Sie schreibt über
die Freuden und Gefahren des
Alleinseins, widmet sich Themen wie Angst, Mutterschaft,
Freundschaft und Aktivismus.
Sie entwirft einen feministischen, intersektionalen Ansatz,
mit dem Städte historisch neu
betrachtet werden können
und der uns die Augen öffnet
für Wege in eine lebenswerte
urbane Zukunft.

Leslie Kern

Gentrifizierung lässt sich nicht aufhalten und andere Lügen

272 Seiten | 18 €
ISBN 978-3-89771-206-5
eBook | 15.99 €

**Wie Gentrifizierung unsere
Städte zerstört und was wir
dagegen tun können**

Essayistisch und kurzweilig
geschrieben vermittelt Leslie
Kern einen umfassenden
Überblick zu den Debatten
über Gentrifizierung seit den
1950er-Jahren. Wir begleiten
die Autorin auf ihren Reisen
nach Toronto, New York,
London und Paris, wo sie
den Mythen und Lügen
der neuen Krise der Städte
auf den Grund geht und
dabei deutlich macht, dass die
gewaltvolle Verdrängung eng
mit Klassismus, Rassismus
und Sexismus verbunden und
eine Fortsetzung des koloni-
len Projekts ist.

Doch: Steigende Mieten,
Zwangsräumungen, zuneh-
mende Polizeipräsenz und
zerfallende Communitys
sind nicht unumgänglich und
Widerstand lohnt sich. Kern
tritt für eine dekoloniale, feministische und queere Praxis
der Anti-Gentrifizierung ein,

Vogliamo tutto (Hg.)

Sozialrevolutionäre Stadtteilarbeit

**Zwischenbilanz
einer strategischen
Neuausrichtung
linker Praxis**

208 Seiten | 16 €
ISBN 978-3-89771-184-6
eBook | 13.99 €

**Ein detaillierter Einblick
in die Strategie und Praxis
sozialrevolutionärer
Stadtteilgruppen**

Im Zuge einer Neuausrichtung
linksradikaler Praxis, die weg
von einer Szenefokussierung
und hin zu einer gesellschaftlichen Verankerung gelangen
will, sind eine Reihe von
Stadtteilgruppen entstanden,
die eine solidarische und
bedürfnisorientierte Praxis
entlang von Alltagskämp-
fen – etwa in den Bereichen
Wohnen, Lohnarbeit
und Care – entwickeln.
Die Herausgeber*innen
haben fünf dieser Grup-
pen zu ihren Erfahrungen
und strategischen Über-
legungen befragt, um zu einer
Weiterentwicklung dieses
Praxisansatzes beizutragen.
Die Gespräche liefern reich-
haltiges Reflexionsmaterial
für die linke Bewegung und
Aktivist*innen.

UNRAST Verlag | www.unrast-verlag.de | kontakt@unrast-verlag.de   **UNRAST**

Jens Kastner
Die Linke und die Kunst
Ein Überblick

2. Auflage | 300 Seiten | 18 €
ISBN 978-3-89771-271-3
eBook | 12.99 €

Einzigartiges Grundlagenwerk: Der Stellenwert der Kunst in den wichtigsten Strömungen linker Theorie

Kenntnisreich präsentiert Jens Kastner die unterschiedlichen Positionen zur Kunst in den wichtigsten Strömungen linker Theorie. Diese Zusammenschau dient nicht nur als lebendig geschriebene Einführung in das Thema, sie macht auch deutlich, dass innerhalb linker Theorie der Stellenwert der Kunst für die gesellschaftliche Transformation und Reproduktion gemeinhin sehr hoch angesetzt wird und die Hoffnungen auf emanzipatorische Effekte durch und mit Kunst erstaunlich groß sind.

» ... aufschlussreich und ... äußerst lesenswert.«

Nina Bandi | Tagebuch

»Kastners materialreiches Panorama füllt eine echte Lücke.«

Ingo Arend | Deutschlandfunk

Rehzi Malzahn (Hg.)
dabei geblieben
Aktivist_innen erzählen vom Älterwerden und Weiterkämpfen

2. Auflage | 256 Seiten | 16 €
ISBN 978-3-89771-576-9

Ein Reader für alle Generationen und Lebenswege

Seit Jahrzehnten ist die Linke in Deutschland vornehmlich eine Jugendbewegung. Spätestens Anfang 30 steigen die meisten aus. Was aber ist mit denen, die »dabei geblieben« sind? In knapp 30 Interviews geht Rehzi Malzahn der Frage auf den Grund, was diejenigen Aktivis*innen bewegt, die auch mit Mitte 40, 50, 60 noch auf die Straße gehen, Aktionen planen oder auf vielen anderen Wegen ihre radikale Kritik an den Verhältnissen ausdrücken.

»Ob chronologisch oder wild durcheinander gelesen, erschließt sich der Leserin Stück für Stück ein vielschichtiges Bild nicht nur von der persönlichen Lebensrealität der Betroffenen, sondern auch von der sie umgebenden Gesellschaft.«

Rebecca Stroblü | Weiberdiwan

Bernd Heidbreder
Aus der Zwischenwelt
Ein Leben auf der Flucht vor dem deutschen Staat

248 Seiten | 18 €
ISBN 978-389771-188-4

Manchmal muss man erst sterben, bevor man Zeit findet, seine Geschichte zu erzählen

26 Jahre lang ist Bernd Heidbreder auf der Flucht vor den deutschen Strafverfolgungsbehörden. Nach vielen Jahren der Illegalität wird er 2014 im beschaulichen Mérida in Venezuela verhaftet. Nach zwei Jahren kommt er frei, aber die brutalen Haftbedingungen haben ihre Spuren hinterlassen: Bernd wird krank und stirbt 2021. Unglücklicherweise klauen die Angestellten des Beerdigungsinstituts Bernd den Obolus, den ihm seine Angehörigen unter die Zunge versteckt hatten, damit er den Fährmann Charon fürs Übersetzen in die Unterwelt entlohnen kann. Nun sitzt er in der ›Zwischenwelt‹ fest und irrt am Ufer des Totenflusses entlang. Hier trifft Bernd auf alle möglichen Gestrandeten, die wie er nicht übersetzen können oder wollen, und es entstehen skurrile Bekanntschaften.

UNRAST Verlag | www.unrast-verlag.de | kontakt@unrast-verlag.de   UNRAST

Doyle Canning,
Patrick Reinsborough

Befreiung neu denken

Mit erzählungsbasierten Strategien
Kampagnen gewinnen
und die Welt verändern

hrsg. und ergänzt
von Timo Luthmann

304 Seiten | 19.80 €
ISBN 978-3-89771-270-6

Der Macht der Erzählung kann sich niemand entziehen. Ob in Social-Media-Kanälen, in einer Presseerklärung, bei der Kampagnenplanung oder auf der Stadtteilversammlung – die passende Erzählung zu finden, ist eine Kunst. Und die Macht von Erzählungen ist zu wichtig, um sie nur PR-Profis, Kommunikationswissenschaftler*innen oder Donald Trump zu überlassen. Dieses Wissen kann allen Basisaktivist*innen helfen, effektiver für gesellschaftliche Emanzipation und den Erhalt unserer Lebensgrundlagen zu streiten.

In *Befreiung neu denken* untersuchen Canning und Reinsborough, wie die Macht von Narrativen, Kultur und Imagination für eine Strategie der sozialen Veränderung fruchtbar gemacht werden kann. Dieses einzigartige Praxishandbuch stellt einen theoretischen Rahmen, praktische Werkzeuge und eine Innenansicht der Methode des Center for Storybased-Strategy (CSS) zur Verfügung, die in den letzten 15 Jahren viele erfolgreiche soziale Bewegungen der USA mit geprägt hat. Erstmals ist dieser Erfahrungsschatz – wie unterdrückerische Narrative herausgefordert und progressive Kampagnen verstärkt werden können – in deutscher Sprache zugänglich.

Herausgeber Timo Luthmann (*Politisch aktiv sein und bleiben*) ergänzt das Buch mit praktischen Beispielen aus Deutschland und Europa, die dazu beitragen können, die Verhältnisse hier zu verändern.

UNRAST Verlag | www.unrast-verlag.de | kontakt@unrast-verlag.de